双河毛氏西房支脉源流记

ShuangHe MaoShi XiFang ZhiMai YuanLiuJi

毛里强 编著

浙江工商大学出版社

图书在版编目(CIP)数据

双河毛氏西房支脉源流记 / 毛里强编著. — 杭州 : 浙江工商大学出版社，2016.2

ISBN 978-7-5178-1454-2

Ⅰ. ①双… Ⅱ. ①毛… Ⅲ. ①家族－史料－余姚市 Ⅳ. ①K820.9

中国版本图书馆 CIP 数据核字(2015)第 300582 号

双河毛氏西房支脉源流记

毛里强 编著

责任编辑 张婷婷
封面设计 林朦朦
责任校对 袁金麟
责任印制 包建辉
出版发行 浙江工商大学出版社
(杭州市教工路 198 号 邮政编码 310012)
(E-mail:zjgsupress@163.com)
(网址:http://www.zjgsupress.com)
电话:0571－88904980,88831806(传真)
排　　版 杭州朝曦图文设计有限公司
印　　刷 杭州五象印务有限公司
开　　本 889mm×1194mm 1/16
印　　张 12.75
字　　数 252 千
版 印 次 2016 年 2 月第 1 版 2016 年 2 月第 1 次印刷
书　　号 ISBN 978-7-5178-1454-2
定　　价 69.00 元

毛字的起源与毛姓腾图

清道光年间在陕西岐山出土的西周晚期的青铜器毛公鼎

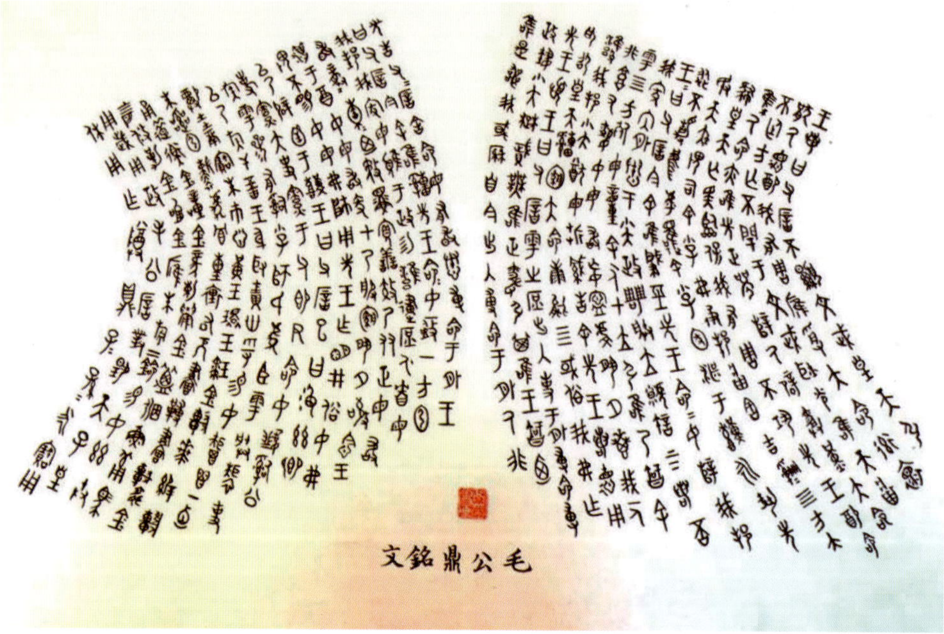

毛公鼎铭文

河南省宜阳县城区夜景

陕西省岐山县周公庙景区

河北省鸡泽县毛氏宗祠

安徽省庐江县政府办公大楼

江山市清漾村毛氏祖祠

浙江省江山市石门镇清漾村毛氏祖宅

右图：
湖南省韶山毛泽东故居

左图：
韶山毛氏宗祠

河南省封丘县城新区一览

浙江省奉化市溪口镇石门村村景

河南省原阳县文物古迹玲珑塔

奉化市溪口镇岩头村村口牌坊

河北省河间市诗经村乡东诗经村

左图：
2012年7月6日毛三蚪村举行世德堂重修落成庆典

下图：
慈溪市桥头镇毛三蚪村综合服务中心

宁波市鄞州区横街镇乌岩村

永康市石柱镇下里溪村城隍庙

永康市石柱镇下里溪村街景

前 言

中华儿女的姓氏是华夏文明的曙光，是血缘的标志，是婚姻的纽带，是宗族的开端，是民族的根本。中华民族起源于原始社会母系氏族制时期，与人类族群的图腾有关。姓氏的衍生起源于父系氏族社会，是古代贵族标准家庭系统的称号。古人云：参天大树必有其根，浩荡之水定有源头。人之有祖犹木之有本，本固而枝繁叶茂；又似水之有源，源远而川流不息。人之有姓莫近于亲，固本笃亲莫过于谱。凡族之有谱，犹漫漫长夜之有灯可循来路；自是饮水思源，数典不致忘祖。

人们寻根的最好捷径是追寻自己的姓氏谱系。姓氏是代表每个人及其家族的一种符号，又是一种超越时空的文化现象。在今天的社会里，它没有什么特殊意义了。但是，姓氏源于上古，延续至今，在漫长的历史长河中，从它的诞生发展、演变传承，形成一种内容丰富，意蕴丰盈，体例完备，超越时空、地域，涵盖社会各个层面的博大精深的文化体系，它是构成中华民族传统文化的重要内容。每一个生活在当下的中华儿女的姓氏符号，都可以与历史上著名人物的姓氏符号一一对应，相互联系起来，甚至可以追踪到太古初民的原始崇拜。因此了解姓氏，探寻其变迁的轨迹，是认识历史、传承文明、透视社会的一把金钥匙，意义非同寻常。

毛姓，起源于周文王姬昌之子郑公，因被封于毛国而得姓。在周朝初年至春秋时期是周王室世卿，有毛公鼎铸铭文于世。西河、荥阳是毛姓最著名的郡望。毛姓的历史源远流长，人才辈出，为中华民族的形成和发展做出了应有贡献。从开国领袖毛泽东，到唐朝工部尚书毛让；从宋殿中侍御史毛旭，到清漾始迁祖毛元琼，到西晋州陵开国侯毛宝，到三国时期的毛玠，到汉代大、小毛公毛亨与毛苌，到战国时代自荐救赵的毛遂，到西周初期毛国首任国君毛叔郑，再上溯到周文王姬昌，3000多年来，毛姓人氏的姓氏符号是完全相同的。这是一条多么悠长、多么神秘而又多么动人心弦的寻根隧道！中国传统文化重现实，重今生，因而也就重来龙，重寻根。

本书生动、翔实地反映了毛姓来历、迁徙演变的历史，介绍了古今毛氏著名人物、重要事件，讲述了毛姓家族家规祖训、宗联文化，列出了毛氏重点聚居地及迁徙海外情况，着重介绍了余姚双河毛氏西房支脉的演变情况；它真实地记录了一个家族与中华民族同步前进的足迹，客观地反映了毛三斠村毛氏支脉变迁史实，可使“前有所稽，后有所鉴”。该书的编辑出版，对于毛氏后人了解研究毛姓家族迁徙演变繁衍以及毛氏的历史文化有一定的参考价值。

目 录

毛姓来历、迁徙演变历史

一、姓氏源流与文化寻根

二、黄帝的传说

三、毛氏的起源

四、迁徙与分布

五、毛氏原叙

一、姓氏源流与文化寻根

参天之木，必有其根，怀山之水，必有其源。中华民族源远流长的原生态文化——由三皇五帝等中华祖先创造并传承下来的姓氏文化，积淀着中华民族的血脉、国脉、文脉，形成了中华文明的文化基因。追溯自己的根，中国人唯一可以凭借的线索就是自己的“姓氏”了。通过追本溯源，能解开对自己姓氏的种种困惑，让人们与自己的先人进行一场跨越时空的对话；从而使我们对自己姓氏的历史来源、家族名人、迁徙分布等情况有所了解，甚至知道应该到哪里去寻找自己的根……通过姓氏文化寻根，使人们知道自己的生命之由来，知道自己肉体、心灵之血脉传承；人们可以找到与祖先相连的血脉，经历祖先曾经的苦难与辉煌，从而感知历史，体味现在，思考未来……

据考证，中华姓氏起源于五千多年以前，那时是母系社会，人们只知其母，不知其父。所以“姓”字是由“女”和“生”两个字组成，形象地说明最早的姓跟母亲有关。夏商周的时候，人们有姓也有氏。“姓”是从居住的村落，或者所属的部族名称而来；“氏”是从君主所封的地、所赐的爵位、所任的官职，或者死后按照功绩追加的封号而来。所以贵族有姓，有名，也有氏；平民有姓，有名，没有氏。同“氏”的男女可以通婚，同“姓”的男女却不可以通婚，因为中国人早就发现这条遗传规律：近亲通婚对后代不利。公元627年，唐朝有个吏部尚书高士廉，把民间的“姓”记录下来，写成一本书《氏族志》，颁布天下，作为当时推举贤能做官，或撮合婚姻的依据。《百家姓》是北宋时期开始编写的，里面收集了单姓408个，复姓30个，一共438个。据统计我国从古至今用汉字记录过的姓氏有19989个。现在的姓大多数来自于古代的氏，当时社会氏族以母系为中心，帝王都以女旁为姓，比如神农姓姜，黄帝姓姬，虞舜姓姚等。历史上明确记载姓氏是从周代开始的，后来同姓者越来越多，为了区别家族间的地位、出身，便产生了氏。氏的本义为“支”，“所以别子孙所出也”。战国时期，人们渐渐以氏为姓，姓与氏合一。汉魏以后，则通谓之姓。

姓氏的来源主要有以下几种形式：

1. 以图腾作姓氏。最古的姓氏与母系氏族社会的图腾有关。如姬、姜、姒、姚等。

2. 以分封的土地为姓氏。如周阳、虞、安陵等。

3. 以国名为姓氏。如毛、齐、鲁、晋、宋、秦、楚、卫、韩、赵、魏、陈、蔡等。

4. 以担任的官衔为姓氏。如司马、司空、太史等。

5. 以居住地为姓氏。如东郭、南宫、西门、延陵等。

6. 以从事的职业为姓氏。如工、农、商、学、陶、匠、巫、卜等。

7. 以先人的名或字为姓氏。如周平王的一个庶子字林开，其后代便姓林；又如宋戴公之子公子充石，字皇父，其孙以祖父之字为氏，汉代时改皇父为皇甫。

8. 古代少数民族融合到汉族中带来的姓氏。如慕容、宇文、呼延等。

9. 以亲属的排行为姓氏。如伯、仲、叔、季等。

10. 因避讳而改姓氏。如丘姓因避讳孔丘而改为邱姓；庆姓因避讳刘庆（汉安帝的父亲）而改为贺姓等。

另外在中国的所有姓氏之中，还有很多有趣的姓氏：

1. 表示天干地支的姓氏。如甲、乙、丙、丁、戊、己、庚、辛等。例如黄海海战里面的丁汝昌，宋代词人辛弃疾等。

2. 表示时令的姓氏。如春、夏、秋、冬、阴、阳、日、月、秒、分、时、旬、季、年、岁等。例如《家有儿女》中的夏东海，女革命家秋瑾等。

3. 表示方向方位的姓氏。如东、西、南、北、上、下、左、右、前、后、高、低等。例如西施，清朝的左宗棠，后羿射日的后羿，写《红楼梦》后四十回的高鹗等。

4. 表示数字的姓氏。如壹、贰、叁、肆、伍、陆、柒、捌、玖、拾、零、百、千、万、亿等。例如我们所熟知的伍子胥就姓伍，当然历史上的陆游、陆羽、陆贾等陆姓，其实就是“陆”的读音。

5. 表示各种颜色的姓氏。如赤、橙、黄、绿、青、蓝、紫、红、黑、白、灰、乌等。例如黄巢起义的黄巢，《三国演义》里施苦肉计的黄盖，《射雕英雄传》里的黄蓉，《寻秦记》里的乌廷芳，唐代诗人白居易等。

6. 以五行为姓。如金、木、水、火、土等。例如清代文坛巨子金圣叹，著名歌星金喜善等。

7. 以六畜为姓。如牛、马、羊、鸡、狗、猪等。例如相声演员牛群、马季，三国名将马超、马谡，《西游记》里的猪八戒等。

8. 以气候为姓。如风、云、雷、电、雨、雪、冰等。例如助人为乐的好榜样雷锋，演员雪村，作家冰心等。

9. 以中国朝代为姓。如夏、商、周、秦、汉、晋、隋、唐、宋、元、明、清等。例如人民的好总理周恩来，被陈世美抛弃的秦香莲等。

10. 以省、市的简称为姓。如京、津、沪、晋、冀、鲁、豫、湘、鄂、赣、云、贵、川、陕、甘、宁等。例如古代木匠先祖鲁班，电视主持人鲁豫，《倩女幽魂》中的宁采臣，演员宁静，三国名将甘宁等。

姓氏使我们联想起远古母系亲属集团的原始生活，联想起中国古代诸侯林立的情景，联想起太古图腾社会的图腾信仰，联想到中华民族血统文化交流和文化融合的痕迹。姓氏寻根所寻觅的是炎黄子孙共同的历史传统之源、民族文化之根，通过了解中华民族的姓氏文化，我们更加能够借以增强民族凝聚力和民族自豪感、认同感、归属感。

二、黄帝的传说

关于黄帝，在历史上有许多美丽的传说。

之一曰：黄帝是古代氏族少典氏之子。少典氏娶有娇氏部落名叫附宝的女子为妻，生下了黄帝。据古籍记载：一天晚上，附宝看见天上发出一阵阵强烈的闪电，电光围绕着北斗星，一闪一闪地把四野照得通亮。附宝受到了感应，因而有了身孕，怀孕24个月后生下了黄帝。司马迁在《史记》中说黄帝"生而有灵"，就是指的这个传说。黄帝降生地称轩辕之丘（在今河南新郑西北部），故名轩辕。黄帝在姬水（今陕西境内）之滨居住成长，便以姬为姓，这样黄帝也就成了后世姬姓的始祖。

之二曰：黄帝这支氏族起源于西北黄土高原，因土色黄，自称黄部落。"帝"字的原意为花蒂，古代华胥氏以花为图腾。华胥氏是华夏民族的祖先，华夏族每次祭祀祖先时必由酋长奉花而祭，称"帝祭"。而后华夏各支的领袖也逐渐简称为"帝"。轩辕长大成了黄部落的领袖，他勇武而有谋略，并以武力统一了黄河流域的大片疆土，制止了各部落之间的长期混战，被各部落推举为盟主，因而取得了黄帝的称号。

之三曰：认为轩辕有"土德之瑞，土色之黄，故称黄帝"。

在上古历史传说中，"黄帝者，少典之子，姓公孙，名曰轩辕"。他是原始社会末期一位英明无比的部落联盟领袖，是华夏文明的开创者和奠基者。在道教中，黄帝又成为一位炼丹修道的仙界教主。在民间俗信中，黄帝与炎帝并列，是中国人民几千年来共同崇信的始祖神。在历史传说中，黄帝开创了辉煌灿烂的华夏文化和中华文明。

黄帝是位很有德政的统治者。他建立了早期的国家制度，设置了左右太监的官职，任命风后、力牧、常先、大鸿等文官治理天下，结束了蛮荒浑浊的时代，从而进入初级文明阶段。他修明政治，整顿军旅，根据各地不同的气候条件，发展农业生产，种植谷物，安抚百姓，使人们从凿穴而居，演变到刀耕火种，建造房屋，安居乐业，逐渐改进生产生活条件。

黄帝还草创了各种文化和文明。他亲自主持制作冕服，用象征土地之色的黄衣为龙袍；他曾铸鼎、铸钟、铸镜，制礼仪；他命人占日月星辰，命容城修订历法；他制造车船，给人们以舟楫交通之便利；他精通医术，和神医岐伯一道研究出整套治病方法，被后人编成中华民族最早的一部医书《黄帝内经》；他还命仓颉创造了象形文字，命隶首创造数字、制定度量衡，命伶伦制造乐器、制定音律。从此，中国文化文明开始形成。

传说黄帝在位100年，死时110多岁。死后葬在母亲有娇氏的家乡桥山（即今黄帝陵），这是符合原始社会母系丧葬制度的。另外，据历史传说，黄帝晚年从昆仑山出来到江南道(浙江中部一带)视察灾情,为了给灾区百姓治病而炼丹,黄帝开采永康铜山之矿石,在缙云、武义、永康三地交界的历山——石城山上铸鼎、炼丹,虎豹等百兽纷纷跑来帮助黄帝视火参炉。鼎铸好、丹炼成后,天上飞下一条黄龙,垂下龙须,迎接黄帝上天。众百姓舍不得让受人爱戴的黄帝走,脱下了他的金靴和弓箭,折断了龙须。人们把黄帝的金靴和弓箭埋在铸鼎的地方,后世便称此地为鼎湖。鼎湖就在离永康市城区约有 30 公里的缙云仙都山鼎湖峰下。

传说黄帝娶有四位贤淑妻子,共生有 25 个儿子。正妃嫘祖是西陵氏的女儿,非常能干,带领妇女植桑养蚕,缝制衣服,一生辛劳。她生了两个儿子,一个叫昌意,一个叫玄嚣。毛姓就是从玄嚣这一支派传接下来的。

玄嚣,又称青阳氏,因他曾为青部落国家(其地约在今河南中牟县到山东聊城、长清县一带,都城在曲阜)领袖,并获得青阳的尊号。玄嚣生一子,名娇极。

由于娇极的德行不如昌意之子颛顼完美,被派到偏远地区担任部落酋长,而颛顼则继承了帝位。娇极生有一子称喾帝,颛顼生有一子名穷蝉,由于穷蝉的才德不如喾帝,因此,颛顼将帝位传给了喾帝。

喾帝从小在颛顼身边成长,才智过人,15 岁就开始佐助颛顼治理联盟事务,被封于辛地,故称为高辛氏,30 岁便代颛顼为大酋长,治理天下。喾帝建都城于亳(今河南偃师县),后迁顿丘(今河南濮阳市)。喾帝一生的功绩,主要是帮助颛顼打败企图夺取黄帝首领地位的炎帝后裔共工;创立了日月干支系统;大力发展农业、饲养业和制陶业;设置金正、水正等工正,管理政务;使老百姓安居乐业,促进了经济社会的快速发展。

传说喾帝的元妃,是炎帝的后裔有邵氏女,名姜螈,她被称为德配天地的伟大女性。据传她因踩了神的脚印而怀胎,一年后生了后稷。喾帝的二儿子后稷,名弃,成为周族的始祖。尧时让弃担任了农师的官职,舜时因弃兴农有功,封弃于部(今陕西武功西南),号后稷,别姓姬氏。传到第十七代公刘时,畜牧业、农业经济更为发达,氏族开始兴盛起来,并定居于豳地(今陕西旬邑西)。到了第三十六代古公亶父时,因避戎狄部落的侵扰,举族迁到岐山之南的周原(今陕西扶风一带),改国号为周,史称周族。自此周族日益强盛,成为一个诸侯国。再传二代到西伯侯,即周文王时,文王施行仁政,使得四海诸侯大都归服于周。不久周文王去世,由他的儿子姬发继位,称为周武王。公元前 11 世纪,周武王及诸侯率兵车四千辆陈师于牧野(约在河南汲县境),商纣王闻讯,发兵七十万抵抗,纣王兵将虽众,无奈军心不定,交战中商兵纷纷倒戈依附于周武王。纣王见大势已去,登上鹿台,穿上缀满珠宝的衣服,纵火自焚,商朝从此灭亡。各路诸侯都朝拜周武王,尊封他为天子,西周王朝正式建立。

西周建立后,周武王积极采取一系列巩固政权的措施,建立起以姬姓为中心的姬周王朝，以确定其在全国的统治地位。为达到“封建亲戚以屏藩周”之目的，周武王把姬姓族人主要分封在泾、渭、洛河谷地带。据有关资料记载，周初分封的 71 国中，除师尚父（姜子牙）为首封，封于营丘曰齐（今山东临淄）外，姬姓国就占 53 个，而姬姓国中属周文王诸子的就有 16 个，他们分别是：

管：（叔鲜）分封于管，今河南省郑州市管城区（见《元和姓纂》）。鲁：（周公旦）分封于鲁，今山东省曲阜（见《史记·鲁周公世家》）。蔡：（叔度）分封于蔡，今河南省上蔡县（见《史记·管蔡世家》）。曹：（叔振铎）分封于曹，今山东省菏泽一带（见《诗·曹风·蜉蝣传》）。郕：（叔武）分封于郕，今山东省汶上一带（见《左传·隐公五年》）。霍：（叔处）分封于霍，今山西省霍县西南（见《嘉庆一统志》）。康：（叔封）分封于康，后改封于卫，今河南省滑县境（见《史记》卫康叔世家）。邵：（召公奭）分封于邵（同召），今陕西省凤翔一带（见《元和姓纂》）。毛：（叔郑）即伯明分封于毛，今河南省宜阳县柳泉镇毛沟（见《左传·僖公二十四年》）。滕：（错叔绣）分封于滕，今山东省滕州（见《左传·隐公七年》）。雍：（雍伯）分封于雍，今河南省泌阳县（见汉应劭《风俗通义·姓氏篇》）。郜：（郜伯）分封于郜，今山东省成武县东南（见《通志·氏族》）。毕：（毕公高）分封于毕，今陕西省咸阳西北（见《左传·定公四年》）。原：（原件）分封于原，今山西省泌水一带（见《泌水县志》）。酆：（丰候）分封于酆，今陕西省户县（见《左传·僖公二十四年》）。郇：（郇伯）分封于郇，今山西省临猗县（见《左传·僖公二十四年》）。

属武王之子的有：邗、晋、应、韩等。属周公后裔的有：凡、蒋、邢、茅、胙等。其中文王子叔郑，虽为武王之异母弟，但却是辅佐武王建立西周王朝的重要功臣之一，和武王关系相当密切。据《史记》载，周武王率八百诸侯，攻破商纣王朝的第二天，在商纣王宫内修社大祭。武王率众来到祭坛前，磕拜祭祖，上告天神，庆祝伐纣成功。灭商功臣叔郑奉明水，用作祭祀玄酒，姜子牙牵着祭祀用的牛羊，周公旦手把大钺，毕公高紧握小钺，稳立武王左右。散宜生、太颠等人手持长剑站在其后，卫康叔封铺展草席，召公奭唱着赞礼，由巫师祝祠，祭神拜祖，并宣布西周王朝的正式建立，然后分封诸侯各国。

三、毛氏的起源

毛姓的血缘祖先是周人的始祖弃。弃的父亲为喾帝，喾帝为黄帝嫡亲曾孙，所以，中华毛氏其源清清，为正统炎黄子孙。关于毛氏的姓氏来源有多种传说，据史料记载：

一曰出自姬姓，以国为氏。据《后汉书·古今人表》载："毛叔郑，文王子。"东汉应邵《风俗通义·姓氏篇》曰："毛氏系周文王第八子叔郑封于毛，即周大夫毛伯，其后代以国为氏。"《广韵》所载，公元前11世纪（前1046—前1027），西周初期，周武王灭商纣王得天下后，周文王第九子武王之异母弟叔郑，建国有功，封庶弟叔郑（有的书上称为文王第八子）于毛地（今陕西岐山、扶风一带），建立毛国。后官升公爵又叫毛公。依官位享受世袭特权，其后代子孙就以国为姓，即毛姓。叔郑成为天下毛姓的鼻祖。毛公子孙在周朝世袭卿士，称为毛氏。周衰，毛国内乱，其后世子孙避祸东迁，一支毛国家族成员迁徙到河南荥阳一带。毛姓子民以毛叔郑为一世祖，一代一代相传，分衍繁化，是为陕西毛氏。

二曰亦出自姬姓，以封邑名为氏。《路史·国名纪戊》：毛，伯爵，河南籍水傍有毛泉。《元和姓纂》记载：周文王第九子郑受封毛邑，因以为氏。叔郑受封毛邑后，列官爵位伯，故称毛伯（郑），他的子孙继承了他的爵位，并成为周王朝的卿士，在朝廷中担任官职。据《通志·氏族略》所载，周文王的第九子伯聘（叔郑）被封在毛邑（今河南宜阳县东北一带），世称毛伯聃（伯明），也称毛公，为周成王的六卿之一，官职是司空，掌管建筑工程，相当于后世朝代的工部尚书。毛公的后代子孙就以封邑名"毛"命姓，称毛姓，毛姓子民以毛伯（郑）为一世祖，是为河南毛氏。

三曰出自少数民族，属于汉化改姓为氏。南北朝时，有代北（今山西离石、灵石、昔阳以北和河北蔚县、阳原、怀安等地）少数民族，世代为酋长，亦称毛氏；据史书《高丽史》所载，金时女真人有毛姓；彝族姓俄母氏，汉姓为毛；今苗族、傣族、高山族、布依族、满族、佤族、土家族、蒙古族、回族、白族等少数民族中，均有毛氏族人分布，多在明清时期改土归流运动中改汉姓为毛氏。

四曰赐姓，因功赐姓毛。《姓氏考略》注："明有伏羌侯毛忠，为赐姓。"《明史·毛忠传》载：毛忠初名哈喇，西陲人，正统三年（1438）与都督蒋贵征讨尕儿只伯，大获全胜，升都指挥佥事，坚守边疆十余年，皇帝为表彰他，赐予毛姓。另《明史·毛胜传》：毛胜，初名福寿，元代右丞相伯卜花的孙子，因讨还湖广、巴蜀等处有功，赐姓毛。

据湖南毛泽东支系《韶山毛氏族谱·源流记》载："吾姓系出周姬文王子毛伯郑之后，世为周卿，因国为氏。……自宋工部尚书让，世居三衢……占籍吉之吉水龙城家焉。二十一世传至毛伯温公(以江西始祖毛让为一世),官太子太保,兵部尚书,考据西江宗人执谱相访,实属西河嫡派。"

在广西《贺州毛氏族谱》中,有大唐开元二十三年(735)秘监贺州毛衷序:"我始祖周懿亲国也。按《左氏》载:封国十有六,而毛其一焉,叔郑封为毛伯,而子孙因以为氏。秦并天下,罢侯,置守其地,而子孙遂涣散四方焉。"

据北宋治平四年进士毛渐在元丰六年(1083)初纂的《清漾毛氏族谱》记载:"吾毛氏,出姬姓之后。盖武王有天下,封建宗亲、屏藩王室,以文王庶子分土于毛。故《左氏》所载:封国者十六,管、蔡、郕、霍、鲁、卫、毛、聃、郜、曹、滕、毕、原、酆、雍、郇文之昭也。"又谓:"武王克商而有天下,封建宗亲,以弟郑封于毛。逮至周衰而国亡,其地入于荥阳,子孙因以为姓焉。毛氏之始,其源于此也。"

湖南《锦堂毛氏族谱》中,载有晋咸和元年(326)州陵开国侯毛宝原序:"毛氏本姓姬也,乃文王第九子讳叔郑封于毛,是为毛伯,而为毛氏之始祖。其父文王,长子伯邑考从父难而卒,乃立武王。武王为天子,封建宗亲,屏藩王室,故封为十六国:曰管、曰蔡、曰鲁、曰卫、曰曹、曰霍、曰郕、曰聃,武王母弟也;曰毛、曰郜、曰雍、曰滕、曰毕、曰原、曰酆、曰郇,文王庶子也。"

另据《氏族大全》载:毛出自姬姓,自黄帝至后稷详见国史,毛有姓实始郑公。文王第十子,武王之弟也。武王即平殷乱,封建诸侯,郑胙土于毛,故曰毛伯,又曰毛伯郑。唐代张九龄在《姓源韵谱》中云:"毛氏以国名姓氏,源于姬姓,文王第八子封于毛,周大夫毛伯是也,后因氏。"

大量出土文物可以充分证明:周朝初年,周文王子姬郑受封于毛国,宜阳是封邑之地;今陕西岐山、扶风一带,也属毛国封地,后人以国为氏。至东周逮平王东迁后,毛国因内部战乱随之消亡。清道光年间(1850)在陕西岐山、扶风一带出土的西周晚期宣王时期的青铜器班殷、毛伯敦、毛公鼎等均是毛国的遗物。其中"毛公鼎"为现存铭文最长的青铜器,铭文共 497 字,记述了周宣王告诫和褒奖其臣下毛公厝之事,这充分说明东周晚期或春秋战国时期约在公元前 5 世纪毛国还存在。

据双河毛氏西房支谱(民国 24 年 10 月修)记载:毛氏之先系出黄帝史所称公孙氏是也,三传至喾帝,喾帝与元妃生后稷(名弃,为周族的始祖)封于邰别姓姬氏也。又十五传至文王昌其子郑公也,郑食采于毛因以为氏,毛之得姓自此始然。毛氏子姓自当以郑公为始祖,郑公受封毛国以来世居西河毛地,查《春秋左传》纂今之河南府宜阳县即其分封之故址也。

综合所述,毛姓是由周文王家族分封而来,其分封之地在黄河流域。叔郑(伯)是西周文王姬昌的儿子,周武王姬发的弟弟。西周初期周文王之子郑从最早的封地今河南宜阳(即毛泉),转封到陕西岐山、扶风一带的毛国后,便以国为姓,产生了毛姓。因郑封地为毛,故称毛郑,又因其随武王伐纣有功,被封为伯爵,故亦称毛伯。故史书称毛氏始祖为姬叔郑、姬郑、毛郑、毛叔郑、毛伯、毛伯郑、毛伯明或毛伯聃等多种称谓，应该是同为毛姓一世祖。毛叔郑不仅是毛国的首领，还在周王朝中担任司空之职，总管土木建筑工程等事务，他的伯爵爵位可以由其子孙世袭继承。毛叔郑是一位很有军事谋略指挥才能的大臣，他不仅跟随武王伐纣建功立业，在武王逝世、成王继位后，还多次带兵（主要是毛姓部落的军队）征战。杨伯峻编著的《春秋左传注》认为："毛，《尚书·顾命》《穆天子传》五并古器如班簋、毛伯敦、毛公鼎皆称毛公，《周本纪》《逸周书·克殷解》均有文王子毛叔郑，当即毛之始封者。"因叔郑为毛国首任国君，故被后人们尊奉为毛姓始祖。

四、迁徙与分布

余姚双河毛氏西房支脉的迁徙演变路径是这样的：

黄帝——玄嚣——娇极——喾帝——后稷——公刘——承启——云都——古公亶父——周文王——毛叔郑（毛国首封地河南宜阳，是毛氏鼻祖）——毛伯（毛国再封地陕西岐山）——毛亨（河北河间、鸡泽）——毛纯（安徽庐江）——毛玠（河南封丘）——毛宝（出生地河南阳武，是江南毛氏一世祖）——毛璩（毛宝孙子，食邑之地浙江衢州，是江南三衢毛氏之始祖）——毛元琼（始迁地江山石门清漾）——毛旭（始迁地奉化溪口石门）——毛奇（始迁地鄞县乌岩）——毛仁（始迁地余姚双河）——毛秉仁（始迁地周塘毛三鿍）——毛焕清（始迁地永康下里溪）。

按照血缘关系追踪，河南宜阳是中华毛氏家族祖籍源头。河南宜阳是陕西岐山毛氏的祖籍地，岐山是河北河间毛氏的祖籍地，河间是安徽庐江毛氏的祖籍地，庐江是河南封丘毛氏的祖籍地，封丘是河南荥阳阳武毛氏的祖籍地，荥阳阳武是江南（浙江衢州）三衢毛氏的祖籍地，衢州（三衢）是江山清漾毛氏的祖籍地，江山清漾是奉化石门毛氏的祖籍地，奉化石门（古代属四明、明州）是宁波市鄞州区乌岩毛氏的祖籍地，鄞州乌岩是余姚双河毛氏的祖籍地，余姚双河是桥头镇周塘毛三鿍村毛氏的祖籍地，慈溪桥头镇（周塘）毛三鿍村是永康下里溪村毛氏的祖籍地。

从大量史料记载来看，在中国的历史上，毛姓并不是一个大姓，但十分活跃。江山代有人才出，随着毛姓人士的迁徙，人才重心也在不断变化。毛姓早期主要是在北方发展繁衍。公元前524年，毛氏家族内部发生变乱，周卿士毛得杀毛伯过而代为毛伯，称毛伯得。以后毛国四分五裂，有点权力地位和经济实力的毛氏迁播四方。毛伯得支持的王子朝，被晋军和召伯盈打败，驱出王宫，王子朝携毛伯得等大臣投奔楚国，致使建国500多年的毛国被韩吞并，毛国自然消亡，其地后被并入东周版图。公元前516年，有一支毛氏家族迁徒到赵国，先落籍黄河以北的河内（今河南武陟县一带），后迁河北河间、鸡泽，转迁到安徽庐江，再转迁到河南封丘、荥阳阳武（今河南原阳县一带）定居，这支毛姓家族就是出了毛遂、毛亨、毛苌、毛宝以及当代伟大领袖毛泽东的一支最为兴旺的毛氏家族。毛氏在此繁衍生活了800多年，经历了战国、秦、汉、三国、西晋几个朝代，人丁兴旺，名人辈出，从而使西河、荥阳形成两大郡望，后来分布全国各地的毛姓绝大部分由这二望族发展而来。西晋末东晋初，由于执政的司马氏皇族集团的残酷腐朽统治，使社会生产和人民生命财产遭受严重破坏，先后发生了“八王之乱”“永嘉之乱”等。当时处于黄河流域的北方又屡遭自然灾害，人民生活难以为继，而处于长江流域的江南则较为安定。西晋建兴三年（315）以毛宝为首的毛氏将帅官兵随晋王室南迁过江，并为稳定建立在江南的东晋王朝出了大力，建有奇功，毛宝因功封州陵开国侯、征虏将军，成为江南毛氏一世祖；其子毛穆之继承父业，后封为扬威将军，督理宁州诸军事，因功封建安侯，食邑信安(今浙江衢州)；这支毛氏主系就由河南宜阳经陕西岐山、河北河间及鸡泽、安徽庐江、河南封丘及原阳迁徙到了浙江信安，即食邑之地今浙江衢州定居；毛宝孙毛璩因战功受封征虏将军，是为三衢毛氏之始；毛宝八世孙毛元琼在梁武帝大同年间(535—546)从衢州柯城迁居到江山石门清漾，成为清漾之始迁祖。

这支毛氏家族在此繁衍生息到北宋初年时，出了一位叫毛休的人，系毛宝二十五世孙，他由朝廷任命为吉州(今江西吉水)太守，于是在他上任后不久即将其父亲毛让(曾官至南唐大理评事、工部尚书)及亲属迁入吉州龙城定居。元末明初，吉州毛氏有位叫毛太华的人，因避乱迁徙到云南的澜沧卫(今丽江地区永胜县)，并在当地娶一位少数民族的女子为妻，生育了清一、清二、清三、清四等几位子女；明洪武十三年(1380)，因作战有功，毛太华受封带长子清一、四子清四到湖南湘乡县绯紫桥定居，十多年后毛太华逝世，清一、清四迁到湘潭韶山定居，毛泽东是清一的后裔；从韶山毛氏始祖毛太华到毛泽东是第二十代。另外还有一位叫毛仁锵的人也是毛宝二十五世孙(清漾谱仁长)，在唐末宋初年间，他被朝廷任命为明州(今浙江宁波)太守，携妻儿从江山石门清漾迁居到奉化，仁长公三子旭(季初)成为奉化石门派始祖。毛旭公将其所居住的奉化大雷山麓的村庄改名为石门，以提醒子孙后代不忘自己仍然是江山县石门村的遗脉。“江山衍派三千里，宋室开基八百年”——录自奉化石门村祠联。旭的第五世孙(奉化毛氏第五代)敦因避难偕妻子和两个儿子迁至余姚上林卜居双河，敦公的长子仁成为余姚双河始祖。仁公的三子世昌(四世后无嗣)；仁公的长子道昌(五世后分东房与中房)支繁族大、人丁兴旺；仁公的次子寿昌的五世孙秉仁从双河分迁到周塘，悉隶灶籍，建屋三所，人称毛三斞，是为周塘始祖即双河毛氏合族所称为西房者也，成为余姚双河毛氏西房支脉。先辈们在余姚县林东乡毛三斞村生活距今已有650余年，聚族而居族大支繁，根深叶茂源远流长，精耕细读崇文尚武，人烟稠密英才辈出。

毛氏家族依此类推，自唐朝以后，毛氏除居于河南、河北、内蒙古、山东、山西、陕西、甘肃者外，主要称盛于江南。自北宋至今的1000多年间，毛姓的著名人物绝大多数出生在南方。其分布地为：今浙江衢州、杭州、余姚、慈溪、江山、奉化、萧山、宁海、庆元，江苏南京、武进、常熟、太仓，安徽合肥、定远、庐江，江西南昌、丰城、吉水、鄱阳，湖南长沙、平江、湘潭，福建浦城、建安，湖北公安、枝江、麻城，广西富川，云南昆明、丽江，四川成都、洪雅、仁寿，广东，上海，台湾，香港等，几乎遍布大江南北。少数毛氏子孙还飘洋过海闯荡世界，迁徙到美国、澳大利亚等国家。在宋代编写的百家姓中，毛姓排在第76位。在2014年度中国最新版《百家姓》位置排序中，毛姓排在第88位，约有360万人口，约占全国总人口的0.27%。

五、毛氏原叙

据余姚双河毛氏西房支谱记载：

按皇王大纪，后稷名弃，其母有邰氏女曰姜嫄，为喾帝元妃履巨人迹而生，尧举之为农师，封于邰，别姓姬，十五世而生文王昌，春秋传云管、蔡、郕、霍、鲁、卫、毛、呐、部、雍、曹、滕、毕、原、酆、郇文之昭也。至成王之世，毛公与太保奭、芮伯、彤伯、毕公、卫侯受顾命率诸侯，相康王，食采王畿国邑于毛地。逮平王东迁洛阳，毛伯得、伯过之后从王为卿士，世世姓氏相因焉。毛遂自荐于平原使赵重九鼎。毛公与薛公谏还信陵，能奋功却敌。前汉大毛公亨受诗于卜子夏以授赵人。小毛公苌为河间献王博士。毛莫如学易于张禹，禹所传施氏之易也。后汉毛义，章帝公车徵贤良不就，赐禄于家。毛玠为魏太祖尚书仆射，典选举，居陈留。东晋毛宝成帝时讨苏峻有功，温峤表为庐江太守进征虏将军、豫州刺史。桓元废安帝为平固王，益州刺史毛璩起兵讨之，及元败走入蜀，会璩弟宁州刺史璠卒官，璩乃使兄孙祐之帅数百人送丧，迎击元于枚回洲斩之。乘舆返正后以璩为征西将军，其弟瑾为梁秦刺史，瑗为宁州刺史。毛修之亦璩之弟子也，从宋高祖复中原，高祖以修之为河内、河南二郡太守，行司州事，戍洛阳，进龙骧将军，讨虏有功，归拜黄门侍郎。陈宣帝谋取彭、汴，以问五兵尚书毛喜，喜陈攻守之略，其后皆验。历隋唐迄我国朝，名贤辈出，族谱绵延居于三衢及明州焉。盖自文王第九子郑，数传至毛伯，封三衢，生二子曰儒曰韬。儒生四子分居江浙、广东、福建、临川、明州、越州，皆儒派也；韬生九子分居苏州、常熟、钱唐、余杭、山东等处，皆韬派也。

宋嘉熙四年(1240)秋八月望，给事中国子监祭酒权工部尚书袁广微撰。

双河毛氏宗谱序 吾家自上世以来，四明守性府君所遗谱是高祖世十八秀才修辑补订，自明府君传演而下，远近亲疏、宗支派系甚为详悉，至元间被回禄之祸以致全帙遂泯，虽幸存者煨烬之余也。予为方氏万夫长东征西讨，日不暇给，然旧谱颇记忆其万一，苟不乘时以整修之，恐后人莫知其故而忘其本源之所，自遂以平日所记忆及掇拾残编于煨烬之余，仅存之中而得其世次之大概，缠绵补葺着以成帙，以启吾后人。若吾子子孙孙有才思之浩瀚、德器之宏深者，自流溯源，由枝达本，以吾之所遗者，会考于他州别郡，则上世之全集可得，而祖宗之源流不失也，岂不为孝子顺孙矣乎？故嘱。

元至正三年(1343)二月望日，嗣孙真卿朝臣甫志。

双河毛氏宗谱序 尝考毛氏之先，其来远矣，系出有周毛叔之后，虽支分世异，往籍可稽，历战国而秦而汉。讳义者，家世庐江三衢之族，庐江之派也，自是簪缨相继，或任居三公，或职掌郡邑，名垂青史、记碑立石者历有可称。传至双河千四八，讳仁者，当播迁靡甯之际，未尝一日忘书史，生三子，长道昌、次寿昌、三世昌。世昌至二传后无续，道昌之子云崖，寿昌之子悟明，虽系大功之亲而情深，同胞兄弟奏埙篪之乐，妯娌谐和顺之好义聚不分。云崖生朝臣，悟明生惠卿。元方国珍起明州，朝臣以智勇名世，为方氏万夫长，我太祖责其不能令国珍早服而役之军。惠卿生二子，长觉珠、次觉璋，以所居濒海而充之旺盛。朝臣生二子，长仲宏、次仲彝，至孙曰敬曰义，三世同居，亲爱殊笃，尝以爱敬名轩，故天锡朝臣之后，秀子贤孙，绳绳蛰蛰，发祥垂裕，冠盖蝉联。八世孙百川才过望人，仕新会，有异绩，民咸口碑以诵，当道雅重。之乔迁当无艾也，乃竟以疾辞解绶家居，念前人所遗一本宗图遭回禄之变全籍脱坏，恐世远代迁昧其宗统，乃掇拾煨烬之余及先代口传心授之绪，汇辑而次之，嘱余序之篇端。余嘉其志，足以继前修，启后嗣，明伦理、惇俗尚，老泉所谓见之而兴孝悌之心者也，是为序。

明弘治九年(1496)十一月上浣穀旦，赐进士第兵部武选司员外郎眷生徐守诚谨书。

双河毛氏宗谱序 夫家之有谱，犹国之有史，郡之有志也。国有史，所以记，治乱兴衰之迹，原帝王由来之因；郡有志，所以表，仁贤之出处，着方物之有无及夫建置之由沿革之故；家有谱，亦不过记其本源之所自，苗裔之所出，子子孙孙由派寻源，从支溯本，庶免妄认远祖之诮，亦不为他宗冒系之杂耳。粤稽我毛氏，自郑公受封于西河毛地，其子孙遂以为姓。厥后支分派远散，处于他州别郡者不可胜数。兹我族之源，实庐江讳义之后，而分于三衢、四明，其先庐江三衢。旧谱遭回禄，而失其实者，固不敢妄为之说，姑即始迁四明以上二世之来历，而推衍于下，亦得其梗概而已。大春官世盛之，侄讳明者为守姑苏，其子讳正，正之子讳璇，任官四明守。璇之子讳性亦，为其州之守，时为胡兵屡侵中国，天下震恐，遂与子虾隐于四明乡。迨孙讳旭游于奉川石门，见山川颇秀，而迁居其地，及四世。世八秀才讳庆、世十八秀才讳奇，入乌岩山谷而隐焉。庆府君生三子，皆贯籍于鄞。奇府君生二子，长子早世，次子百十六，讳敦。敦生二子，后偕二子避难于慈。敦长子千四八府君，复自定海松浦而转徙于余姚之双河，自是子姓蕃衍，咸以诗礼相传。而先世谱牒之立，记事表年脉络分明，各有条理，夫何屡遭回禄，而全帙泯矣。先君姑以煨烬之余，补辑重修垂示后世，虽曰遗漏者多，而源委世次尚有可稽，使不再为之撰图立传，恐后世渐失其序也。愚不揣固陋，将先君所遗图谱而增辑之亲亲长长各尽其道，而且贤良节义咸有记诵，仕宦高志各有辞章，庶后之子孙知所景慕而进取耳。

明嘉靖七年(1528)戊子吉旦，九世孙邑庠生应辰谨识。

双河毛氏续修宗谱序 物本乎天，人本乎祖，则人生所至重者，固莫大乎尊祖，而尊祖贵敬宗，敬宗贵收族，此昔之谱所由作，而今之谱所由续也。

始祖千四十八公由乌岩迁姚卜宅双河，垂今六百余载，历传二十三世，贻谋式谷子姓日蕃衍焉，而双河宗谱则始于四世祖朝臣公，公恐后人之昧所自也，于煨烬之余掇拾残编而补辑，之意深远哉。厥后继志述事代有其人，然皆出自手录藏诸一室，故有迭遭兵火之警。卷首载之详矣，夫复何赘。迨乾隆朝，曾伯祖补涯公重修宗谱。世系明昭穆，序行传一，其规模之宏远，拟诸欧苏何多让焉。时以三子位三伯，祖理其事，偕尧民翰若觉先孔章配三典二，诸公博采远访，遍历江浙间，始戊戌迄壬寅，五易寒暑，而搜罗殆尽，成谱二十卷镂版，以给各房，令其世守之珍藏之，洵法良而意美者欤。嗣道光壬辰岁，族叔祖震木公出以己赀，愿切续修而未克告成。今戊寅春，族叔梅占仰承遗志，创议重修，命子雅舫躬膺其任，邀谦同事。谦念先君子解组龙渊曾欲增修谱牒，奈天不假年，有志未逮；今得相与有成，固所愿也。遂设局于西桥下之敦本堂，日与讨论、日与考订。而窃见其任劳任怨无间终始，故虽断简残编，搜求务尽，时向沿门挨户，咨询必详，犹恐见闻未确，必访诸父老检阅栗主，以徵信之。时逾四载，稿经屡易，雅舫之于谱事，可为其难其慎者矣，有何遗漏舛误之虞也哉。兹已遵照旧章裒次成集，行将付之手民。而谦窃有感焉：双河聚族而处，户口殷繁矣，而遥遥数十载，曾无有一人焉起而议谱之不可废者，使族叔梅占而生产自营，则亦因循而已，而乃独急急焉。以是为要务而督成之，非至性根于中，而仁孝发于外者乎。故曰是举也，非族叔梅占不能创厥事，非族弟雅舫不能成厥事，如谦之樗栎庸材，亦得以躬亲采辑，怀铅握椠，选梓征工。是固谦一生之大幸事也，然岂独谦一人之幸哉，即合族人亦与有幸也。爰忘其谫陋，而书其起讫以附于简端之末云。

清光绪八年(1882)壬午之秋七月即望，二十一世孙籍一百三十六怀谦沐手敬撰，二十二世孙贯二百十一述善敬书。

双河毛氏西房支谱序 姚江夙为灵秀所锺之地，豪宗巨族，代有闻人。就中如王阳明公朱舜水，黄梨洲孙嘉绩诸公，皆系姚邑著姓、簪缨累代、忠义传家；而双河毛氏亦其一也。毛氏自宋千四八始祖迁姚以来，传至六世祖，分为东、中、西三房。七世以后，东、中房各分为四，曰：大、二、三、四、五、六、七、八房；而西房分为前、后两房。其宗谱自清光绪八年修辑后，迄今垂五十年有奇。西房二十二世孙契农惄然忧之，惧堕绪之，就湮致系统而莫考，首先发起创修西房支谱，非敢自外于一族，盖亦谓积散以归整，他日较易为力云尔，顾余于兹重有感焉。夫契农一中将耳，奔走革命者二十年，以身许国也久矣；既而秉承慈训，弟兄不宜并隶军籍，舍而就商。

今方长吾定邑公安局，居乡之日少，其不能顾及修谱者一；修谱之役其难其慎，采访编辑印刷延师设局在在需资，毛族既无专储的款，而能慷慨斥资者复殊寥寥，其不能顾及修谱者二；方今世衰道微，伦常乖舛，骨肉而途，人之水源木本之思，敦宗睦族之道，几视为无足重轻，则为环境所变迁，其不能顾及修谱者三。而契农若曰系千钧于一发，挽既倒之狂澜，正其时矣，乌容缓爰。是谋诸西房之同志者，有其从弟美振及其本家文钦，任经费十之三，己则先承垫十之七，采访费用归各房自理之，设局开修。宗房长推契农为总董、美振副之，固其所也。且谓我毛氏之族之大修支谱，自西房始，盖以力不能修族谱；倘使他房则而效之，同时并举，则聚各房而汇为一族，可也。九层之台起于累土，千里之行始于足下，其用心亦良苦矣。不宁惟是体例之谨严，方式之完善，必采取他族之可以为法者，而是则是效则一部之书袖，然成帙蔚为巨观，岂易事哉。此契农之所以难能可贵也。今夫珠不自耀必贻于蚌，玉不自炫必本于璞。契农曾以其太夫人之贤孝征文录示余矣，迹其逮事重闱，赠与二四姑，以及散财赈诸大端，志局有传，元首有褒，文人学士各有诗文以记其盛。卓卓然巾帼之伟人，而宜乎其有后也。昔范逵谓陶侃母曰：非此母不生此子。而欧阳永叔亦言，见其子之贤而有立则知其母之义方。今日契农修谱之举，殆亦根于母教而成欤。老泉谓：观吾之谱，孝悌之心可以油然而生，扩而充之，人人亲其亲长其长，而天下焉有不平者乎？余与契农相见，晚于贤孝征文录中，未获追随诸君子后，扬太夫人之德徽于万一，而犹幸于此次修谱中牵连书之以见。契农之修是谱，犹是孝思不匮之意况。我国向重家族观念，继继承承以至于无穷，则谱牒之昭垂，直堪与河山并寿。犹忆去年余族修谱，适与姚邑孙境，同时余族忝附一支，则以谊论，与契农为同乡，以情论，契农方官吾邑时相过，从均不可却也，此余所以不揣谫陋而为之序也。至于毛氏之家世名贤辈出，曰儒曰韬，支分派别，原序已言之綦详，余不赘及云。

民国24年(1935)10月，前财政部咨议浙江财政厅咨议清癸卯科举人注册拣选知县定海孙尔瓒拜撰。

毛氏世系源流

一、中华毛氏(江北)世系

二、余姚双河毛氏世系

一、中华毛氏(江北)世系(始祖毛伯至五十二世宝公)

一世毛伯(毛叔郑、毛伯郑),伯爵,名郑,周文王第九子,西周初分封郑为毛国于河南宜阳,后又转封到陕西岐山、扶风一带;毛国子孙以国为氏,天下毛姓之始祖。西周初,叔郑娶姜氏、张氏、夏氏,生九子:毛琳、毛溱、毛谦、毛城、毛卫、毛智、毛通、毛达、毛崇。

二世毛琳,娶吴氏,生五子:毛玑、毛容、毛满、毛宾、毛赐。

三世毛玑,娶沈氏,生二子:毛龙、毛策。

四世毛龙,娶夏氏,生七子:毛超、毛休、毛并、毛豪、毛雅、毛殊、毛保。

五世毛超,娶邵氏,生八子:毛系、毛求、毛暖、毛晞、毛亦、毛干、毛榄、毛倩。

六世毛系,娶朱氏,生三子:毛平、毛熏、毛焉。

七世毛平,娶姜氏,生四子:毛广、毛真、毛能、毛起。

八世毛广,娶郑氏,生三子:毛元、毛礼、毛泰。

九世毛元,娶郑氏,生五子:毛进、毛果、毛填、毛光、毛辉。

十世毛进,娶郑氏,生三子:毛安、毛敬、毛某。

十一世毛安,娶陈氏,生二子:毛盛、毛胤。

十二世毛盛,娶吕氏,生二子:毛冲、毛恭。

十三世毛冲,娶郑氏,生一子:毛况。

十四世毛况,娶王氏,生三子:毛往、毛虔、毛朗。

十五世毛往,娶王氏,生三子:毛重、毛干、毛宣。

十六世毛重,娶郑氏,生二子:毛真、毛暖。

十七世毛真,娶刘氏,生一子:毛亮。

十八世毛亮,娶虞氏,生二子:毛初、毛谨。

十九世毛初,娶徐氏,生二子:毛琼、毛瑰。

二十世毛琼,娶王氏,生四子:毛皇、毛相、毛白、毛革。

二十一世毛皇,娶郑氏,生二子:毛遂、毛才。

二十二世毛遂,娶赵氏,生一子:毛昌。

二十三世毛昌,娶赵氏,生二子:毛房、毛羁。

二十四世毛羁,娶王氏,生三子:毛果、毛崇、毛炎。

二十五世毛果,娶王氏,生一子:毛尚。

二十六世毛尚,娶郑氏,生一子:毛述。

二十七世毛述,娶陈氏,生一子:毛奉。

二十八世毛奉,娶张氏,生一子:毛昭。

二十九世毛昭，娶陈氏，生二子：毛俭、毛长。

三十世毛俭，娶张氏，生二子：毛表、毛光。

三十一世毛表，娶褚氏，生二子：毛实、毛宸。

三十二世毛实，娶羊氏，生二子：毛远、毛邃。

三十三世毛邃，娶李氏，生一子：毛延。

三十四世毛延，娶章氏，生一子：毛固。

三十五世毛固，娶郑氏，生一子：毛建。

三十六世毛建，娶王氏，生三子：毛咸、毛法、毛威。

三十七世毛咸，娶郑氏，生二子：毛思、毛才。

三十八世毛思，娶郑氏，生二子：毛申、毛亨。

三十九世毛申，娶郑氏，生三子：毛苌、毛卿、毛善。

四十世毛苌，娶袁氏，生三子：毛庆、毛杭、毛静。

四十一世毛庆，娶郑氏，生三子：毛馥、毛鉴、毛念。

四十二世毛馥，娶郑氏，生二子：毛榄、毛贤。

四十三世毛榄，娶张氏，生二子：毛华、毛行。

四十四世毛华，娶陈氏，生三子：毛彪、毛玠、毛炳。

四十五世毛彪，娶郑氏，生三子：毛崇、毛重、毛固。

四十六世毛崇，娶张氏，生一子：毛宗。

四十七世毛宗，娶赵氏，生二子：毛象、毛晞。

四十八世毛象，娶羊氏，生二子：毛元、毛泉。

四十九世毛泉，娶王氏，生二子：毛干、毛潜。

五十世毛干，娶刘氏，生一子：毛班。

五十一世毛班，娶刘氏，生三子：毛坚、毛固、毛宝。

五十二世毛宝，娶田氏，生四子：毛穆之、毛安之、毛俊之、毛继之。

二、余姚双河毛氏世系

一世 **叔郑** 文王第九子名郑受封于西河毛地为毛叔子孙遂以为姓是毛氏开辟祖也 （毛伯：公元前1065—前1010年文、武、成时期）

二世 **眒** 历仕司徒 子二 长德次恩 （毛伯鄙：公元前1045—前997年成、康时期）

三世 **德** 受成王顾命相康王赐爵为卿 子一 （毛伯爽：公元前1025—前966年康、昭时期）

四世 **彦先** 赐命为卿 子三 长夐次受三爱 （毛公班：公元前1005—前940年昭、穆时期）

五世 **夐** 职列中士 子二 长焘次熹 （毛伯遣：公元前980—前913年穆、共时期）

六世 **焘** 子三 （毛伯翌：公元前955—前890年孝、懿时期）

七世 **如晦** 子三 （毛懿公：懿、夷、厉时期）

八世 **晖远** 子三 （毛公皇：厉、共和、宣时期）

九世 **嗣武** 子二 （毛公厝：宣、幽王时期）

十世 **宏修** 食采湘邑 子二 （毛伯家：周幽王—周恒王时期）

十一世 **宣** 字子昭 为齐大夫 子二 长振采次振英分居汴梁 （毛伯顷：周庄王—周惠王时期）

十二世 **振采** 子三 （毛伯卫：周襄王—周定王时期）

十三世 **安常** 子一 （毛伯兴：周简王—周灵王时期）

十四世 **康生** 官常侍 子一 （毛伯过：公元前545—前524年周景王时期）

十五世 **伯** 从平王东迁有功封守姑蔑即今衢州是为三衢始祖 [该说法可能有误：从时间、地点、朝代、传世等分析，我认为是因家族内乱或战乱，毛氏家族（毛国）从河南迁到陕西、山西、河北或再往东部沿海、江南迁徙。可能是西周中期毛氏家族随从逮平王东迁，迁到洛邑，即现在的河南荥阳地区。也有可能是毛国转封在陕西岐山、扶风一带。伯，不可能是三衢始迁祖，可能是更早时期的岐山毛氏始祖，也可能是三衢清漾家谱中说的毛姓的鼻祖。而三衢始迁祖绝大多数人公认的是江南第一世祖毛宝的孙子毛璩。按时间、世代推算，三衢始祖毛宝的孙子毛璩出生于东晋初期，而十五世毛伯出生于西周中后期，二者相差至少八、九百年的时间]（毛伯得：公元前524—前516年周景王—周敬王时期）

十六世 **儒** 子四 长楷分居荆襄次頣三顺分居南越四安分居临川

十七世 **頣** 袭祖职世守三衢官散骑郎 子二 （该说法可能有误：我认为不

是三衢，而是在当时宜阳一带的毛国任职做官，世袭卿士或伯爵）

十八世 **支** 子二

十九世 **文** 官汶邑尹 子三

二十世 **其新** 子一

二十一世 **简迪** 子五

二十二世 **幼醇** 官华容宰 子三

二十三世 **端礼** 子三 长华国次华容分居天水三华辅

二十四世 **华国** 仕韩为参军 子三 长季真次守真分居剑南三完真分居上党

二十五世 **季真** 子三

二十六世 **中孚** 子三 长轮次轼生子体直三辐生子体虚官九江法曹

二十七世 **轮** 字道行 官四门博士 子一

二十八世 **体完** 子三

二十九世 **元虚** 子二

三十世 **一中** 官秘书监 子二

三十一世 **剡** 子三

三十二世 **忞** 子一

三十三世 **达** 官御史大夫 子一

三十四世 **汝容** 呼毛公谏还信陵君 官至扶风刺史

三十五世 **桂** 子一

三十六世 **君召** 子一

三十七世 **让** 官检讨 子二

三十八世 **亨** 作诗训诂传 时称大毛公 官河涧献王博士 今河涧故里有木牌坊在焉 （西汉时期，大毛公是古文诗学“毛诗学”的开创者，对后世《诗经》的衍传与研究影响极大）

三十九世 **兰** 字时馥 子一

四十世 **叔度** 字汝德 官端明殿学士 子二

四十一世 **宣如** 学易于张禹得易之精

四十二世 **纯** 官上元簿 子二 长九成官承直郎次九方

四十三世 **九方** 子二 长洪迈次洪道

四十四世 **洪道** 子一

四十五世 **仝** 子二

四十六世 **豹** 官承直郎 子二

四十七世 **良元** 子二

四十八世 **道全** 子二

四十九世　**闻望**　子二

五十世　**荣**　字伯宣　官散骑常侍　子二

五十一世　**士华**　子一

五十二世　**曾**　魏时与夏侯渊最善常相与对觞吟咏　时人谓蒹葭依玉树　子一（双河族谱与清漾族谱对比，双河族谱此处以上多了4代）

五十三世　**玠**　字孝先　陈留平丘人也　为东曹据与崔琰并典选所举皆清正之士　魏太祖以素屏风素屏几赐之　曰君有古人风赐以古人服　位至尚书仆射

五十四世　**机**　号月山　子一

五十五世　**炜**　子二

五十六世　**有埙**　更名**宝**　字硕真（石珍）　仕晋朝大将军　子三　［据清漾毛氏族谱清同治八年（1869）修谱记载：**毛伯**五十二世孙**毛宝**，字硕真，荥阳阳武人也，西晋建兴三年（315）征杜陵有功。大兴二年（319）正月朔诏除南中郎将加征虏将军、豫州刺史、州陵侯。咸康五年（339）九月亡，谥"桓"。始祖**毛宝**自江北随晋室南渡，战死，葬秣陵（今南京）。配田氏，生子四个，长穆之次安之三俊之四继之，**毛宝为江南毛氏一世祖**］

五十七世　**成锦**　历官大将军　子四　（清漾二世穆之，娶某氏，生子八个，长珍次球三璩四璠五瑾六瑗七玠八瓒）

五十八世　**璩**　字叔连　官益川刺史　［清漾三世**璩**（358—405），字叔连，东晋隆安元年（397）进璩征虏将军。元兴二年（403），桓元篡位，璩杀桓元。义熙元年（405）二月，在战场阵亡，安帝论平定桓元有功，封归乡公，食邑信安（今衢州），因归葬焉，葬于今衢州柯城区江村乡五湖村毛家田铺。娶某氏，生子四个，长宏之次韶之三敏之四歆之。**毛璩为江南三衢毛氏之始祖**］

五十九世　**诚**　字修之　仕魏封南郡公　［清漾四世宏之（上湘族谱为韶之），居须江，嗣归乡公，墓在须江后庄金凤山，生子一个，元护］

六十世　**文豹**　历官沿海参军　（清漾五世元护，生子一个，嗣之）

六十一世　**瑞凤**　子二　（清漾六世嗣之，迁徙须江毛塘，娶某氏，生子五个，长深之次湛之三澄之四汪之五沉之）

六十二世　**深厚**　官司马　子二　（清漾七世深之，娶某氏，生子三个，长元琼次元副三元德）

六十三世　**隆**　子一　［清漾八世元琼，字公远，号清漾，行元一，梁武帝大同年间即535—546年从信安毛塘迁居须江之清漾，娶某氏，生子三个，长天祐次天秘（娶吕氏徙沙村，系毛光烈家族）三天熹。**毛元琼为清漾之始迁祖**。墓现在清漾之祖宅对案塔山上，1986年从云龙山松岗迁回］

六十四世　**昌年**　更名云　官晋国大将军　（清漾九世天祐，行一，居清漾，娶

徐氏，生子六个，长伯勇次伯谔三伯保四运长五运成六运庆）

六十五世　**轩**　更名喜　字伯武　官五兵尚书　（清漾十世伯勇，行一，娶祝氏，生子三个，长文嘉次文珍三文策）

六十六世　**春**　子三　［清漾十一世文嘉，行一，娶郑氏，生子四个，长子晋（徙石门，系廿八都毛人凤家族）次子产三子悚四子茂］

六十七世　**仲真**　更名希进　子一　［清漾十二世子产，仍住清漾，行二，娶徐氏，生子六个，长佛檀次方俭（方俭后裔迁徙江西转云南再迁湖南，系毛泽东家族）三方备四方参（上湘族谱为方恭）五方俨六胜光］

六十八世　**凭**　更名文立　子一　（清漾十三世方俨，行五，娶郑氏，生子二个，长绍次襄）

六十九世　**篪**　子四　（清漾十四世襄，行二，生子二个，长清次温）

七十世　**銛**　官兵部帅　子二　（清漾十五世温，行二，娶周氏，生子二个，长安次晏）

七十一世　**庸**　子一　（清漾十六世安，行一，生子二个，长先次真）

七十二世　**绍荣**　子二　（清漾十七世先，娶张氏，生子一个，庄）

七十三世　**长卿**　官兵部员外郎参议福建　子二　（清漾十八世庄，行一，娶周氏，生子二个，长瑚次琏）

七十四世　**周**　子一　（清漾十九世琏，行二，娶王氏，生子一个，光炎）

七十五世　**崟**　子二　（此处双河族谱比清漾族谱多出8代）

七十六世　**明**　子一

七十七世　**球**　官集贤校理　子三

七十八世　**应祥**　官余杭尹　子一

七十九世　**邦佐**　行居二　官御史大夫　子二

八十世　**尚宁**　行仁二　官司空封员外郎　子二

八十一世　**定国**　行由三　更名邮　官兵部侍郎

八十二世　**浩文**　行义一　更名焕　登进士历仕龙图阁学士　子三　长颢次顷三项　（清漾十九世琏，行二，娶王氏，生子一个，光炎）

八十三世　**项**　行守三　北宋太祖建隆二年(961)正月十二巳时生　官明州录事参军　遂籍于鄞是**为四明始祖**　真宗天禧五年(1021)辛酉三月十一辰时卒享年六十一　配王氏　子三　长价次杰三伟　（清漾二十世光炎，行一，娶张氏，生子三个，长公庆次公定三公鼎）

八十四世　**价**　行礼一　太宗端拱二年(989)己丑三月初三巳时生　由明经仕至国子监丞擢监察御史　子三　长惟瞻次惟明三惟德　（清漾二十一世公庆，生子六个，长景珩次景杜三景璘四景畋五景华六景延）

八十五世　**惟瞻**　字景仰　行尚一　真宗大中祥符元年(1008)七月初六辰时生　官至翰林院学士　子二　长浦次浙　(清漾二十二世景璘，行三，娶周氏，生子四个，长君泽次君转三君骤四君赐)

八十六世　**浦**　字仲淑　行濂一　仁宗景佑四年(1037)丁丑七月十一丑时生　官姑苏守　子二　长元股次元迥　(清漾二十三世君转，行二，娶某氏，生子四个，长可袭次可珣三可锷四可魏)

八十七世　**元股**　字宗佐更名桌　行贤一　宋仁宗至和二年(1055)乙未六月初六未时生　官兵部帅干　宋徽宗宣和七年乙巳五月初十巳时卒享年七十一岁　配戴氏　子二　长仁锵次仁镕　[清漾二十四世可珣，行二，娶周氏，生子七个，长仁显次仁婴三仁凝四仁爽五仁裔(仁裔系清漾祖宅派支脉，系台湾国学大师毛子水家族)六**仁长**七仁排]

八十八世　**仁锵**　元股公长子　字允谐　行能二　登进士官河南转运使(暨明州太守)　子三　长晃次杲三**旭**　[清漾二十五世，五子仁裔为祖宅派清漾支脉；六子**仁长**，奉化石门谱称**仁锵**(仁畅)，出生于江山石门村(江山市石门镇清漾村)。宋朝初期任明州(今宁波)太守，生子三个，长太初迁居温州，次仲禄迁居临海，三**季初**迁居奉化剡溪，并命名该地为石门]

八十九世　**旭**　仁锵公第三子　字曙之　行节十一　号**季初**后改景阳　仕宋殿中侍御史(随父从江山经鄞州迁到宁波)徙居奉化石门是为**石门始祖**　子二　长自德次自知　(据溪口镇岩头村狮岩毛氏本支宗谱记载，始迁奉川石门发祥世系传曰：**旭**，字季初，行廿二，唐末进士仁锵公之季子也。配袁氏，生二子。公精通六艺，由衢州江山县石门村，随任庆元路于奉化州，遨游剡源之乡，观山水形胜、土厚地灵，遂卜居于此，仍名石门，使后世子孙不忘旧址也。墓在石门郭坑蜈蚣钳前有横琴案田)　[清漾二十六世子旃；**季初**即**旭**，北宋开宝年间(968—976)始迁祖**旭为奉化石门派始祖**，世字辈，配袁氏，生子二个，长大府君次二府君]

九十世　**自知**　字元遇　行爱九　宋开禧元年乙丑科登状元及第授翰林院编修　子二　长国璞次国缙　(清漾二十七世琏，奉化石门支脉2代大府君，配徐氏，生二子，长一省元次二省元。墓下王岭中陇名檀树坟)

九十一世　**国璞**　字蕴夫　行传五　由明经任湖州乌程尉　子一　奇　(清漾二十八世珠，奉化石门支脉3代二省元，配舒氏，生子八个，长子大秀才)　(双河族谱与石门族谱对比，双河族谱此处至少缺1—2代)

(清漾二十九世**錞**，奉化石门支脉4代大秀才，二省元长子，配王氏，生子八个，长德、次二秀才、三三秀才迁居樟墅)

九十二世　**奇**　行世十八(宋孝宗乾道七年即1171年出生，卒理宗端平元年即1234年)　子二　长百十四次敦　(清漾三十世璇，奉化石门支脉5代德，行一，

大秀才长子，配王氏，生子二个，长子九秀才。墓在奉化石门毛坑）（奇公与堂兄庆公一起从奉化迁徙鄞邑乌岩隐居）

九十三世　**敦**　字克厚　行百十六　子二　长仁次千　敦偕二子避难自乌岩慈城定海转松浦迁至余姚上林卜居双河　[清漾三十一世绎，奉化石门支脉 6 代**九秀才**，配徐氏继娶张氏，生子五个，长子塾（塾行世八，宋绍熙年间即 1190—1194 年迁居鄞邑乌岩即现鄞州乌岩）、**次子奇**（奇行世十，从鄞邑乌岩徙**余姚毛村**，可能就是余姚双河毛氏始迁祖）、三子熙]

九十四世　**仁**　敦的长子　行千四十八　**余姚双河始祖**　[双河位于今慈溪市桥头镇境内，以地处东上河、西上河交界而得名，历史上属于余姚县境，1954 年划属慈溪管辖。双河毛氏始祖毛仁，行千四八，字复仁，生于南宋乾道三年（1167），卒于端平元年（1234）。随父由宁波西五十里桃源乡乌岩（鄞县）而迁慈溪淞浦（现称掌起镇），再转至余姚上林乡双河]　[清漾三十二世仲龙，奉化石门支脉 7 代塾、奇、熙。熙生子二个，长诩次谔（谔系奉化支脉蒋经国生母毛福梅家族）]

九十四世　**千**　敦的次子　五十九　居慈溪城北门外鄮上

据余姚双河毛氏西房支谱卷一第 39 页记载九十二世**奇公**（旭的曾孙奉化四世）：公世居奉川，时称世十八秀才。奇其公讳也，生而倜傥豪迈才挟过人，读书经目不忘，万言倚马可待，时有李白复生之谈。奈运丁末，不屑以浊恶气混淆胸中。开禧二年（1206）偕堂兄庆公（鄞州乌岩毛氏鼻祖）埋光于鄮西乌岩。嘉定九年（1216）有司上其才于天朝，欲重以心膂之寄，而以母老坚持不出，遗荣弃膴即古清高，士当不远过。公生宋孝宗乾道七年（1171），卒理宗端平元年（1234）享年六十有四（九十二世奇公生卒时间与相差二代的九十四世仁公的生卒时间基本相同，不知哪一位是错的，无法考证。如果按奉化谱记载八十九世旭在 960 年出生的话，那么九十二世奇公的出生时间是错误的），合葬乌岩檀树坟。

从生卒时间推测，余姚双河毛氏西房支谱记载的余姚双河始祖**仁公**（奉化六世）与奉化狮岩毛氏本支家谱中记载的七世**奇**（九秀才的次子）应该是同一个人。奉化岩头《毛氏本支家谱》手抄本记载，七世的“奇”，行“世十”迁居余姚毛村。此抄谱是清咸丰七年（1857）岩头毛氏第十六世“荣”字辈的毛荣森为主编的，是奉化毛氏目前发现现存最早的一本家谱，内容当然较可靠。就“行第”内容就有：本族旧传行第、又新订行第、石门下宅行第、杨墅行第、樟墅行第、乌岩鄞西行第等。如果“仁公”与“奇”是同一个人的话，那么余姚双河毛氏西房支谱记载的奉化到余姚的历史，不是六代人，而应该改成七代人。另外余姚双河毛氏西房支谱记载的**奇公**（奉化四世）与奉化狮岩毛氏本支家谱中记载的七世（有的书上记载为六世）九秀才之子**奇**（相差三代）不可能是同一个人。

余姚双河毛氏西房世系

一、二十世得荣支脉
二、二十世元佐支脉
三、二十世元辅长房支脉
四、二十世元辅次房支脉
五、二十世元弼长房支脉
六、二十世元弼次房支脉
七、二十世元弼三房支脉
八、二十世元祐支脉

第一世(94 代)　**仁　余姚双河始祖**　行千四八,字复仁,生于南宋乾道三年(1167),卒于端平元年(1234)(谱中记载始祖以迄第十世生卒时间可能有误,依据八十三世项与八十九世旭出生时间及上、下代推算,仁公 1230 年左右出生。如果按照清漾谱及奉化石门谱记载旭出生于 960 年,那么双河始迁祖仁公生于 1167 年是基本准确的)　**配徐氏**　子三　长子道昌(五世后分东房与中房)　次子寿昌　三子世昌(四世后无嗣)　葬牛沌港东叶家西　[清漾三十二世仲龙,奉化石门支脉 7 代(世)塾、奇、熙。熙生子二个,长诩次谞(系奉化支脉蒋经国生母毛福梅家族)]

第二世(95 代)　**寿昌**　行铭四　字德邵(大约 1200 年出生)　宋绍定四年(1231)十一月十八日生　元大德十一年(1307)七月初十日卒　**配杜氏**　子一　悟明　葬古塘南　[清漾三十三世宁之,奉化石门支脉 8 代(百)诩]

第三世(96 代)　**悟明**　行正三　字善行　元至大四年(1311)三月初三日生　明洪武十三年(1380)正月初六日卒　**配余氏**　子一　惠卿　葬王家宅　[清漾三十四世泰亨,奉化石门支脉 9 代(万)天祚]

第四世(97 代)　**惠卿**　行惠一　字朝恩(大约 1270 年出生)　元至正二年(1342)生　明洪武十三年(1380)卒　**配薛氏**　子二　长子觉珠次子觉璋　葬陶家弯山　[清漾三十五世立翁,奉化石门支脉 10 代(亚)宽民]

第五世(98 代)　**觉珠**　行延一　字儒重(大约 1305 年出生)　**配宋氏**　子二　长子秉仁次子秉义　葬下洪嵜　[清漾三十六世璋,奉化石门支脉 11 代(元)元十六]

第六世(99 代)　**秉仁**　行秉一(大约 1340 年出生)**(西房之始)**　从双河分迁到周塘悉隶灶籍,建屋三所,人称毛三斠,是为周塘始祖,即双河毛氏合族所称为西房者是也,距今约有六百五十余年,聚族而居,族大支繁人烟稠密,子姓之中亦有迁徙他邑者[民国以前称余姚县林东乡毛三斠村,现称慈溪市桥头镇毛三斠村,在 1954 年行政区划调整前归余姚县管辖。该村东段东起桥头三管的洪家村,西到浒山白沙的上周塘,西段东起宗汉东周塘,西至周巷傅家村。秉仁公悉隶灶籍(当时周塘以北地区还是一片大海,居住此地的人大部分是盐民,以晒盐为生计),建屋三所,人称毛三斠,是为周塘毛家始祖]　**配叶氏**　子二　长子友达(前房)次子友伦(后房)　葬李家园　[清漾三十七世开,奉化石门支脉 12 代(凤)凤九]

第七世(100 代)　**友达**　行友一　字通之(大约 1375 年出生)　为前房之始　**配娄氏**　子二　长子源次子渊　葬李家园　[清漾三十八世汝霖,奉化石门支脉 13 代(昌)昌二]

第八世(101 代)　**渊**　行原三[大约 1410 年出生。据村志记载,毛氏第八世孙文演公生于明正统十一年(1446),卒于明嘉靖七年(1528)]　**配虞氏**　子四　长子口行英四次子口行英八三子口行英十六四子口行英十八　葬李家园　(清漾三十

九世丽，奉化石门支脉 14 代道宁）

第九世（102 代） **口** 长子 行英四（大约 1445 年出生） 配**蒋氏** 子四 长子口行雄四次子口行雄七出继英八后三子口行雄十八四子口行雄廿三 葬蒜尖山（清漾四十世缨，奉化石门支脉 15 代宗晔）

（一世至十一世相隔十代，跨越 362 年，按照常理推算，双河族谱此处至少缺 1—3 代）（清漾四十一世承宗，奉化石门支脉 16 代公需）

第十世（103 代） **口** 长子 行雄四（大约 1495 年出生） 配**虞氏** 子二 长子口行俊八次子佩 葬蒜尖山 （清漾四十二世仲仁，奉化石门支脉 17 代济）

第十一世（104 代） **佩** 行俊十二 字廷玉 号西河 生嘉靖八年（1529）己丑五月初四日 卒万历十六年（1588）戊子九月廿八日享寿六十 配**蔡氏** 子一惟良 葬李家园 （清漾四十三世友琦，奉化石门支脉 18 代广佺）

第十二世（105 代） **惟良** 行秀十八 字明道 号宏泉 生嘉靖三十年（1551）辛亥五月廿四日 配方桥**王氏** 子二 长子锦章次子奎章 葬上林湖金钗山坐西朝东 （清漾四十四世日镕，奉化石门支脉 19 代玄埈）

第十三世（106 代） **奎章** 行节六 字斗南 生万历二十年（1592）壬辰三月廿四日 卒崇祯五年（1632）壬申二月初九日享年四十一 配彭桥**黄氏** 子五 长子一骥次子一骐三子一骏四子一骅五子一骢 葬李家园丁癸向 （清漾四十五世沛，奉化石门支脉 20 代深沧）

第十四世（107 代） **一骐** 行双二原行双八十 字仲鸣 生万历四十年（1612）壬子闰十一月十六日 卒康熙十九年（1680）庚申六月十四日享寿六十九 配**孙氏** 子七 长子凤彩次子凤彰三子凤衫四子凤台五子凤影六子凤粲七子失名不娶 葬大古塘南张姓屋东 （清漾四十六世国柱，奉化石门支脉 21 代远腾）

第十五世（108 代） **凤彰** 行河三原行河七三 字五文 生顺治元年（1644）甲申十月十四日 卒康熙三十二年（1693）癸酉十二月廿二日享年五十 配**孙氏** 子二 长子完节次子完德 葬大古塘南父坟侧 （清漾四十七世默，奉化石门支脉 22 代嘉新）

第十六世（109 代） **完节** 行环四原行环六五 字养素 生康熙十一年（1672）壬子十二月廿二日 卒乾隆二十四年（1759）己卯正月初一卯时享寿八十八 配五里**韩氏** 生康熙十二年（1673）癸丑八月廿一日寅时 卒乾隆二十一年（1756）丙子二月初五日申时享寿八十四 子三 长子国维次子国缙三子国统 葬一畈沙地土名横爿 （清漾四十八世天培，奉化石门支脉 23 代会寅）

第十七世（110 代） **国缙** 行聚三原行聚三六 字维垣 生康熙三十五年（1696）丙子八月初一日戌时 卒乾隆三十八年（1773）癸巳四月初十日戌时享寿七十八 配鸣鹤场**姚氏** 生康熙四十四年（1705）乙酉五月廿七日戌时 卒乾隆五十

九年(1794)甲寅八月廿九日酉时享寿九十　子三　长子如金次子如璧(出继国维后)三子如珪(出继国绅后)　葬一畈研子南坐西朝东　(清漾四十九世兆钱,奉化石门支脉24代崇宙)

第十八世(111代)　**如金**　行泽二原行泽三〇　生雍正二年(1724)甲辰十月十八日未时　卒嘉庆十三年(1808)戊辰十月初九日寅时享寿八十五　配堰头**孙氏**　生雍正五年(1727)丁未十二月廿三日丑时　卒乾隆五十六年(1791)辛亥十月初八日申时享寿六十五　子二　长子文学(生一子得华殇　嗣好学长子得荣　子三长开科次开甲三开成)次子好学　葬大古塘张姓屋后坐北朝南　(清漾五十世元双,奉化石门支脉25代顺电)

第十九世(112代)　**好学**　行洪四原行洪五一　字恒智　生乾隆二十二年(1757)丁丑十月十七日子时　卒道光七年(1827)丁亥六月十六日卯时享寿七十一　配一都**王氏**　生乾隆二十四年(1759)己卯八月初二日卯时　卒道光十九年(1839)己亥五月十二日酉时享寿八十一　子五　长子得荣(出继文学后)次子元佐三子元辅四子元弼五子元祐(五子元祐迁徙宁海)　(清漾五十一世文酉,奉化石门支脉26代文友)

第二十世(113代)　**得荣**　行深三原行深三三　改名元相　文学继子　生乾隆四十四年(1779)己亥九月廿七日辰时　卒道光十三年(1833)癸巳六月十七日辰时享年五十五　配**洪氏**　生乾隆四十四年(1779)己亥三月初七日戌时　卒道光十三年(1833)癸巳五月廿四日巳时享年五十五　子三　长子开科次子开甲三子开成(清漾五十二世兴耕,奉化石门支脉27代德准)

第二十世(113代)　**元佐**　好学次子　行深八原行深六三　生乾隆五十年(1785)乙巳三月廿四日辰时　卒道光二十一年(1841)辛丑四月廿七日寅时享年五十七　配**朱氏**　生乾隆五十一年(1786)丙午九月廿三日未时　卒道光二十九年(1849)己酉四月初五日酉时享寿六十四　子四　长子联飞次子于飞三子龙飞四子鸿飞　(清漾五十二世兴耕,奉化石门支脉27代德准)

第二十世(113代)　**元辅**　好学三子　行深一九原行深一一五　字茂荣号邦宪　生乾隆五十六年(1791)辛亥十一月初四日申时　卒同治二年(1863)癸亥七月十四日丑时享寿七十三　配**余氏**　生乾隆五十五年(1790)庚戌十一月十四日亥时卒嘉庆二十五年(1820)庚辰十月初十日未时　继配**岑氏**享寿六十三　子二　长子斯飞次子上飞　葬二畈坐东朝西　(清漾五十二世兴耕,奉化石门支脉27代德准)

第二十世(113代)　**元弼**　好学四子　行深二二原行深一二八　生乾隆五十九年(1794)甲寅二月十七日　卒道光六年(1826)丙戌八月初二日酉时年三十三　配**洪氏**　生乾隆五十八年(1793)癸丑十一月廿四日　卒失考　子三　长子凤飞次

子雄飞三子高飞 （清漾五十二世兴耕，奉化石门支脉27代德准）

第二十世(113代) **元祐** 好学五子 行深二七原行深一四七 生嘉庆二年(1797)丁巳十一月初六日巳时 卒同治元年(1862)壬戌正月廿七日申时享寿六十六 配**俞氏** 生嘉庆元年(1796)丙辰八月十六日 卒道光四年(1824)甲申五月初十日巳时年二十九 继配**惠氏** 生嘉庆十二年(1807)丁卯十二月初六日申时 卒咸丰四年(1854)甲寅九月初八日申时 子四 长子鹛飞次子望飞三子云飞四子全飞 迁徙宁海合宁塘 （清漾五十二世兴耕，奉化石门支脉27代德准）

一、二十世得荣支脉

第二十一世(114代) **毛开科** 得荣长子 行籍一原行籍一一 生嘉庆五年(1800)庚申十二月初八日未时 卒光绪十年(1884)甲申七月十四日未时享寿八十五 配**洪氏** 生嘉庆七年(1802)壬戌十一月十二日戌时 卒同治九年(1870)庚午十月初十日辰时享寿六十九 生三子 长子庆福次子庆桂三子庆云[无后] (清漾五十三世廷增,奉化石门支脉28代茂枢)

第二十一世(114代) **毛开甲** 得荣次子 行籍二原行籍一五 生嘉庆七年(1802)壬戌九月廿一日午时 卒同治三年(1864)甲子六月初三日享寿六十三 配**陈氏**[无后] 生嘉庆七年(1802)壬戌九月廿九日丑时 卒道光十二年(1832)壬辰三月十四日年三十一 继配**胡氏** 生嘉庆二十一年(1816)丙子五月初七日寅时 卒光绪五年(1879)己卯九月十九日寅时享寿六十四 生二子 长子煦堂[无后]次子宝生[无后] (清漾五十三世廷增,奉化石门支脉28代茂枢)

第二十一世(114代) **毛开成** 得荣三子 行籍八原行籍四九 字鹏飞 生嘉庆十七年(1812)壬申正月十三日亥时 卒失考 配**叶氏** 生嘉庆十九年(1814)甲戌五月十二日辰时 卒道光十一年(1831)辛卯四月初十日未时 [无后] (清漾五十三世廷增,奉化石门支脉28代茂枢)

第二十二世(115代) **毛庆福** 开科长子 行贯一原行贯六 生道光六年(1826)丙戌七月初四日戌时 卒光绪元年(1875)乙亥十一月廿七日申时享年五十 配**岑氏** 生道光二十年(1840)庚子十一月十一日卯时 卒失考 生二子 长子嘉春[无后]次子嘉仁[无后] (清漾五十四世百庆,奉化石门支脉29代荣烜)

第二十二世(115代) **毛庆桂** 开科次子 行贯二原行贯一〇 生道光十一年(1831)辛卯十二月十八日子时 卒光绪九年(1883)癸未九月廿二日午时享年五十三 配**张氏** 生道光二十五年(1845)乙巳十二月十八日戌时 卒宣统三年(1911)辛亥六月十七日卯时享寿六十七 生二子 长子嘉正次子嘉麟 (清漾五十四世百庆,奉化石门支脉29代荣烜)

第二十二世(115代) **毛庆云** 开科三子 行贯三原行贯一九 乳名阿三 生道光十八年(1838)戊戌十月廿八日未时 卒同治七年(1868)戊辰正月初三日寅时年三十一 配**王氏** 再醮 [无后] (清漾五十四世百庆,奉化石门支脉29代荣烜)

第二十二世(115代) **毛煦堂** 开甲长子 行贯六原行贯二八 乳名阿四 生道光二十年(1840)庚子十二月十八日子时 卒失考 配**杜氏** 离婚 继配**岑氏**

生道光十八年(1838)戊戌月日失考　卒光绪三年(1877)丁丑九月二十日年四十　[无后]　(清漾五十四世百庆,奉化石门支脉29代荣烜)

第二十二世(115代)　**毛宝生**　开甲次子　行贯一九原行贯六五　生道光二十六年(1846)丙午十一月十一日申时　卒失考　**配岑氏**　生道光三十年(1850)庚戌月日失考　[无后]　迁住上海　(清漾五十四世百庆,奉化石门支脉29代荣烜)

第二十三世(116代)　**毛嘉春**　庆福长子　行姚一原行姚二　生咸丰十年(1860)庚申九月十一日　卒光绪元年(1875)乙亥九月初一日年十六　不娶　(清漾五十五世世修,奉化石门支脉30代谦圻)

第二十三世(116代)　**毛嘉仁**　庆福次子　行姚五　生同治七年(1868)戊辰八月初五日亥时　卒失考　不娶　(清漾五十五世世修,奉化石门支脉30代谦圻)

第二十三世(116代)　**毛嘉正**　庆桂长子　行姚二原行姚五　字培丰　生同治三年(1864)甲子五月廿八日丑时　卒民国20年(1931)辛未四月十日戌时享寿六十八　配洋浦口**何氏**　生同治元年(1862)壬戌十月初三日申时　卒民国2年(1913)癸丑正月初九日巳时享年五十二　生二子　长子炳初次子炳云　(清漾五十五世世修,奉化石门支脉30代谦圻)

第二十三世(116代)　**毛嘉麟**　庆桂次子　行姚一三　生同治十一年(1872)壬申八月廿九日申时　卒民国11年(1922)壬戌六月十三日辰时享年五十一　配**余氏**　生光绪七年(1881)辛巳十一月廿七日亥时　生三子　长子炳芳次子炳康三子乾康　(清漾五十五世世修,奉化石门支脉30代谦圻)

第二十四世(117代)　**毛炳初**　嘉正长子　行江一　生光绪十二年(1886)丙戌七月初三日子时　卒民国18年(1929)己巳二月十二日戌时享年四十四　**配孙氏**　生光绪二十年(1894)甲午七月廿九日子时　生三子　长子森富次子有富三子水富　(清漾五十六世廷祥,奉化石门支脉31代恭毅)

第二十四世(117代)　**毛炳云**　嘉正次子　行江二　生光绪十五年(1889)己丑月日时失考　卒民国18年(1929)己巳月日时失考年四十一　**配林氏**　再醮　(清漾五十六世廷祥,奉化石门支脉31代恭毅)

第二十四世(117代)　**毛炳芳**　嘉麟长子　行江一〇　生光绪二十四年(1898)戊戌十二月初八日亥时　**配孙氏**　生民国元年(1912)壬子十一月廿六日酉时　生一子　鹤富　(清漾五十六世廷祥,奉化石门支脉31代恭毅)

第二十四世(117代)　**毛炳康**　嘉麟次子　行江一八　生光绪三十四年(1908)戊申三月廿二日未时　**配杜氏**　生民国6年(1917)丁巳四月廿九日亥时　(清漾五十六世廷祥,奉化石门支脉31代恭毅)

第二十四世(117代)　**毛乾康**　嘉麟三子　行江三五　生民国4年(1915)乙卯九月十六日巳时　(清漾五十六世廷祥,奉化石门支脉31代恭毅)

第二十五世(118代)　**毛森富**　炳初长子　行著一　生民国2年(1913)癸丑九月初三日戌时　(清漾五十七世永国,奉化石门支脉32代裕钰)

第二十五世(118代)　**毛有富**　炳初次子　行著二　生民国5年(1916)丙辰三月初十日辰时　(清漾五十七世永国,奉化石门支脉32代裕钰)

第二十五世(118代)　**毛水富**　炳初三子　行著六　生民国7年(1918)戊午七月初三日未时　(清漾五十七世永国,奉化石门支脉32代裕钰)

第二十五世(118代)　**毛鹤富**　炳芳子　行著　生民国22年(1933)癸酉闰五月初十日辰时　(清漾五十七世永国,奉化石门支脉32代裕钰)

二、二十世元佐支脉

第二十一世(114代) **毛联飞** 元佐长子 行籍四原行籍二四 字开祥 生嘉庆十年(1805)乙丑十二月十五日酉时 卒同治四年(1865)乙丑正月初三日丑时 享寿六十一 配**杜氏** 生嘉庆十年(1805)乙丑八月廿八日申时 卒道光十一年(1831)辛卯八月廿五日未时年二十七 无嗣 (清漾五十三世廷增,奉化石门支脉28代茂枢)

第二十一世(114代) **毛于飞** 元佐次子 行籍六原行籍四〇 字开裕 生嘉庆十六年(1811)辛未二月十八日戌时 卒道光二十六年(1846)丙午十一月廿九日年三十六 配**岑氏** 生嘉庆二十三年(1818)戊寅十一月十六日丑时 卒光绪元年(1875)乙亥九月廿四日辰时享年五十八 生二子 长子绥之次子怀远 葬本甲上塘脚坐北朝南 (清漾五十三世廷增,奉化石门支脉28代茂枢)

第二十一世(114代) **毛龙飞** 元佐三子 行籍一三原行籍六一 乳名阿八 字开榜 生于嘉庆十九年(1814)甲戌五月十二日寅时 卒咸丰七年(1857)丁巳七月十三日戌时年四十四 配**宋氏** 生道光十八年(1838)戊戌五月初一日寅时 卒咸丰七年(1857)丁巳九月廿六日卯时 无嗣 (清漾五十三世廷增,奉化石门支脉28代茂枢)

第二十一世(114代) **毛鸿飞** 元佐四子 行籍一六原行籍七一 乳名阿十 字开全 生于嘉庆二十一年(1816)丙子六月初六日卯时 卒失考 不娶 (清漾五十三世廷增,奉化石门支脉28代茂枢)

第二十二世(115代) **毛绥之** 于飞长子 行贯十原行贯四四 乳名阿槐 生道光二十三年(1843)癸卯十月廿四亥时 卒光绪二十一年(1895)乙未闰五月廿一日辰时享年五十三 配**徐氏** 生咸丰三年(1853)癸丑正月廿六日 卒失考 生一子 永纪 (清漾五十四世百庆,奉化石门支脉29代荣烜)

第二十二世(115代) **毛怀远** 于飞次子 行贯二三原行贯六九 乳名小毛 生道光二十七年(1847)丁未时 卒失考 配**史氏** 生同治二年(1863)癸亥九月初九日亥时 卒失考 [无后] 葬父坟侧 (清漾五十四世百庆,奉化石门支脉29代荣烜)

第二十三世(116代) **毛永纪** 绥之子 行姚 生卒失考 [无后] 葬父坟侧 (清漾五十五世世修,奉化石门支脉30代谦圻)

三、二十世元辅长房支脉

第二十一世(114代) **毛斯飞** 元辅长子 行籍七原行籍四六 字开瑞 生于嘉庆十六年(1811)辛未十二月廿八日辰时 卒同治六年(1867)丁卯二月廿九日辰时享年五十七 配**洪氏** 生嘉庆二十年(1815)乙亥七月二十日酉时 卒光绪十九年(1893)癸巳五月十七日子时享寿七十九 生二子 长子小狗次子梦桂 迁徙宁海合宁塘 葬九江山 (清漾五十三世廷增,奉化石门支脉28代茂枢)

第二十二世(115代) **毛小狗** 斯飞长子 行贯八 字慎之 生于道光二十二年(1840)壬寅十月十七日申时 卒光绪十年(1884)甲申十月二十日申时年四十三 配**赖氏** 生道光三十年(1850)庚戌十月十一日未时 卒光绪十年(1884)甲申十月初四日戌时年三十五 生二子 长子永江次子永林 葬宁海大草板坐北朝南(清漾五十四世百庆,奉化石门支脉29代荣烜)

第二十二世(115代) **毛梦桂** 斯飞次子 行贯一二 字行之 生于道光二十四年(1844)甲辰九月初十日申时 卒光绪二十年(1894)甲午十二月初一日子时享年五十一 配墙头**鲍氏** 生道光二十八年(1848)戊申八月十六日亥时 卒民国12年(1923)癸亥十月十八日申时享寿七十六 生三子 长子金火次子金水三子金生 葬宁海九江山坐北朝南 (清漾五十四世百庆,奉化石门支脉29代荣烜)

第二十三世(116代) **毛永江** 小狗长子 行姚一〇 字承忠 生于同治十年(1871)辛未七月三十日辰时 卒失考 不娶 (清漾五十五世世修,奉化石门支脉30代谦圻)

第二十三世(116代) **毛永林** 小狗次子 行姚一五 字承孝 生于同治十二年(1873)癸酉十一月十五日戌时 卒民国21年(1932)壬申十一月初九日未时享年六十 配**胡氏** 生卒失考 无嗣 (清漾五十五世世修,奉化石门支脉30代谦圻)

第二十三世(116代) **毛金火** 梦桂长子 行姚六 字承仁 生于同治七年(1868)戊辰九月廿一日未时 卒民国7年(1918)戊午八月廿一日未时享年五十一 **配胡氏** 生同治九年(1870)庚午十月十三日卯时 卒民国5年(1916)丙辰九月廿三日午时年四十七 生二子 长子康诰次子康焰 葬宁海大草板坐北朝南 (清漾五十五世世修,奉化石门支脉30代谦圻)

第二十三世(116代) **毛金水** 梦桂次子 行姚二一 字承义 生于光绪四年(1878)戊寅十一月廿四日戌时 配**葛氏** 生光绪六年(1880)庚辰五月初五日午

时　卒光绪二十五年(1899)己亥月日时失考年二十　继配**陈氏**无出　生卒失考　生一子　康宽　(清漾五十五世世修,奉化石门支脉30代谦圻)

第二十三世(116代)　**毛金生**　梦桂三子　行姚三二　字承智　生于光绪八年(1882)壬午四月十二日丑时　卒民国15年(1926)丙寅十二月初六日戌时年四十五　娶**朱氏**　生光绪十二年(1886)丙戌正月十一日辰时　生四子　长子康顺次子康树三子康恒四子康全　(清漾五十五世世修,奉化石门支脉30代谦圻)

第二十四世(117代)　**毛康诰**　金火长子　行江四　生于光绪二十一年(1895)乙未九月廿三日丑时　娶**陈氏**　生光绪廿三年丁酉月日时失考　生三子　长子家明次子家富三子家根　(清漾五十六世廷祥,奉化石门支脉31代恭毅)

第二十四世(117代)　**毛康焰**　金火次子　行江八　生于光绪二十四年(1898)戊戌九月廿三日丑时　娶**祝氏**　生光绪廿六年庚子闰八月十一日巳时　生二子　长子家恩次子家兴　(清漾五十六世廷祥,奉化石门支脉31代恭毅)

第二十四世(117代)　**毛康宽**　金水子　行江一七　生于光绪三十二年(1906)丙午九月十七日辰时　(清漾五十六世廷祥,奉化石门支脉31代恭毅)

第二十四世(117代)　**毛康顺**　金生长子　行江二二　生于宣统二年(1910)庚戌三月十一日辰时　(清漾五十六世廷祥,奉化石门支脉31代恭毅)

第二十四世(117代)　**毛康树**　金生次子　行江三六　生于民国4年(1915)乙卯十月廿四日卯时　(清漾五十六世廷祥,奉化石门支脉31代恭毅)

第二十四世(117代)　**毛康恒**　金生三子　行江五一　生于民国7年(1918)戊午十二月十三日亥时　(清漾五十六世廷祥,奉化石门支脉31代恭毅)

第二十四世(117代)　**毛康全**　金生四子　行江　生于民国13年(1924)甲子正月十一日酉时　(清漾五十六世廷祥,奉化石门支脉31代恭毅)

第二十五世(118代)　**毛家明**　康诰长子　行著四　生于民国6年(1917)丁巳六月廿五日酉时　(清漾五十七世永国,奉化石门支脉32代裕钰)

第二十五世(118代)　**毛家富**　康诰次子　行著　生于民国12年(1923)癸亥十一月初四日寅时　(清漾五十七世永国,奉化石门支脉32代裕钰)

第二十五世(118代)　**毛家根**　康诰三子　行著　生于民国20年(1931)辛未十二月二十日申时　(清漾五十七世永国,奉化石门支脉32代裕钰)

第二十五世(118代)　**毛家恩**　康焰长子　行著　生于民国18年(1929)己巳八月廿一日巳时　(清漾五十七世永国,奉化石门支脉32代裕钰)

第二十五世(118代)　**毛家兴**　康焰次子　行著　生于民国21年(1932)壬申四月廿七日亥时　(清漾五十七世永国,奉化石门支脉32代裕钰)

四、二十世元辅次房支脉

第二十一世(114代) **毛上飞** 元辅次子 行籍七三原行籍二四九 字瑞英 生于道光十五年(1835)乙未十月初六日戌时 卒宣统二年(1910)庚戌八月廿一日戌时享寿七十六 配**余氏** 生道光十九年(1839)己亥十二月十九日戌时 卒光绪五年(1879)己卯十一月廿四日未时年四十一 生二子 长子怀堂次子怀林 生四女 长女适叶次女适江三女适王四女适余 葬二畈日旺路西坐西朝东 (清漾五十三世廷增,奉化石门支脉28代茂枢)

第二十二世(115代) **毛怀堂** 上飞长子 行贯七一原行贯一七九 生于同治元年(1862)壬戌闰八月廿一日丑时 卒民国21年(1932)壬申十月二十日辰时享寿七十一 配**虞氏** 生同治十一年(1872)壬申五月三十日午时 卒民国18年(1929)己巳十二月初八日午时享年五十八 生四子 长子文德次子金德三子春德四子小德 生二女 长女适观次女适孙 葬炮台塘下洋浦边坐北朝南 (清漾五十四世百庆,奉化石门支脉29代荣烜)

第二十二世(115代) **毛怀林** 上飞次子 行贯一二五 生于同治九年(1870)庚午七月二十日申时 卒民国16年(1927)丁卯二月初七日午时享年五十八 配**张氏** 生光绪四年戊寅正月初一日辰时 卒民国8年(1919)己未十二月廿八日亥时年四十二 生一子 永德 生四女 长女适顾次女适何三女适黄四女适余 (清漾五十四世百庆,奉化石门支脉29代荣烜)

第二十三世(116代) **毛文德** 怀堂长子 行姚六四 生于光绪十八年(1892)壬辰四月十九日辰时 娶**余氏** 生光绪二十二年(1896)丙申二月十八日未时 (清漾五十五世世修,奉化石门支脉30代谦圻)

第二十三世(116代) **毛金德** 怀堂次子 行姚九九 生于光绪二十二年(1896)丙申九月初六日巳时 卒民国18年(1929)己巳六月十三日寅时年三十四 娶**杜氏** 生三子 长子焕章次子焕能三子焕潮[殇] (清漾五十五世世修,奉化石门支脉30代谦圻)

第二十三世(116代) **毛春德** 怀堂三子 行姚一一七 生于光绪二十五年(1899)己亥正月初四日戌时 卒民国14年(1925)乙丑九月廿一日申时年廿七 生一女 (清漾五十五世世修,奉化石门支脉30代谦圻)

第二十三世(116代) **毛小德** 怀堂四子 行姚一九八 生于宣统三年(1911)辛亥十一月十一日寅时 (清漾五十五世世修,奉化石门支脉30代谦圻)

第二十三世(116代) **毛永德** 怀林子 行姚九三 生于光绪二十一年(1895)乙未九月廿五日辰时 卒民国16年(1927)丁卯正月三十日戌时年三十三 娶**余氏** 生光绪二十三年(1897)丁酉十月二十日卯时 生三子 长子焕浩次子焕明三子焕昌 生一女 字王 (清溇五十五世世修,奉化石门支脉30代谦圻)

第二十四世(117代) **毛焕章** 金德长子 行江四四 生于民国6年(1917)丁巳八月廿五日卯时 (清溇五十六世廷祥,奉化石门支脉31代恭毅)

第二十四世(117代) **毛焕能** 金德次子 行江 生于民国12年(1923)癸亥十二月十六日子时 (清溇五十六世廷祥,奉化石门支脉31代恭毅)

第二十四世(117代) **毛焕潮** 金德三子 行江[殇] (清溇五十六世廷祥,奉化石门支脉31代恭毅)

第二十四世(117代) **毛焕浩** 永德长子 行江四九 生于民国7年(1918)戊午五月廿四日巳时 聘**洪氏** 生民国7年(1918)戊午三月十七日寅时 生一子尧根 生二女 长女夏琴次女夏藕 迁居香港特别行政区九龙 (清溇五十六世廷祥,奉化石门支脉31代恭毅)

第二十四世(117代) **毛焕明** 永德次子 行江 生于民国13年(1924)甲子九月廿五日辰时 卒1982年12月30日(农历壬戌年十一月十六日)享年五十九 娶妻**余玉花** 生1926年2月1日(农历乙丑年十二月十九日) 卒2012年4月16日(农历壬辰年三月廿六日)享寿八十八 生二子 长子新尧次子定尧 生三女 长女娥琴(生于1947年8月9日,嫁慈溪市附海镇陈姓)次女飞琴(生于1954年2月18日,嫁慈溪市桥头镇余家村)三女珠琴(生于1963年4月1日,嫁慈溪市桥头镇何家村) (清溇五十六世廷祥,奉化石门支脉31代恭毅)

第二十四世(117代) **毛焕昌** 永德三子 行江 生于民国16年(1927)丁卯八月廿五日寅时 卒1991年1月3日(农历庚午年十一月十八日)享年六十四 娶妻**沈秀英** 生民国16年(1927)丁卯八月廿八日子时 卒2011年8月26日(农历辛卯年七月廿七日)享寿八十五 生四子 长子尧法次子尧仁三子尧强四子尧江 生二女 长女夏芬(生于1956年5月9日子时,嫁余姚市丈亭镇郑姓)次女利芬(生于1962年11月11日亥时,嫁慈溪市桥头镇万岙村沈姓) (清溇五十六世廷祥,奉化石门支脉31代恭毅)

(一)毛焕浩分支简介

第二十五世(118代) **毛尧根** 焕浩子 著字行 生于1942年9月15日(农历壬午年八月初五日) 娶妻**钟淑仪** 生于1944年10月15日(农历甲申年八月廿九日) 生二子 长子彼得次子彼耀 现迁住香港九龙 (清溇五十七世永国,奉

化石门支脉32代裕钰)

第二十六世(119代) **毛彼得** 尧根长子 上字行 生于1965年11月17日(农历乙巳年十月廿五日) 任公司客户助理 娶妻**蔡立琼** 生于1973年2月26日(农历癸丑年正月廿四日) 家庭主妇 生一子 俊谦 现定居香港九龙 (清漾五十八世旭明,奉化石门支脉33代信时)

第二十七世(120代) **毛俊谦** 彼得子 林字行 生于2003年3月1日(农历癸未年正月廿九日) 在学校读书 现定居香港九龙 [清漾五十九世代学,东东、甜懿(韶山),东波(台湾),奉化石门支脉34代昭晰、月树]

第二十六世(119代) **毛彼耀** 尧根次子 上字行 生于1969年3月16日(农历己酉年正月廿八日) 任公司销售员 娶妻**梁洁仪** 生于1966年6月12日(农历丙午年四月廿四日) 任公司会计 生一子 俊铭 现定居香港九龙 (清漾五十八世旭明,奉化石门支脉33代信时)

第二十七世(120代) **毛俊铭** 彼耀子 林字行 生于1997年12月15日(农历丁丑年十一月十六日) 在学校读书 现定居香港九龙 [清漾五十九世代学,东东、甜懿(韶山),东波(台湾),奉化石门支脉34代昭晰、月树]

第二十五世(118代) **毛夏琴** 焕浩长女 著字行 生于1939年10月10日(农历己卯年八月廿八日) 长女婿**杜伟番** 生于1936年5月27日(农历丙子年四月初七日) 现住慈溪市桥头镇潭河沿村 (清漾五十七世永国,奉化石门支脉32代裕钰)

第二十五世(118代) **毛夏藕** 焕浩次女 著字行 生于1956年8月13日(农历丙申年七月初八日) 家庭主妇 次女婿**钱祥荣** 生于1948年7月22日(农历戊子年六月十六日) 单位退休 生一子 钱国梁 生于1979年8月23日(农历己未年七月初一日) 任公司技术员 生一女 钱美思 生于1987年2月4日(农历丁卯年正月初七日) 任公司文职人员 现迁住香港新界 (清漾五十七世永国,奉化石门支脉32代裕钰)

(二)毛焕明分支简介

第二十五世(118代) **毛新尧** 焕明长子 著字行 生于1944年10月23日(农历甲申年九月初七日) 娶妻**罗冬英** 生于1946年1月14日(农历乙酉年十二月十二日) 生二子 长子建军次子建锋 生二女 长女孟月次女孟优 现住慈溪市桥头镇毛三斢村西河沿北路 (清漾五十七世永国,奉化石门支脉32代裕钰)

第二十六世(119代) **毛建军** 新尧长子 上字行 生于1968年11月30日

（农历戊申年十月十一日卯时） 娶妻**胡建波** 生于1967年8月6日（农历丁未年七月初一日） 生一子 科约 现住慈溪市桥头镇毛三斢村 （清漾五十八世旭明，奉化石门支脉33代信时）

第二十七世（120代） **毛科约** 建军子 林字行 生于1992年10月20日（农历壬申年九月廿五日） 在学校读书 现住慈溪市桥头镇毛三斢村 ［清漾五十九世代学，东东、甜懿（韶山），东波（台湾），奉化石门支脉34代昭晰、月树］

第二十六世（119代） **毛建锋** 新尧次子 上字行 生于1972年2月7日（农历壬子年十二月二十三日） 娶妻**杜新飞** 生于1972年3月11日（农历壬子年正月廿六日） 生一女 梦丹 现住慈溪市桥头镇毛三斢村 （清漾五十八世旭明，奉化石门支脉33代信时）

第二十七世（120代） **毛梦丹** 建锋女 林字行 生于1997年5月9日（农历丁丑年四月初三日） 在学校读书 现住慈溪市桥头镇毛三斢村 ［清漾五十九世代学，东东、甜懿（韶山），东波（台湾），奉化石门支脉34代昭晰、月树］

第二十六世（119代） **毛孟月** 新尧长女 上字行 生于1964年12月23日（农历甲辰年十一月二十日） 嫁慈溪市桥头镇毛三斢村 （清漾五十八世旭明，奉化石门支脉33代信时）

第二十六世（119代） **毛孟优** 新尧次女 上字行 生于1966年10月27日（农历丙午年九月十四日） 嫁慈溪市桥头镇上杜家 （清漾五十八世旭明，奉化石门支脉33代信时）

第二十五世（118代） **毛定尧** 焕明次子 著字行 生于1950年12月11日（农历庚寅年十一月初三日寅时） 娶妻**陈定儿** 生于1951年4月15日（农历辛卯年三月初十日辰时） 生一子 力波 生一女 叶波 现住慈溪市桥头镇毛三斢村 （清漾五十七世永国，奉化石门支脉32代裕钰）

第二十六世（119代） **毛力波** 定尧子 上字行 生于1975年7月21日（农历乙卯年六月十三日戌时） 娶妻**毛亚萍** 生于1978年1月18日（农历丁巳年十二月初十日丑时） 生一女 双妮 现住慈溪市桥头镇毛三斢村 （清漾五十八世旭明，奉化石门支脉33代信时）

第二十七世（120代） **毛双妮** 力波女 林字行 生于2001年12月13日（农历辛巳年十月廿九日未时） 在学校读书 现住慈溪市桥头镇毛三斢村 ［清漾五十九世代学，东东、甜懿（韶山），东波（台湾），奉化石门支脉34代昭晰、月树］

第二十六世（119代） **毛叶波** 定尧女 上字行 生于1972年3月29日（农历壬子年二月十五日） 已出嫁 现住慈溪市桥头镇毛三斢村 （清漾五十八世旭明，奉化石门支脉33代信时）

（三）毛焕昌分支简介

第二十五世(118代)　**毛尧法**　焕昌长子　著字行　生于1948年1月9日(农历丁亥年十一月廿九日午时)　娶妻**叶彐浓**　生于1947年11月9日(农历丁亥年九月廿七日寅时)　生一子　苗燕　生二女　长女亚君次女燕君　现住慈溪市桥头镇毛三斞村　(清漾五十七世永国,奉化石门支脉32代裕钰)

第二十六世(119代)　**毛苗燕**　尧法子　上字行　生于1972年12月22日(农历壬子年十一月十七日亥时)　娶妻**陈央波**　生于1975年6月10日(农历乙卯年五月初一日辰时)　生一子　博航　生一女　祈苑　现住慈溪市桥头镇毛三斞村　(清漾五十八世旭明,奉化石门支脉33代信时)

第二十七世(120代)　**毛博航**　苗燕子　林字行　生于2006年12月22日(农历丙戌年十月廿七日午时)　在学校读书　现住慈溪市桥头镇毛三斞村　[清漾五十九世代学,东东、甜懿(韶山),东波(台湾),奉化石门支脉34代昭晰、月树]

第二十七世(120代)　**毛祈苑**　苗燕女　林字行　生于1999年3月1日(农历己卯年正月十四日戌时)　在学校读书　现住慈溪市桥头镇毛三斞村　[清漾五十九世代学,东东、甜懿(韶山),东波(台湾),奉化石门支脉34代昭晰、月树]

第二十六世(119代)　**毛亚君**　尧法长女　上字行　生于1968年(农历戊申年月日午时)　已出嫁　现住慈溪市桥头镇毛三斞村　(清漾五十八世旭明,奉化石门支脉33代信时)

第二十六世(119代)　**毛燕君**　尧法次女　上字行　生于1970年(农历庚戌年月日卯时)　已出嫁　现住慈溪市桥头镇毛三斞村　(清漾五十八世旭明,奉化石门支脉33代信时)

第二十五世(118代)　**毛尧仁**　焕昌次子　著字行　生于1951年3月11日(农历辛卯年二月初四日寅时)　娶妻**惠珍娣**　生于1954年8月16日(农历甲午年七月十八日卯时)　生二女　长女益波次女亚波　现住慈溪市桥头镇毛三斞村(清漾五十七世永国,奉化石门支脉32代裕钰)

第二十六世(119代)　**毛益波**　尧仁长女　上字行　生于1976年5月6日(农历丙辰年四月初八日寅时)　嫁慈溪市桥头镇五丰村陈张及　(清漾五十八世旭明,奉化石门支脉33代信时)

第二十六世(119代)　**毛亚波**　尧仁次女　上字行　生于1986年8月13日(农历丙寅年七月初八日卯时)　在庵东镇东三小学任教师　现住慈溪市桥头镇毛三斞村　(清漾五十八世旭明,奉化石门支脉33代信时)

第二十五世(118代) **毛尧强** 焕昌三子 著字行 生于1955年2月26日(农历乙未年二月初五日卯时) 娶妻**俞婉青** 生于1959年10月26日(农历己亥年九月廿五日辰时) 生二子 长子红军次子红旗 生一女 妙君 现住慈溪市桥头镇毛三蔛村15队 (清漾五十七世永国,奉化石门支脉32代裕钰)

第二十六世(119代) **毛红军** 尧强长子 上字行 生于1987年2月19日(农历丁卯年正月廿九日卯时) 现住慈溪市桥头镇毛三蔛村15队 (清漾五十八世旭明,奉化石门支脉33代信时)

第二十六世(119代) **毛红旗** 尧强次子 上字行 生于1987年2月19日(农历丁卯年正月廿九日巳时) 娶妻**杜琴会** 生于1983年8月11日(农历癸亥年七月初三日未时) 生一女 佳妮 现住慈溪市桥头镇毛三蔛村15队 (清漾五十八世旭明,奉化石门支脉33代信时)

第二十七世(120代) **毛佳妮** 红旗女 林字行 生于2010年6月7日(农历庚寅年四月廿五日未时) 在学校读书 现住慈溪市桥头镇毛三蔛村15队 [清漾五十九世代学,东东、甜懿(韶山),东波(台湾),奉化石门支脉34代昭晰、月树]

第二十六世(119代) **毛妙君** 尧强女 上字行 生于1980年11月30日(农历庚申年十月廿三日午时) 现住慈溪市东山头村嫁徐姓 (清漾五十八世旭明,奉化石门支脉33代信时)

第二十五世(118代) **毛尧江** 焕昌四子 著字行 生于1960年7月14日(农历庚子年六月廿一日卯时) 娶妻**何秋意** 生于1961年10月1日(农历辛丑年八月廿二日巳时) 生一子 鹏程 生一女 苗波 现住慈溪市桥头镇毛三蔛村西河沿北路 (清漾五十七世永国,奉化石门支脉32代裕钰)

第二十六世(119代) **毛鹏程** 尧江子 上字行 生于1993年11月30日(农历癸酉年十月十七日卯时) 曾在部队陆军第一集团军装甲十师服役两年 现在慈溪市白沙街道派出所工作 (清漾五十八世旭明,奉化石门支脉33代信时)

第二十六世(119代) **毛苗波** 尧江女 上字行 生于1986年3月26日(农历丙寅年二月十七日申时) 女婿**华煜波** 生于1986年2月16日(农历丙寅年正月初八日) 现住慈溪市白沙镇武陵桥村 (清漾五十八世旭明,奉化石门支脉33代信时)

五、二十世元弼长房支脉

第二十一世(114代) **毛凤飞**(乳名阿九) 元弼长子 行籍一四原行籍六四 生于嘉庆十九年(1814)甲戌十一月廿二日寅时 卒同治二年(1863)癸亥十二月初二日子时享年五十 **配陈氏** 生于嘉庆二十一年(1816)丙子十一月廿七日子时 卒同治十一年(1872)壬申十月初二日未时享年五十七 生三子 长子和之次子怀玉三子怀五 生二女 长女适朱次女适余 葬本甲上新桥下坐西朝东 (清漾五十三世廷增,奉化石门支脉28代茂枢)

第二十二世(115代) **毛和之(毛和芝)** 凤飞长子 行贯五原行贯二四 生于道光十九年(1839)己亥十一月初六日戌时 卒光绪十年(1884)甲申闰五月十一日午时年四十六 **配对河孙氏** 生于道光二十六年(1846)丙午八月廿六日戌时 卒民国20年(1931)辛未十月廿一日卯时享寿八十六 生二子 长子德才(生一子三女) 次子信才(生二子一女) 葬父母亲坟侧 (清漾五十四世百庆,奉化石门支脉29代荣烜)

第二十二世(115代) **毛怀玉** 凤飞次子 行贯一五原行贯五五 生于道光二十五年(1845)乙巳十一月廿七日戌时 卒失考 不娶 (清漾五十四世百庆,奉化石门支脉29代荣烜)

第二十二世(115代) **毛怀五** 凤飞三子 行贯三七原行贯一〇七 生于咸丰二年(1852)壬子十二月十五日子时 卒失考 失踪 (清漾五十四世百庆,奉化石门支脉29代荣烜)

第二十三世(116代) **毛德才** 和之长子 行姚九 生于同治九年(1870)庚午十月十七日午时 **娶余氏** 生于光绪七年(1881)辛巳十月廿八日午时 生一子焕文 生三女 长女适岑次女适孙三女适余 (清漾五十五世世修,奉化石门支脉30代谦圻)

第二十三世(116代) **毛信才** 和之次子 行姚一七 生于光绪元年(1875)乙亥十月廿七日子时 卒民国10年(1921)辛酉二月十四日戌时年四十七 **配岑氏** 生于光绪八年(1882)壬午五月廿二日申时 生二子 长子焕清(生一子二女) 次子焕贤(生二子二女) 生一女 适陈(迁住余姚县城) (清漾五十五世世修,奉化石门支脉30代谦圻)

第二十四世(117代) **毛焕文** 德才子 行江一四 生于光绪二十八年

(1902)壬寅十月廿九日未时　卒失考　娶**孙氏**　生一子　长根　葬于里白洋公墓（清漾五十六世廷祥，奉化石门支脉31代恭毅）

第二十四世(117代)　**毛焕清**(曾用名毛永先)　信才长子　行江三八　生于1916年1月13日(农历乙卯年十二月初九日丑时)　1937年12月迁居下里溪村　娶妻**李兰苏**　生一子　里强　生二女　长女香妙次女香窕　1994年1月11日晚上8点左右(农历癸酉年十一月三十日戌时)因病逝世享寿七十九　（清漾五十六世廷祥，奉化石门支脉31代恭毅）

第二十四世(117代)　**毛焕贤**(改为沈阿贤)　信才次子　行江五五　生于民国8年(1919)己未八月十三日辰时　螟出沈师桥沈高生为子　卒1998年10月6日(农历戊寅年八月十六日)享寿八十　娶妻**罗雅清**　生于1923年8月6日(农历癸亥年六月廿四日)　卒1987年1月27日(农历丙寅年十二月廿八日)享寿六十四　生二子　长子沈利明次子沈利根　生二女　长女沈莉莉次女沈莉菊　迁居上海市朝阳区　墓在慈溪市桥头镇孙家西山　（清漾五十六世廷祥，奉化石门支脉31代恭毅）

(一)毛长根分支简介

第二十五世(118代)　**毛长根**　焕文子　著字行　生于民国13年(1924)甲子九月十六日卯时　卒2005年10月31日(农历乙酉年九月廿九日戌时)享寿八十二　娶妻**孙彩娥**　生于民国17年(1928)戊辰九月初六日戌时　卒2003年7月15日(农历癸未年六月十六日辰时)享寿七十六　生四子　长子水维次子水荣三子国云四子燕云　生一女　雪梅　夫妇俩合葬在里白洋大山　（清漾五十七世永国，奉化石门支脉32代裕钰）

第二十六世(119代)　**毛水维**　长根长子　上字行　生于1950年3月31日(农历庚寅年二月十四日)　娶妻**宋婉玉**　生于1954年12月8日(农历甲午年十一月十四日)　生一子　浩波　现住慈溪市桥头镇毛三斛村日旺北路9弄　（清漾五十八世旭明，奉化石门支脉33代信时）

第二十七世(120代)　**毛浩波**　水维子　林字行　生于1977年2月16日(农历丁巳年十二月廿九日)　娶妻**余群玲**　生于1976年4月30日(农历丙辰年四月初二日)　生二女　长女瑜璐次女瑜茗　2006年开始创办企业慈溪市桥头宝鼎塑料制品厂　现住慈溪市桥头镇毛三斛村　[清漾五十九世代学，东东、甜懿(留山)，东波(台湾)，奉化石门支脉34代昭晰、月树]

第二十八世(121代)　**毛瑜璐**　浩波长女　欲字行　生于2002年5月9日(农历壬午年三月廿七日)　现在学校读书　[清漾广渡派六十世贤字行，家骅、传

臻、传腊、传豪、传助，贤（上饶），绚（二十八都），林浩、凌硕（台湾），奉化石门支脉35代显字行，高翔]

第二十八世（121代） **毛瑜茗** 浩波次女 欲字行 生于2007年11月14日（农历丁亥年十月初五日） 现在学校读书 [清漾广渡派六十世贤字行，绚、家骅、传臻、传腊、传豪、传助，贤（上饶），绚（二十八都），林浩、凌硕（台湾），奉化石门支脉35代显字行，高翔]

第二十九世（122代）**卜字行**

（清漾广渡派六十一世能字行，颖、能、芳烈、芳庶、芳然、芳均，奉化石门支脉36代贤字行）

第三十世（123代）**簪字行**

（清漾广渡派六十二世焕字行，性、振赛、振望，奉化石门支脉37代良字行）

第二十六世（119代） **毛水荣** 长根次子 上字行 生于1956年4月28日（农历丙申年三月十八日） 娶妻**覃焕英** 生于1960年7月9日（农历庚子年六月十六日） 生一女 晶晶 现住慈溪市桥头镇毛三斛村 （清漾五十八世旭明，奉化石门支脉33代信时）

第二十七世（120代） **毛晶晶** 水荣女 林字行 生于1987年1月28日（农历丙寅年十二月廿九日寅时） 工作单位宁波望通锁业有限公司 [清漾五十九世代学，东东、甜懿（韶山），东波（台湾），奉化石门支脉34代昭晰、月树]

第二十六世（119代） **毛国云** 长根三子 上字行 生于1958年11月11日（农历戊戌年十月初一日寅时） 现住慈溪市桥头镇毛三斛村 （清漾五十八世旭明，奉化石门支脉33代信时）

第二十六世（119代） **毛燕云** 长根四子 上字行 生于1962年9月3日（农历壬寅年八月初五日子时） 娶妻**孙亚君** 生于1964年12月26日（农历甲辰年十一月廿三日辰时） 生一女 梦洁 自2002年起在新周塘路创办企业慈溪市华正电子厂 现住慈溪市桥头镇毛三斛村 （清漾五十八世旭明，奉化石门支脉33代信时）

第二十七世（120代） **毛梦洁** 燕云女 林字行 生于1992年12月13日（农历壬申年十一月二十日申时） 工作单位慈溪市华正电子厂 [清漾五十九世代学，东东、甜懿（韶山），东波（台湾），奉化石门支脉34代昭晰、月树]

第二十六世(119代)　**毛雪梅**　长根女　上字行　生于1965年10月18日(农历乙巳年九月廿四日)　女婿**岑金达**　生于1964年1月24日(农历癸卯年十二月初十日)　生一女　烨鑫　自1990年起创办企业慈溪市匡堰镇王家埭村烨鑫电子厂　现住慈溪市匡堰镇樟树村西河自然村　(清漾五十八世旭明,奉化石门支脉33代信时)

第二十七世(120代)　**岑烨鑫**　雪梅女　生于1991年3月4日(农历辛未年正月十八日)　现在宁波诺丁汉大学读书　[清漾五十九世代学,东东、甜懿(韶山),东波(台湾),奉化石门支脉34代昭晰、月树]

(二)毛焕清分支简介

毛焕清(曾用名毛永先),余姚双河第二十四世(毛氏117代,余姚双河西房暨毛三斢村毛氏第十九世,永康毛家第1代),行江三八(江字行),属兔,于1916年1月13日(农历乙卯年十二月初九日丑时,星期五)出生于慈溪市桥头镇毛三斢村(原慈溪县三管公社隆丰大队,1954年行政区划调整前属余姚县逍林区下管乡管辖,民国以前称为余姚县林东乡毛三斢村)。六岁时其父因家境贫寒,无钱医治而病故。不多久,其母岑氏也离他们而去。三岁的弟弟毛焕贤螟出沈师桥沈高升为子,将毛姓改为沈姓。以后与大他四岁的姐姐相依为命,由奶奶扶养。到十七岁时奶奶也因年老体弱而去世,享寿86岁。他从小拜师学缝纫手艺,一般人学三年出徒,他因年龄太小,跟师傅学做手艺七年以后才出师另立门户。

为了谋生,离家外出,到杭州投靠亲友。于1937年年底与堂叔毛医官、姑父罗医官、姑母毛氏一起随浙江省政府地方第一补助医院(省陆军第一辅助医院,俗称伤兵医院)迁移到永康市石柱镇李溪村(原永康县石柱公社下里溪大队,民国时期称为永康县合德乡李溪村),在医院谋职,为抢救抗战将士的生命做出了很大贡献。后经人介绍,认塘花村徐氏夫妇为亲娘亲爷。1942年5月20日,医院随省政府南迁,撤离永康,搬到云和、丽水、龙泉等地。1945年9月抗日战争胜利后,离开伤兵医院,定居下里溪村。他从小没有到学校读过书,但很聪明能干,记忆力很强,通过自学认识少部分字,他还独创了很多记录文字数字的方法和符号。1950年3月全县成立农民协会,曾担任下里溪村第一任农会主席,带领全村人民进行土地改革,做出很大贡献。20世纪50年代初期积极参加抗美援朝保家卫国工作,中期响应中央农业支持重工业的号召,主动放弃缝纫生意,到江山县参加江山煤矿建设开发工作。三年自然灾害时,又服从中央决定,工业支持农业,回到家乡务农,以后还组织手工业合作社;合作社解散后,又回到下里溪村从事务农兼做缝纫生意。20世纪80年代初,国家落实政策,恢复国家工作人员身份和相关政治生活待遇。1994年1月11日晚上8点左右(农历癸酉年十一月三十日戌时,星期二)突然因病在下里溪

村逝世，享寿79岁。（清漾五十六世廷祥，奉化石门支脉31代恭毅）

李兰苏，属牛，1925年8月20日（农历乙丑年七月初二日，星期四）出生于永康市江南街道白垤里村（原永康县云山公社白垤里大队）。从小没有上学校读过书，通过自学认识很少一部分字。父亲李昌全，母亲董玉仙，家中还有大哥李洪康、大嫂董苏银，大姐李兰菊、姐夫王云进，小弟李华新、弟媳王笑梅，小妹李兰书、妹夫陈明兴。伤兵医院驻在下里溪期间，经人介绍与毛焕清相识，抗战胜利后俩人结婚，后一直定居在永康市石柱镇下里溪村。出嫁前跟随大嫂李苏银学习织布，结婚后的几年还是在娘家给大哥家织布，以后随丈夫学习缝纫技术。一生主要相夫教子，做家务，兼做缝纫手艺、务农等。年老以后崇拜佛学，广结佛缘，喜做善事，受人尊敬。对下里溪城隍庙恢复、修建、保护等工作做出了很大贡献。2000年11月30日上午11点左右（农历庚辰年十一月初五日午时，星期四）因患结肠癌在下里溪村逝世，享寿76岁。

夫妇俩合葬在下里溪村马鞍山东南面，后因建设永东高速公路，将坟墓迁移至马鞍山西北面，座北朝南偏西，右侧面对下里溪村庄。

夫妇俩生育一子两女。

儿　　子：**毛里强**（曾用名毛利长，著字行），余姚双河第二十五世（毛氏118代，余姚双河西房暨毛三斞村毛氏第二十世，永康毛家第2代），属猪，1959年9月26日（农历已亥年八月廿四日卯时）出生于永康市石柱镇下里溪村老街110号。四川省经济管理干部学院国民经济计划与管理专业大专毕业，西南科技大学法律专业本科毕业。曾在济南军区空军后勤部服役二十一年，曾先后任济南军区空军后勤部副团职处长、总工程师，授予空军中校军衔，曾荣立个人三等功一次、集体三等功一次、嘉奖多次，获得先进个人、优秀共产党员称号多次。1998年9月转业回到永康工作，曾先后担任永康市委台湾工作办公室主任、永康市台胞台属联谊会会长、永康市海外联谊会副会长。曾被中共中央台办宣传局评为2006年度全国对台宣传、调研工作先进工作者，多次被金华市台办、台联会评为对台工作先进个人。现任永康市政协经济科技办公室主任、市政协常委、市政协工业科技委员会主任，是中共永康市第十一次代表大会党代表，永康市第十、十一、十二、十三届政协委员。曾多次被评为优秀政协委员，平时积极建言献策，多个政协委员提案被评为优秀提案。兼任永康市摄影家协会会员、永康市新四军历史研究会会员、永康市国家税务局特邀监察员。享受县（处）级政治、生活待遇。现住永康市西城街道西门社区城北西路171弄。（清漾五十七世永国，奉化石门支脉32代裕钰）

儿　　媳：**章红霞**，属鸡，1969年7月20日（农历已酉年六月初七日辰时）出生于永康市石柱镇下里溪村老街二十弄12号。中共中央党校函授学院法律专业本科毕业。曾在永康县粮食机械厂工作，后调到济空后勤部队工作多年。曾担任仓库管理员、军人服务社会计、经理。1998 年 9 月转业到永康市建设局建筑市场管理处任会计，现在永康市公共资源交易中心担任业务三科科长，兼任市公共资源交易管理委员会办公室财务主管。曾被评为优秀共产党员。其父亲章德法 1942 年 2 月 7 日（农历壬午年十二月廿二日）出生于永康市石柱镇下里溪村老街 106 号，曾任永康市丽州商城总经理，现已从永康市工商局退休；母亲罗彩和 1948 年 10 月 13 日（农历戊子年九月十一日）出生于永康市江南街道麻车头村，家庭主妇，曾从事个体手工业者；哥哥章敏华 1967 年 1 月 17 日（农历丙午年十二月初七日）出生于永康市石柱镇下里溪村老街二十弄 12 号，现在永康市双飞公司工作；嫂子姚爱香 1966 年 7 月 19 日（农历丙午年六月初二日）出生于永康市西城街道花川村，现在永康市双飞公司工作，侄女章丽芳 1988 年 8 月 23 日（农历戊辰年七月十二日）出生于永康市石柱镇下里溪村老街十九弄 33 号，现在哈尔斯工贸有限公司任会计；侄子章志挺 1995 年 7 月 16 日（农历乙亥年六月十九日）出生于永康市石柱镇下里溪村老街十九弄 33 号，现在西华师范大学读书。

孙　　子：**毛章元**（上字行），余姚双河第二十六世（毛氏 119 代，余姚双河西房暨毛三蔛村毛氏第二十一世，永康毛家第 3 代），属马，1990 年 9 月 16 日（农历庚午年七月廿八日巳时）出生于永康市石柱镇下里溪村老街二十弄 1 号。浙江外国语学院市场营销专业大专毕业，浙江理工大学工商管理专业本科毕业，授予管理学学士学位。现在永康市公安局西城派出所任民警、信息中队队长。曾被评为 2013 年度永康市优秀公务员，曾三次受到嘉奖奖励。（清漾五十八世旭明，奉化石门支脉 33 代信时）

孙媳妇：**卢　莹**，1992 年 2 月 8 日（农历壬申年正月初五日酉时）出生于永康市西溪镇玉川村，杭州师范大学思想政治教育专业本科毕业，授予教育学学士学位，现在永康市人民小学教书，担任班主任。

大　　女：**毛香妙**（著字行），余姚双河第二十五世（毛氏 118 代，余姚双河西房暨毛三蔛村毛氏第二十世，永康毛家第 2 代），1950 年 11 月 2 日（农历庚寅年九月廿三日）出生于永康市石柱镇下里溪村老街 110 号，曾在城关镇桃花村幼儿园工作多年，现住永康市东城街道卫星社区卫星路 1 弄。（清漾五十七世永国，奉化石门支脉 32 代裕钰）

大女婿：**黄浙南**，1946 年 7 月 11 日（农历丙戌年六月十三日）出生于永康市东城街道桃花村（城内建设路 5 号），原在浙江东风莹石公司花街莹石矿工作，1990 年 10 月 28 日（农历庚午年九月十一日未时）突发意外去世，享年 45 岁。

外　　甥：**黄　斌**，1970 年 10 月 13 日（农历庚戌年九月十四日，永康毛家第 3

代）出生于永康市东城街道桃花村（城内工人巷十八号），浙江技工学校中专毕业，曾在浙江东风莹石公司工作多年，现在永康市农贸市场工作任市场管理员，现住永康市东城街道卫星社区卫星路1弄。（清漾五十八世旭明，奉化石门支脉33代信时）

外甥媳妇：**徐芳英**，1973年11月17日（农历癸丑年十月廿三日）出生于永康市东城街道桃花村（城内建设路74号），现在永康市大润发商场工作。

曾外甥：**黄宇鹏**，1998年1月14日（农历丁丑年十二月十六日，永康毛家第4代）出生于永康市东城街道卫星社区桃花村，现在永康第二中学读书。[清漾五十九世代学，东东、甜懿（韶山），东波（台湾），奉化石门支脉34代昭晰、月树]

外甥女：**黄　瑛**，1973年8月21日（农历癸丑年七月廿三日，永康毛家第3代）出生于永康市东城街道桃花村（城内工人巷十八号），曾在浙江东风莹石公司工作多年，现在永康市南龙广场工作，现住永康市东城街道大花园村七街。（清漾五十八世旭明，奉化石门支脉33代信时）

外甥女婿：**徐险峰**，1969年11月24日（农历乙酉年十月十五日）出生于永康市东城街道大花园村，曾任东城街道大花园村村委会成员。

曾外甥女：**徐冰雅**，1999年8月9日（农历已卯年六月二十八日，永康毛家第4代）出生于永康市东城街道大花园村七街五号，现在永康第二中学读书。[清漾五十九世代学，东东、甜懿（韶山），东波（台湾），奉化石门支脉34代昭晰、月树]

小　　女：**毛香窕**（著字行），余姚双河第二十五世（毛氏118代，余姚双河西房暨毛三斟村毛氏第二十世，永康毛家第2代），1956年10月6日（农历丙申年九月初三日）出生于永康市石柱镇下里溪村老街110号，曾在杭州陆军部队工作多年，1993年转业到永康市木材公司工作，现在永康市江南街道西津居委会工作，现住永康市江南街道西津社区华丰西路62弄。（清漾五十七世永国，奉化石门支脉32代裕钰）

小女婿：**章化齐**，1955年8月28日（农历乙未年七月十一日）出生于永康市石柱镇下里溪村老街十九弄10号，曾在陆军第一军一师二团服役18年，曾任二团特务连班长、排长、指导员、团后勤处副营职协理员，授予陆军少校军衔，曾参加老山对越自卫还击作战，荣立三等功一次，嘉奖多次，曾多次被评为优秀共产党员、军训标兵。浙江广播电视函授大学财政管理专业专科毕业。曾任永康市地税（财政）局人事监察科科长，现任永康市地税局直属分局书记、主任科员。

大外甥女：**章　琼**，1982年11月27日（农历壬戌年十月十三日，永康毛家第3代）出生于永康市石柱镇下里溪村老街十九弄8号，东北财经大学会计电算化专业本科毕业，曾在永康市地税局工作，现在广西防城港市海关工作，现住广西防城港

市丽景湾小区2A幢。(清漾五十八世旭明,奉化石门支脉33代信时)

外甥女婿:**胡宇宁**,1979年2月14日(农历已未年正月十八日)出生于永康市江南街道仁村,宁波大学轮机工程专业本科毕业,现在广西防城港市海关任警官、主任科员。

曾外甥:**胡景竣(乐乐)**,2012年6月12日14时(农历壬辰年闰四月廿三日未时,永康毛家第4代)出生于广西防城港市丽景湾小区2A幢。[清漾五十九世代学,东东、甜懿(韶山),东波(台湾),奉化石门支脉34代昭晰、月树]

小外甥女:**章　璇**,1987年1月15日(农历丙寅年十二月十六日,永康毛家第3代)出生于永康市石柱镇下里溪村老街十九弄8号,中国计量学院本科毕业,在永康市行政服务中心工作,现住永康市江南街道丽丰社区城南路。(清漾五十八世旭明,奉化石门支脉33代信时)

外甥女婿:**胡致勋**,1989年5月10日(农历己巳年四月初六日)出生于永康市东城街道苏溪村,与父母亲一起创办企业,现住永康市江南街道丽丰社区城南路。

曾外甥:**胡皓轩(仔仔)**,2013年9月13日14时50分(农历癸巳年八月初九日未时,永康毛家第4代)出生于永康市江南街道丽丰社区城南路。[清漾五十九世代学,东东、甜懿(韶山),东波(台湾),奉化石门支脉34代昭晰、月树]

(三)毛焕贤(沈阿贤)分支简介

毛焕贤(改名为沈阿贤),信才次子,行江五五,余姚双河第二十四世(毛氏117代,余姚双河西房暨毛三斢村毛氏第十九世),生于民国8年(1919)己未八月十三日辰时,螟出沈师桥沈高生为子。1930年跟随养父到上海,在上海振华油漆厂做童工,1952年加入中国共产党,随后担任该厂三车间主任。1964年调到英雄技术室工作,一直到1979年光荣退休。1998年10月6日(农历戊寅年八月十六日)因病去世,享寿80岁。娶妻**罗氏**(1919年出生,1938年病亡),续妻**罗雅清**,生于1923年8月6日(农历癸亥年六月廿四日),1987年1月27日(农历丙寅年十二月廿八日)因病去世,享寿64岁。(清漾五十六世廷祥,奉化石门支脉31代恭毅)

夫妇俩一直居住在上海市朝阳区,生二子,长子沈利明次子沈利根;生二女,长女沈莉莉次女沈莉菊。夫妇俩坟墓在慈溪市桥头镇孙家西山。

第二十五世(118代)**沈利明**:焕贤长子,著字行,生于1953年7月4日(农历癸巳年五月廿三日),中学毕业后,积极响应国家提出的“知识青年上山下乡”的号召,到江西吉安818兵工厂工作。曾担任该厂主办会计。1990年调回上海,在江西驻上海办事处工作,一直工作到退休。娶妻**张秋云**(1954年出生),生一子,**沈晔鑫**。现住上海市彭浦区。(清漾五十七世永国,奉化石门支脉32代裕钰)

第二十五世(118代)**沈利根**:焕贤次子,著字行,生于1954年9月(农历甲午年八月),中学毕业后,积极响应国家提出的"知识青年上山下乡"的号召,到黑龙江军垦农场工作。1980年调回上海,在上海振华油漆厂工作,一直工作到退休。娶妻**商彩霞**(2000年到昆山市某公司做技术顾问),生一女,沈怡。现住上海市普陀区。(清漾五十七世永国,奉化石门支脉32代裕钰)

第二十五世(118代)**沈莉莉**:焕贤长女,著字行,生于1952年6月2日(农历壬辰年五月初十日),中学毕业后,积极响应国家提出的"知识青年上山下乡,接受贫下中农再教育"的号召,回到故乡慈溪市桥头镇烟墩村(2001年2月调整合并行政村以前称双河村)插队落户。长女婿**孙和国**,生于1947年1月4日(农历丙戌年十二月十三日),生一子,孙斌;生一女,孙樱。现住慈溪市桥头镇烟墩村双河孙家2队。(清漾五十七世永国,奉化石门支脉32代裕钰)

第二十五世(118代)**沈莉菊**:焕贤次女,著字行,生于1956年2月14日(农历丙申年正月初三日)。中学毕业后,在上海绢织厂工作,现已退休。次女婿**宋国鸿**(1954年出生,在上海三航局担任技术总监),1978年结婚,生一子,宋明哲。现住上海市彭浦区。(清漾五十七世永国,奉化石门支脉32代裕钰)

第二十六世(119代)**沈晔鑫**:利明子,生于1982年(农历壬戌年),从小在上海读书,毕业于上海华东师范大学,获得学士学位,现在经营手机生意。2008年娶妻**余淑红**(1982年出生),生一子,沈文浩。现住上海市。(清漾五十八世旭明,奉化石门支脉33代信时)

第二十七世(120代)**沈文浩**:晔鑫子,生于2009年5月(农历己丑年四月),现在学校读书。[清漾五十九世代学,东东、甜懿(韶山),东波(台湾),奉化石门支脉34代昭晰、月树]

第二十六世(119代)**沈怡**:利根女,生于1981年(农历辛酉年),毕业于上海华东师范大学,获得学士学位,现在上海市政府工作。(清漾五十八世旭明,奉化石门支脉33代信时)

第二十六世(119代)**孙斌**:莉莉子,生于1978年10月12日(农历戊午年九月十一日)。娶妻**胡冲飞**,生于1982年7月23日(农历壬戌年六月初三日),生一子,孙佳文。现住慈溪市桥头镇烟墩村双河孙家2队。(清漾五十八世旭明,奉化石门支脉33代信时)

第二十七世(120代)**孙佳文**:孙斌子,生于2009年6月25日(农历己丑年闰五月初三日),现在学校读书。[清漾五十九世代学,东东、甜懿(韶山),东波(台湾),奉化石门支脉34代昭晰、月树]

第二十六世(119代)**孙樱**:莉莉女,生于1973年5月9日(农历癸丑年四月初七日)，现在上海市公交公司工作。女婿**袁永海**，生于1968年8月30日(农历戊申年闰七月初七日)，生一女，袁逸菲。现住上海市普陀区桃浦路300弄。(清漾五十八世旭明，奉化石门支脉33代信时)

第二十七世(120代)**袁逸菲**：孙樱女，生于2000年5月24日(农历庚辰年四月廿一日)，现在学校读书。[清漾五十九世代学，东东、甜懿(韶山)，东波(台湾)，奉化石门支脉34代昭晰、月树]

第二十六世(119代)**宋明哲**：莉菊子，生于1979年(农历乙未年)，读书毕业后，经营服装生意。娶妻**扬文**(1981年出生)，生一子，宋加俊。(清漾五十八世旭明，奉化石门支脉33代信时)

第二十七世(120代)**宋加俊**：明哲子，生于2009年6月(农历庚午年五月)，现在学校读书。[清漾五十九世代学，东东、甜懿(韶山)，东波(台湾)，奉化石门支脉34代昭晰、月树]

六、二十世元弼次房支脉

第二十一世(114 代) **毛雄飞**(乳名髦头) 元弼次子 行籍二七原行籍一三一 生于道光三年(1823)癸未十一月初十日卯时 卒光绪十三年(1887)丁亥五月廿八日申时享寿六十五 配**方氏** 生道光十四年(1834)甲午十月初十日辰时 卒光绪十九年(1893)癸巳六月十二日酉时享年六十 生三子 长子怀四次子怀泉三子怀琪 生一女 适孙 (清漾五十三世廷增,奉化石门支脉28代茂枢)

第二十二世(115 代) **毛怀四** 雄飞长子 行贯三三原行贯九三 生于咸丰元年(1851)辛亥六月十三日未时 卒宣统二年(1910)庚戌四月初十日戌时享年六十 配**陈氏** 生咸丰十年庚申十二月初八日午时 卒民国16年(1927)丁卯八月十四日丑时享寿六十八 生二子 长子纪连(生一子焕耀) 次子纪德(生一子焕钿) 生二女 长女适罗次女适余 (清漾五十四世百庆,奉化石门支脉29代荣烜)

第二十二世(115 代) **毛怀泉** 雄飞次子 行贯四○原行贯一二三 生于咸丰五年(1855)乙卯九月廿六日卯时 卒光绪十六年(1890)庚寅十月初一日戌时年三十六 娶**何氏** 无嗣 (清漾五十四世百庆,奉化石门支脉29代荣烜)

第二十二世(115 代) **毛怀琪** 雄飞三子 行贯八一原行贯一九七 生于同治三年(1864)甲子七月廿八日卯时 卒光绪三十年(1904)甲辰八月日时失考年四十一 不娶 (清漾五十四世百庆,奉化石门支脉29代荣烜)

第二十三世(116 代) **毛纪连** 怀四长子 行姚五六 生于光绪十六年(1890)庚寅十一月初六日卯时 娶**罗氏** 生光绪二十九年(1903)癸卯十一月初九日未时 生一子 焕耀 (清漾五十五世世修,奉化石门支脉30代谦圻)

第二十三世(116 代) **毛纪德** 怀四次子 行姚一○九 生于光绪二十三年(1897)丁酉十一月初八日午时 娶**余氏** 生光绪二十七年(1901)辛丑七月初二日寅时 生一子 焕钿 (清漾五十五世世修,奉化石门支脉30代谦圻)

第二十四世(117 代) **毛焕耀** 纪连子 行江 生于民国21年(1932)壬申十二月廿三日卯时 卒失考 (清漾五十六世廷祥,奉化石门支脉31代恭毅)

第二十四世(117 代) **毛焕钿** 纪德子 行江 生于民国18年己巳正月十九日(1929年2月28日)子时 卒2007年4月9日(农历丁亥年二月廿二日)享寿七十九 娶妻**徐桂花**(身份证上的名字:余桂花) 生于民国22年(1933)癸酉八月初

一日(1933年9月20日) 生二子 长子新强次子新凡 现住慈溪市桥头镇毛三蔛村 (清漾五十六世廷祥,奉化石门支脉31代恭毅)

毛焕钿分支简介

第二十五世(118代) **毛新强** 焕钿长子 著字行 生于1959年9月23日(农历已亥年八月廿一日亥时) 娶妻**毛国婵** 生于1961年5月26日(农历辛丑年四月十二日戌时) 在慈溪市逍林棉花厂工作 生一女 苔红 现住慈溪市桥头镇毛三蔛村西河北路 (清漾五十七世永国,奉化石门支脉32代裕钰)

第二十六世(119代) **毛苔红** 新强女 上字行 生于1984年1月18日(农历癸亥年十二月十六日寅时) 现在宁波红彤电力工程有限公司工作 现住慈溪市桥头镇潭河沿村 女婿**何士凯** 生于1984年1月17日(癸亥年十二月十五日) 现在慈溪市烟草专卖局工作 生一子 何铮涵 (清漾五十八世旭明,奉化石门支脉33代信时)

第二十七世(120代) **何铮涵** 苔红子 生于2014年10月14日(农历甲午年九月廿一日酉时) [清漾五十九世代学,东东、甜懿(韶山),东波(台湾),奉化石门支脉34代昭晰、月树]

第二十五世(118代) **毛新凡** 焕钿次子 著字行 生于1962年8月9日(农历壬寅年七月初十日寅时) 娶妻**韩月娥** 生于1962年12月20日(农历壬寅年十一月廿四日卯时) 生一女 莎莎 现住慈溪市桥头镇毛三蔛村 (清漾五十七世永国,奉化石门支脉32代裕钰)

第二十六世(119代) **毛莎莎** 新凡女 上字行 生于1987年5月31日(农历丁卯年五月初五日申时) 现在慈溪市第二人民医院工作 现住慈溪市逍林镇振兴村 女婿**唐帅军** 生于1987年1月17日(农历丙寅年十二月廿八日子时) 现在宁波百年电器有限公司工作 生一子 唐铄勋 (清漾五十八世旭明,奉化石门支脉33代信时)

第二十七世(120代) **唐铄勋** 莎莎子 生于2014年1月20日(农历癸巳年十二月二十日申时) [清漾五十九世代学,东东、甜懿(韶山),东波(台湾),奉化石门支脉34代昭晰、月树]

七、二十世元弼三房支脉

第二十一世（114 代） **毛高飞** 行籍三四原行籍一四九 生于道光六年(1826)丙戌八月廿一日戌时 卒失考 不娶 （清漾五十三世廷增，奉化石门支脉28 代茂枢）

八、二十世元祐支脉

第二十一世(114 代)　**毛鹏飞**　元祐长子　行籍二五原行籍一二二　字开新　生于道光二年(1822)壬午十一月十七日午时　卒光绪七年(1881)辛巳四月十五日戌时享年六十　配**吴氏**　生道光十五年(1835)乙未三月十四日酉时　卒失考　生二子　长子怀禄次子进宝　迁住宁海合宁塘　(清漾五十三世延增,奉化石门支脉 28 代茂枢)

第二十一世(114 代)　**毛望飞**　元祐次子　行籍五四原行籍二〇五　乳名阿旎　生于道光十年(1830)庚寅九月初四日丑时　卒光绪十六年(1890)庚寅七月廿二日卯时享年六十一　配**孙氏**　生道光十七年(1837)丁酉九月十三日辰时　卒失考　生四子　长子怀福次子怀春三子怀善四子怀昌　葬长街香花山奄后坐西朝东　迁住宁海合宁塘　(清漾五十三世延增,奉化石门支脉 28 代茂枢)

第二十一世(114 代)　**毛云飞**　元祐三子　行籍七六原行籍二五五　生于道光十六年(1836)丙申三月廿六日寅时　卒失考　配**徐氏**　生道光十六年(1836)丙申十二月日时失考　卒失考　生二子　长子怀魁次子怀芳　迁住宁海合宁塘　(清漾五十三世延增,奉化石门支脉 28 代茂枢)

第二十一世(114 代)　**毛全飞**　元祐四子　行籍九七原行籍三〇三　生于道光二十一年(1841)辛丑三月十一日丑时　卒失考　配**熊氏**　生道光二十九年(1849)己酉月日时失考　卒光绪元年(1875)乙亥三月廿六日戌时年二十七　生一子　进财　迁住宁海合宁塘　(清漾五十三世延增,奉化石门支脉 28 代茂枢)

第二十二世(115 代)　**毛怀禄**　鹏飞长子　行贯五三原行贯一五二　字之成　生于咸丰九年(1859)己未七月初五日辰时　卒失考　不娶　(清漾五十四世百庆,奉化石门支脉 29 代荣烜)

第二十二世(115 代)　**毛进宝**　鹏飞次子　行贯一二二　字之就　生于同治八年(1869)己巳十月十四日子时　卒失考　不娶　(清漾五十四世百庆,奉化石门支脉 29 代荣烜)

第二十二世(115 代)　**毛怀福**　望飞长子　行贯五二原行贯一四九　字之升　生于咸丰九年(1859)己未五月廿一日酉时　卒失考　配**胡氏**　生咸丰十一年(1861)辛酉十二月初四日丑时　卒失考　生三子　长子承裘次子承统三子承富　葬大湖夹岸桥下　住宁海合宁塘　(清漾五十四世百庆,奉化石门支脉 29 代荣烜)

第二十二世(115 代)　**毛怀春**　望飞次子　行贯六〇原行贯一六三　字之恒　生于咸丰十年(1860)庚申十月廿九日申时　卒失考　配**胡氏**　生同治七年(1868)

戊辰九月初九日申时　卒失考　生二子　长子松鼎次子松来　迁住南田龙泉塘（清漾五十四世百庆，奉化石门支脉29代荣烜）

第二十二世(115代)　**毛怀善**　望飞三子　行贯六九原行贯一七七　字之寿　生于同治元年(1862)壬戌八月初四日亥时　卒光绪七年(1881)辛巳六月廿九日年二十　娶**袁氏**　生同治四年(1865)乙丑九月初一日未时　卒失考　(清漾五十四世百庆，奉化石门支脉29代荣烜)

第二十二世(115代)　**毛怀昌**　望飞四子　行贯八二原行贯一九八　字之茂　生于同治三年(1864)甲子八月初六日酉时　卒失考　配**袁氏**　生同治四年(1865)乙丑九月初一日申时　卒民国20年(1931)辛未九月二十七日未时享寿六十七　生四子　长子承良次子承玉三子承三四子承四　葬西塘上斗门坐北朝南　迁住南田龙泉塘　(清漾五十四世百庆，奉化石门支脉29代荣烜)

第二十二世(115代)　**毛怀魁**　云飞长子　行贯八六　字之乾　生于同治三年(1864)甲子十月初六日亥时　卒失考　娶**俞氏**　生同治六年(1867)丁卯四月初八日辰时　卒失考　生一子　承连　(清漾五十四世百庆，奉化石门支脉29代荣烜)

第二十二世(115代)　**毛怀芳**　云飞次子　行贯一〇四　生于同治六年(1867)丁卯九月十二日亥时　卒失考　(清漾五十四世百庆，奉化石门支脉29代荣烜)

第二十二世(115代)　**毛进财**　全飞子　行贯一〇一　字之道　生于同治五年(1866)丙寅月日时失考　卒失考　不娶　(清漾五十四世百庆，奉化石门支脉29代荣烜)

第二十三世(116代)　**毛承裘**　怀福长子　行姚二五　生于光绪七年(1881)辛巳四月廿一日亥时　卒失考　不娶　(清漾五十五世世修，奉化石门支脉30代谦圻)

第二十三世(116代)　**毛承统**　怀福次子　行姚四二　生于光绪十一年(1885)乙酉九月初六日寅时　卒失考　不娶　(清漾五十五世世修，奉化石门支脉30代谦圻)

第二十三世(116代)　**毛承富**　怀福三子　行姚八四　生于光绪二十年(1894)甲午月日时卒失考　出家为僧　(清漾五十五世世修，奉化石门支脉30代谦圻)

第二十三世(116代)　**毛松鼎**　怀春长子　行姚六二　生于光绪十八年(1892)壬辰正月十五日寅时　娶**胡氏**　生光绪二十三年(1897)丁酉月日时卒失考　(清漾五十五世世修，奉化石门支脉30代谦圻)

第二十三世(116代)　**毛松来**　怀春次子　行姚一二四　生于光绪二十五年(1899)己亥七月廿一日亥时　**娶冯氏**　生光绪三十四年(1908)戊申正月初七日丑时　卒失考　生二女　(清漾五十五世世修,奉化石门支脉30代谦圻)

第二十三世(116代)　**毛承良**　怀昌长子　行姚三八　生于光绪十年(1884)甲申九月十七日申时　卒失考　**娶冯氏**　生光绪二十年(1894)甲午十二月廿七日酉时　卒失考　嗣承玉长子康金为后　(清漾五十五世世修,奉化石门支脉30代谦圻)

第二十三世(116代)　**毛承玉**　怀昌次子　行姚五二　生于光绪十五年(1889)己丑九月初四日午时　卒失考　**娶林氏**　生光绪二十五年(1899)己亥五月廿五日申时　卒失考　生四子　长子康金(出继承良后)次子康海三子康明(殇)四子康财　迁住南田高塘　(清漾五十五世世修,奉化石门支脉30代谦圻)

第二十三世(116代)　**毛承三**　怀昌三子　行姚八二　生于光绪二十年(1894)甲午十二月初十日辰时　卒失考　**娶叶氏**　生光绪二十九年(1903)癸卯十一月十五日辰时　卒失考　生二子　长子康木次子康土　生二女　(清漾五十五世世修,奉化石门支脉30代谦圻)

第二十三世(116代)　**毛承四**　怀昌四子　行姚一〇一　生于光绪二十二年(1896)丙申十一月初三日寅时　卒失考　**娶李氏**　生光绪三十一年(1905)乙巳七月十五日寅时　卒失考　生一女　(清漾五十五世世修,奉化石门支脉30代谦圻)

第二十三世(116代)　**毛承连**　怀魁子　行姚四三　生于光绪十一年(1885)乙酉十一月初七日亥时　卒失考　(清漾五十五世世修,奉化石门支脉30代谦圻)

第二十四世(117代)　**毛康金**　承玉长子嗣承良子　行江五二　生于民国7年(1918)戊午十二月廿八日巳时　**聘金氏**　生民国7年(1918)戊午正月三十日辰时　住宁海南田高塘　(清漾五十六世廷祥,奉化石门支脉31代恭毅)

第二十四世(117代)　**毛康海**　承玉次子　行江六四　生于民国9年(1920)庚申十一月廿八日戌时　住宁海南田高塘　(清漾五十六世廷祥,奉化石门支脉31代恭毅)

第二十四世(117代)　**毛康财**　承玉四子　行江　生于民国21年(1932)壬申五月初三日丑时　住宁海南田高塘　(清漾五十六世廷祥,奉化石门支脉31代恭毅)

第二十四世(117代)　**毛康木**　承三长子　行江　生于民国12年(1923)癸亥四月初四日申时　住龙泉塘　(清漾五十六世廷祥,奉化石门支脉31代恭毅)

第二十四世(117代)　**毛康土**　承三次子　行江　生于民国15年(1926)丙寅正月廿六日丑时　住龙泉塘　(清漾五十六世廷祥,奉化石门支脉31代恭毅)

毛氏家族道德文化建设

一、毛氏家规家训

二、毛氏家族铭言与铭训

三、《韶山毛氏族谱》中记载的家戒与家训

四、余姚双河毛氏西房祖训

五、毛氏郡望与堂号

六、续修毛氏家谱

七、毛遂自荐典故

八、《诗经》的流传

九、诗文杂艺

十、祭祀活动

一、毛氏家规家训

(一)家规

家规是家族强制执行的条款,它以本族名义,用简洁的语言规定只能怎样,不能怎样,让族众有章可循,从多角度对号入座。《家规十条》严格规定:

1.子忤逆父母,媳轻视舅姑,事关至要,一经露泄,户首着依伯叔或兄弟带入祠堂重责,不悛送官。

2.依兄弟天伦为重,倘争财夺产等雠仇,户首传入祠堂理断惩责。

3.以卑矜尊,以少凌长,入祠杖责,轻重以亲疏为别。

4.谋风水或偷葬祖坟或侵犯祖冢,户首当令起迁,罚豚羊祭谢,且入祠杖责,不服送官。

5.卖男为奴仆,卖女为媵妾,一经查实,速令赎回,再传入祠堂重惩,倘亲属知情亦坐罚。

6.娶妻原以承嗣,即饥寒交迫也当矢志偕老,倘借端而嫁生妻者,即将所得财礼充公,传入祠堂内重责。

7.夫死其妇愿自守节殊属可嘉,倘翁姑伯叔逼嫁者,许本妇投鸣,户首入祠处罚。

8.子弟游手好闲不务生理竟流匪类者,核真入祠重责,不悛送官,不以为族。

9.习学妖术操肆券劲助恶逞凶者,入祠重责,不服送官不以为族。

10.族中有事即不得已,也必凭族理断,不得轻为。

(二)家训

家训是教化和训导的约定。家训重在教育,希望族人子弟遵训行事,虽无强制效力,但有教化作用。主要倡导积极健康的优良传统、社会公认的思想道德、大众提倡的价值观念,以营造和谐的家族氛围。《家训十则》就务农、择师、择友、立志、敦品、训妇、节用、戒讼、恤寡和矜孤十个方面向族人提出严格要求。比如:

1.务农:国以民为本,民以食为天,故周礼九职首重三农,洪范九畴食首八政。男子专习诗书矢志工商者,故不能为之兼营也;若夫假书为偷安之具,借工商为息肩之场;游手好闲,不事农业,则谷无自而生,势必室如悬磬。凡我毛氏子孙者不可,以服田力穑为要道。

2.择师:易曰蒙以养正圣功也,圣功不可期而养之,不可以不正,则所赖于师友之讲明而切究也,岂浅鲜哉。然师有庸有严,庸者志卑行污举动不能自范以礼,安能望子弟之立身行己以高出庸流也乎；若夫严者其志方其行大，弟子朝与居夕与游，耳濡目染，习惯遂成自然，凡我励志教子者不可不审。

3.择友：友之为道，有益者焉，有损者焉，当其缔结之初不可以不慎。是故业儒术者，苟得学养兼优者以为友，必能涵育熏陶为益身心；为农工者，苟得孝敬勤俭者以为友，必能训诫劝勉时勤砥砺。不然所交非人，奸险者必诱我以财气，狡猾者以酒色，怠至身受其累，而父兄切责，闾里非笑，始毁前日之比匪有伤不已晚矣。

4.还有劝诫，或诗或文，是与规训相辅相成的艺术作品。将家规、家训的内容融入文艺作品之中，集可读性和欣赏性于一体，诵起来朗朗上口，品起来丝丝入扣，使族众在润物细无声中得到教益。

毛氏家族道德文化内涵极其丰富，主要有族谱、祠堂、诗经、典故、族规家训等。毛氏家族道德文化注重宣传教育，更注重传承发扬。在各种毛氏族谱中，首卷部分的内容大同小异，主要有国家领导人和有关部门关于续修族谱的指示(旧谱为圣谕)、序言、毛姓源流考、凡例、派词和总世系图；有祖祠地基文契，建祠合约，建祠碑记，祖祠正、侧面图，祖墓，祭文，诗文杂艺，部分先祖传略和修谱要员行略等。

道德文化建设是毛氏家族传统文化的一大特色。国有法，家有规。毛氏家族历代十分重族家规家训的制定和施行。毛氏族谱都在首卷的重要位置刊载有《家规十条》《家训十则》《勉励十条》《警族十戒》和《祖训》等内容。《勉励十条》有鼓励族人孝悌、和睦、种田、读书、资生、勤俭等内容。《警族十戒》有要求族人戒忤逆、戒奸淫、戒唆播、戒窃盗、戒赌博、戒屠宰、戒强暴、戒诈伪等内容。

旧族谱所记载的家规、家训、劝诫、家劝，具有深厚的政治基础、时代背景和广泛的社会意义。它以国法为底线，以儒家思想为主轴，要求族众遵守国家法律，恪守仁义礼智信恕忠孝悌，维护国家利益，树立本族形象，激发族人顺应社会、发展自我。因此，它对当今三个文明建设特别是和谐社会建设具有相当的借鉴意义。

二、毛氏家族铭言与铭训

(一)铭言

家族不在大,有仕学则名。人口不在多,有德政则灵。
斯有毛姓氏,众志与诚心。勤奋创大业,贤才作栋梁。
文化兴家久,忠孝继世长。崇尚学知识,仁爱倡礼让。
无不孝不廉,无不敬不德。团结谋发展,家国和谐强。
众人云:毛氏振兴。

(二)铭训

孝悌家庭顺,精忠国祚昌。礼恭交四海,仁义振三纲。
富贵由勤俭,贫穷守本良。言行防错过,恩德应酬偿。
正大专耕读,公平作贾商。烟花休入局,盗赌莫从场。
族党当亲睦,冤仇要解忘。奸谋身后报,苛刻眼前光。
王法惊心畏,阴功用力常。一生惟谨慎,百世有馨香。

——百字铭训反映出优秀的毛氏传统文化,也体现了中华民族传统,尤其是正统儒家的治家思想,同时也糅入了佛道两家的因果报应的意识,这种说教造就了一代又一代的毛氏英杰。

三、《韶山毛氏族谱》中记载的家戒与家训

家戒是家规家法的精炼和具体化。家规有正、反两方面的阐释，家戒则专就反面而论。它的内容虽与家规有交叉之处，但对于韶山毛氏家族来说，同样是必不可少的，因为它向恶习公害亮出了红牌。

（一）《韶山毛氏族谱》中记载的家戒十则

1. 戒游荡

人有耳目，能听能睹。人有手足，能蹈能舞。具此官体，不农不贾。饱食暖衣，逍遥过午。弃尔诗书，荒尔田圃。家计萧条，基业易主。自此嬉游，有玷尔祖。

2. 戒嫖赌

人惟懒惰，递交赌友。赌尽家资，一无所有。三五成群，将为盗薮。且引匪徒，钻墙窥牖。非盗即奸，中媾亦丑。博棋好饮，不顾父母。不此之戒，祖岂尔佑？

3. 戒争讼

争长竞短，都是客气。讼到公庭，太爹小的。出与人言，扬扬得意。不知当官，吁天抢地。倘或理亏，受刑系累。幸而胜焉，也要破费。莫逞雄心，免贻后悔！

4. 戒攘窃

冥窃暗偷，谓莫予见。一朝败露，捕拿到县。招认受刑，皮穿肉颤。差役起赃，辱及女眷。饱捕亡家，东逃西窜。死不入祠，生有何面？凡我子孙，莫拈钱断！

5. 戒符法

法打包身，摩拳擦掌。打架行凶，强牵强抢。犯法遭刑，捷如影响。为首为从，哪个漏网！大则抵伤，小则笞杖。不思肌肤，父母生养。忘身及亲，你去想想。

6. 戒酗酒

世上是非，多起于酒。加以贪杯，愈丧所守。乱语糊言，得非亲友。甚至醉时，胆大如斗。酗酒放风，裂肤碎首。醒后问之，十忘八九。何如节饮，免致献丑！

7. 戒为胥隶

人在乡村，闲言存养。一入衙门，便如魍魉。一票一张，几斤几两。只讲盘子，不思冤枉。少不得意，一索三掌。怒气冲天，报施不爽。快活赚钱，休作此想。

8. 戒为僧道

邪说异端，莫如僧道。高者谈元，卑者应教。昔圣昔贤，辟佛辟妙。倘非虚无，何故抹倒。人有五伦，僧归一扫。尽如此辈，人类绝了。邪正两途，各宜分晓！

9. 戒谋风水

既有天文，必有地理。得之有缘，非可妄取。近听术人，动谋风水。他人祖茔，

恃强破毁。或牵或骑，连讼不已。死既不安，生何利矣！戒之免之，牛眠在迩！

10. 戒占产业

凡人产业，各有邸址。窥其唇联，奸谋顿起。得寸思尺，造契造纸。曾不数年，弃如敝屣。向所越占，几能到底？拱手让人，落魄而已。何如守分，免受嗤诋。

（二）《韶山毛氏族谱》中记载的家训十则

1. 培植心田

一生吃着不尽，只是半点心田。摸摸此处实无愆，到处有人称羡。不看欺瞒等辈，将来堕海沉渊。吃斋念佛也徒然，心好便膺帝眷。

2. 品行端正

从来人有三品，持身端正为良。弄文侮法有何长，但见天良尽丧。居心无少邪曲，行事没些乖张。光明俊伟子孙昌，莫作蛇神伎俩！

3. 孝养父母

终身报答不尽，惟尔父母之恩。亲意欣欣子色愠，便见一家孝顺。乌鸟尚知报本，人子应念逮存。若还忤逆背天伦，只恐将来雷震！

4. 友爱兄弟

兄弟分形连气，天生羽翼是他。只因娶妇便参差，弄出许多古怪。酒饭交结异姓，无端骨肉喧哗。莫为些小便分家，百忍千秋佳话。

5. 和睦乡邻

风俗何以近古，总在和族睦邻。三家五户要相亲，缓急大家帮衬。是非与他拆散，结好不啻朱陈。莫恃豪富莫欺贫，有事常相问讯。

6. 教训子孙

子孙何为贤知，父兄教训有方。朴归陇亩秀归庠，不许闲游放荡。雕琢方成美器，姑息未为慈祥。教子须如窦十郎，舐犊养成无状。

7. 矜怜孤寡

天下穷民有四，孤寡最宜周全。儿雏母苦最堪怜，况复加以贫贱？寒则予以旧絮，饥则授之余膳。积些阴德福无边，劝你行些方便。

8. 婚姻随宜

儿女前生之债，也宜随分还他。一时逞兴务家庭，曾见繁华品谢。韩侯方歌百两，齐姜始咏六珈。大家从俭莫从奢，彼此永称姻缘。

9. 奋志芸窗

坐我明窗讲习，几曾挥汗荷锄。驱蚊呵冻志无休，诵读不分夜昼。任他数伏数九，我只索典披图。桂花不上懒人头，刻苦便居人右。

10. 勤劳本业

天下有本有末，还须务本为高。百般做作尽糠糟，纵有便宜休讨。有田且勤尔业，一艺亦足自豪。栉风沐雨莫乱劳，安用许多机巧！

毛氏家族是一个教养极其严格、文化底蕴很深的家族。这个家族里的“家训”秉承了中华民族的传统美德，特别是中国儒家思想的精华，在这里面闪烁耀眼的光辉。韶山毛氏家训是毛氏家族“法典”中富有人情味、充满哲理性、与现实较贴近的循循训导。它的积极意义使其本身具有长盛不衰的生命力，它道出了中华文明中一些最美好的东西，因而也能给毛氏家族以外的人们陶冶心性、指点迷津。

《家训十则》除了一些因果报应和对妇女的偏见等瑕疵外，其整个内容是富有教育意义的。从这十条的排列顺序看，由修身养性，到孝、友、睦邻等，足见韶山毛氏家族对德育、智育乃至劳动的重视。

《家训十则》的另一个重要意义还在于，它最集中地体现了浸染在儒家文化汁液中的韶山毛氏家族最为淳厚的一面。虽然“十训”无一不符合儒家教诲，但其儒味已不十分浓郁，因而更容易为人们所接受。

四、余姚双河毛氏西房祖训

凡为祖宗者，孰不为子孙计久长，使非懿训昭垂后人，何所服从。吾祖宗世传忠厚、积德宏远，而遗之训戒，其为世世龟鉴昭如也，子孙使不佩服而遵守之，安所称克肖哉？故述祖训，条款于下：

1.伏读：圣谕惓惓，以孝顺父母敬尊长上为先，盖孝悌是孩提最初一念，自古圣贤千言万语，无非欲人入孝出悌；凡吾子孙，当念劬劳必供，为子职以报罔极之恩，至于长上自有定分，为少者须循礼安分，毋乖长幼之节，如子孙不能亲其亲、长其长，在家法固不容，而王法亦不宥。

2.吾家世务耕读。凡子孙年六七以上当令就外传，至十五视其才质可造者，严科督率习举业，以图进取；如正途不就，则异途亦可，出身二者之外务本于农此为上计；再如巧焉，而工资之给能焉，而商亦可为。若游手好闲，以败坏家风、家法，不改官法治之。

3.书训罔游易戒不节治家之贵勤俭也，所从来矣。吾子孙务克勤克俭，毋怠惰、毋奢淫，以图竖立，然勤非朝夕胼胝之，谓因时立事，乃为真勤俭，非纤悉固陋之，谓食时用礼乃为真俭。吾子孙其勉之。

4.讼非美事，不得已而应之。我子孙有事干重情不得不鸣之官，其余户婚田土斗殴不平一应小事，当禀知宗长会同各支长从公理直，如不通众知竟自告官者，纵于理稍直，必众共抑之，以杜讼端。

5.改过可以自新，瘅恶所以劝善。我子孙有一时罣误可与改图者，听其悔悟，以复无过；如有奸盗诈伪事干国宪者，当众共击之，毋得轻纵以玷家声。

6.立继承祀，以示不绝之义也。吾子孙若无嗣立继，必须推昭穆相应者立之，不许私授亲爱，尤不许乞养外姓以乱宗派。其应继之人亦不许始贪家财终叛归宗，违者告官究治。

7.宗妇少年夫亡，自甘守节，固为美事；设有不愿守制或贫苦不能存者，听其改嫁；如不嫁而嫁，立坐产招夫之说，败坏家风，莫此为甚，犯者告官离逐。若室女纳婿者亦在此禁。

8.子孙毋得习娼优隶，卒以玷门楣，若此等之辈谱削其名，罪坐父兄。

9.子孙贫窘出游在外为人奴仆者，亲房宜招抚归家，给其衣食，安顿其生理，以承宗祀天地，祖宗自然默佑。

10.凡族中有男子为僧道、女子为尼姑，入异端之流者，诚非有家之道，不容入行传中，但在父名下注明可也。

11.凡族中男妇犯淫盗者，家正宜率众诫正之，不悛者，鸣官究治。

12.凡妇人之道,务要端详寡默、修身慎德、隐潜中冓,以务纺绩。昼不游庭,夜行以火,或儿女同伴,或奴婢引导,不得出头露面与客商交易,至若夫妇之际,恩义相守,恭敬如宾;若毒骂喧叱、背情棰挞,所谓牝鸡司晨惟家之索。即或夫主不良,作事有误,当委之命数,善言劝勉,斯不失妇道。妯娌之间当和顺友爱,切莫争妒唆劣,有累夫男名目,戒之慎之。

13.子孙有出仕者,朝廷恩养甚隆,赖祖宗积德所致,务宜进思尽忠,退思补过,毋得贪酷以丧名节,奸佞以误朝廷,上辱祖宗父母,下累妻子亲邻,切宜慎之。

14.子孙生育甚为美事,生子之家弥月,为父者虔办香烛,告于祠庙,通知司谱者书其行讳生辰,俟长可以填入婚娶生育卒葬之处。若能仕宦,所得诰敕、名人赠赞诗文,并宜录入。

15.子孙有出继外姓为嗣者,当书某人之第几子,出继某处某姓某人。倘世远人稠,不忘祖父归宗认派,可以承值祭祀,其或迁居他州别郡立业成家者,亦须注明落处,俾后世有所考证。

16.坟墓乃祖宗安身之所,于安厝之时,子孙或不能备墓志碑表之类,必须用一石明书某公某孺人之墓,立于坟前,庶免后世遗失之患;或子孙附葬,当昭穆相应一派相承。如贪图风水或于时师有乱世次者,以不孝论。其坟上树木种植以妥先灵,如不肖子孙暗行盗卖或私自砍斫者,鸣官究治。

17.有田则祭士之常也。吾子孙当分析之时量产多寡,立为祭产,明书某处田若干亩奉某公之祀,庶子孙应祭之时不致推挨。如不肖子孙盗卖私押,以不孝论。

五、毛氏郡望与堂号

郡望与堂号，是我国汉民族姓氏中的一种特殊的文化现象。郡望者，乃世居某地而为当地所仰望也，指古代某一姓（氏）长期聚居在一郡或数郡地域内，而产生突出的声望与影响。堂号则是家族（宗族）祠堂的名号，是家族的标志。几乎已知的绝大多数姓氏，都可以找到他们从古代流传下来的关于郡望以及各种堂号的命名。注重祖籍、郡望，可以说是华夏民族的一种传统心态。在南迁、外迁的毛氏族人中，尤其注重郡望与堂号，至今不衰。追溯其历史原因，是古代社会由于战乱或自然灾害等造成社会动荡，民不聊生，中原（北方）人口多次大规模南迁；这些背井离乡的移民，无不怀念中原（北方）故土，思念自己的出处根源或怀想昔日的鼎盛繁华。而堂号与郡望有联系，又有区别。堂号，本意是庭堂、居室的别称。古代，同姓族人多聚之而居，往往几世同堂或分房居住某一处，或相近几处厅堂、宅院中，堂号就成为该族人的共同称号。为祭祀共同的祖先，在其宅院堂、宗祠祖庙、族谱封面题写堂号，作为表明宗族世系、族属支派的标记。堂号是家族的标志，相对于一姓、一氏、一宗，但范围要小一些，它体现的是血统关系与历史联系。堂号分两种，一是取自本姓先祖的发祥地或生息地，又称郡号。其中还可分发祥郡号和望出郡号。二是为纪念先祖的功业、德行、官爵、著述等而选立的堂号。如舌师堂是为纪念毛遂的。堂号之外，还有堂联。这是贴（刻、挂）在祠堂两边的对联，一般是四字联，也有五字联、七字联，或更长的联语。其内容基本是：上联叙述本姓发祥、望出地的郡号，以与堂号相对应；下联宣扬宗功祖德，以表明家世，激励后人。

毛氏最早的郡望可谓西河毛氏。其后按《元和姓纂·毛》所载，则增加了荥阳等郡望。其后随着毛氏支系的不断迁徙，在新的地方不断出现新的显贵世族，由于祖先无统一规范的命名法，遂各显其能，有的以地名，有的以水名，有的以地貌名，有的以官名命名之，如清漾毛氏、奉川毛氏、双河毛氏等。历史上毛氏主要郡望的产生基本符合显贵世族的衡量标准，因而西周有西河，东周有荥阳等郡望。其后出现众多的以族名相称的望族也符合显贵世族的标准，但有别于“郡望”，可用“族望”来称之。至于堂号，天下毛氏对此比较宽泛，不像郡望那么专一，各分支按照自己的特点进行命名。主要堂号均有典故，一般的堂号或堂名多寓有崇功报本之意，以及夸耀自赞的内涵。在田海英先生的《认祖归宗》和李牧华注《百家姓》的姓氏郡望中，指出毛氏郡望为西河郡，毛氏多以西河为其堂号。如清代学者毛奇龄，自称为西河毛氏，韶山毛氏也以西河为堂号。毛氏郡望除西河郡外，还有荥阳郡，河阳郡，北地郡等。余姚双河毛氏建有祠堂号称“聚义堂”，以后改称为“思成堂”，双河毛氏西房支脉建有“思敬堂”“世德堂”。全国毛氏比较出名的是下列“四郡二堂”。

1. 西河郡

古代该郡所指不一。春秋时期卫国西境沿黄河一带称西河，即今浚县、滑县等地。战国时期黄河在今安阳东，故安阳可称西河，据《史记·仲尼弟子列传》记载“子夏居西河教授”是也。魏国曾取秦国今陕西黄河沿岸地，置西河郡，则以晋陕间黄河为准，西岸为西河。西汉朝元朔四年(125)置郡，治所在平定(今内蒙古东胜)，其时辖地在今陕西、山西两省之间黄河沿岸一带地区，并拥有今内蒙古伊克昭盟东部及晋西等地。东汉时期移治到离石(今山西离石)。南北朝时期北魏的西河郡，其北部为羌胡所得，仅保有晋西一带地区，治所在兹氏，即在今山西省离石。唐朝时期亦曾以汾州为西河郡。

2. 荥阳郡

秦朝时期置郡，其时辖地在今河南原阳。西汉时期辖地在今河南荥阳东北部一带。三国时期曹魏国正始三年(242)分河南郡置郡，改治所至河南荥阳，其时辖地在今河南省黄河南部、荥阳至朱仙镇一带，包括今开封市、郑州市在内的八县。西晋泰始元年(265)，改河南郡为荥阳郡，郡治仍在荥阳。北魏时期移治到今荥阳。南北朝时期的北齐改为成皋郡。隋、唐两朝均为郑州荥阳郡。

3. 北地郡

战国时期秦国置北地郡，治所在义渠(今甘肃宁县)，统领甘肃宁夏、庆阳、平凉、泾州诸府州地。西汉时期移治到马陵(今甘肃庆阳)，统领甘肃旧宁夏、庆阳二府之地；东汉时期又移治到富平(今宁夏吴忠)；东汉末期曾被划入羌胡辖境。三国时期曹魏国沿置，治所在泥阳(今陕西耀县)。隋朝时期的北地郡，治所在今甘肃宁县。

4. 河阳郡

即浔阳郡，西晋朝永兴元年(304)置浔阳郡，治所在浔阳(今江西九江)。唐朝时期改九江郡为江洲，唐朝天宝元年(742)改为河阳郡，至唐朝乾元元年(758)又复为江洲。另外，汉朝时期有一河阳县，治所在今河南孟县西部。

5. 西河堂

周灭殷商，西周建立，武王即位，旌表忠烈，徵其后裔，封郑毛国，地处古黄河之西，世称西河，故毛氏郡望总堂号为“西河堂”，毛氏得姓始祖叔郑，为公爵。子孙世袭其爵，多为大夫。春秋时期，毛姓后人由于官职调迁与避战乱隐居等原因，散居于周(今陕西、河南一带)、鲁、齐、赵、楚、卫等地。毛氏后人因以“西河”为堂号。

6. 舌师堂

战国时期平原君有食客毛遂。秦国攻赵，平原君向楚国求援，毛遂自荐跟着平原君出使楚国。平原君和楚王谈判，至下午双方未能达成出兵援赵协议。毛遂就拔剑胁迫楚王，晓以利害，说服楚王签订了楚国出兵援赵的条约。事后平原君夸奖毛遂说：“毛先生凭三寸舌抵百万之师！”毛氏后人因以“舌师”为堂号。

六、续修毛氏家谱

续修家谱是毛氏家族文化的头等大事，毛姓望族对修谱十分重视，大多数家族成员积极参加，出钱出力，互相配合。修谱要举行隆重的仪式，召集族人在宗祠内摆上丰盛的祭品祭敬祖先，并要燃放鞭炮。在事先成立的修谱工作班子中的总修（一般由族长或威望高者担任）、主修（出钱最多者）、撰修（文化最高者）讲话，宣布人事安排、工作任务、有关规定等。然后再进入修谱的实质性阶段，重在调查核实族人的姓名、生辰年月、支派等，务求真实，要尽可能将有疑问或不知的问题弄清楚。家谱初稿出来后，通知各房长或最熟悉情况的人员亲自校对，以免遗误。家谱正式印刷出版后，按领谱字号顺序，净身洗手将家谱接回各房。旧时接收家谱时要作祭、放鞭炮，有条件时还设宴请捐钱出力多的人吃饭，有的村还邀请剧团组织文艺演出、娱乐等，以示庆贺。

毛姓有文字记载的家谱应始于先秦史官所撰的《世本》。因毛姓是周文王之后，世为伯爵，该书记载战国前历代帝王和诸侯大夫的姓氏和世系，毛姓也在此之列。汉代的毛姓世系还应在《世本》上有所补充，而未见专书。可惜《世本》在宋代已佚，我们现在所看到毛姓最早的较完备族谱是宋代的龙图阁直学士毛渐（1036—1094）所修《清漾毛氏族谱》（晋代毛宝和唐代毛衷时修过谱，可能较简单，且已失传，只留下序）。该谱于元丰六年（1083）初纂，并作《源流序》和《毛氏世谱》，对毛姓历代祖先予以介绍，保存了十分珍贵的毛姓世系资料。

《清漾毛氏族谱》从宋代毛渐初修开始，至民国 25 年（1936）已修谱 10 次，平均不到百年修谱一次，这样就较为真实和很少遗漏，而且该谱编修十分齐全，分内、外、天、地、春、夏、秋、冬 8 集，100 多卷，世系图表详尽，可称得上是谱谍典范。天集一卷载有《始祖毛伯至五十二世宝公世系图》，天集二卷载有从毛宝南渡以后的《自一世毛宝至三十五世初翁公、立翁公世系图》，清漾毛氏祖宅一派承接天集二卷，记有《毛立翁之子璋公之派世系图》和《毛璋次子开公元孙之派居清漾祖宅世系图》，这样连起来代代相传，一直保存完好。从始祖毛伯（郑）传到现在至少已有 113 世。而据余姚双河毛氏西房支谱记载，从始祖毛叔郑传到现在至少已有 122 世，经历了 3000 多年。

七、毛遂自荐典故

《毛遂自荐》的故事，出自司马迁的《史记·平原君虞卿列传》。公元前257年，秦围邯郸，赵王派平原君出使楚国求救。平原君欲带二十名门客前往，只挑选出十九人，差一人怎么也选不出。这时毛遂自荐补缺。平原君问："先生到我这里几年了？"毛遂答："三年。"平原君说："大凡有才能的人，就像锥处囊中，那锋利的锥尖早就会露出来。你到我这里已经三年了，从来没有听说过你的本领，也没见你显示过。我看你就别去了。"毛遂说："我今天就是想请你把我放入囊中，如果你早把我放入囊中，恐怕早已脱颖而出，你也早就看到我的本领了。"平原君说："那你就去吧！"其他人面露耻笑之意。途中他与十九人谈论自己的见解，人人皆服；但在楚国，从早晨谈到中午仍无定论。十九人同用嘲笑的口气说："毛先生，该你说话了。"于是，毛遂挺身而出，历阶而上，对楚王说："利害已明，两言可决也，今日从早谈到午仍犹豫不决，为何？"楚王问平原君："他是谁？"平原君说："是我一门客。"于是楚王严厉道："我正与平原君说话，焉有你多嘴的地方。"毛遂按剑上前，数言陈述利害。楚王终于佩服道："公乃确实为我社稷着想，定矣、定矣。"毛遂说："楚王应歃血为盟，以示诚意。"楚王从之。盟约仪式上，毛遂手持盘血对十九人道："公等碌碌无为，因人（毛遂）成事，就在堂下涂血吧！"回到赵国后，平原君夸奖毛遂说："我手下门客数千，都自认为是才能之士，从成功使楚来看，唯毛先生说话一言九鼎，真不愧为三寸之舌胜百万雄师啊！"遂尊为上客。

《毛遂自荐》的故事包含了十个成语，被《现代汉语成语词典》收录。

毛遂自荐：比喻自告奋勇、自我推荐。

锥处囊中：锥尖透过布囊显露出来。比喻人的才干在适当的时机迅速地显现出来。

脱颖而出：比喻有才能的人不会长久被埋没，终能显露头角。

挺身而出：形容面对艰难或危险的事情，勇敢地站出来。

两言可决：形容寥寥数语就把事情办妥了。

歃血为盟：古代会盟，把牲畜的血涂在嘴唇上，表示诚意。

因人成事：依靠某个人的力量能办成大事情。

碌碌无为：平平庸庸，无所作为。

一言九鼎：一句话抵得上九鼎重。比喻说话的分量重，说了以后能起到很大的作用。

三寸之舌胜百万之师：比喻能说会辩的好口才。

八、《诗经》的流传

《诗经》是我国古代第一部大型诗歌总集，收入了西周初年至春秋中叶五百多年间劳动人民创造的民间歌谣，共305篇，分“风”“雅”“颂”三大类。《诗经》最初称“诗”或“诗三百”，传说是尹吉甫采集，孔子删定。诗经被制作成竹简（书）后分藏各诸侯国。当时传诗者有鲁人申培公，齐人辕固生，毛人的毛亨和燕人韩婴，史称“齐、鲁、毛、韩”四家诗。秦始皇“焚书坑儒”致使《诗经》一度失传。毛亨冒着生命危险把《诗经》藏在自家的假坟墓里，才使《诗经》得以留存。今天我们读到的《诗经》，是汉学大儒毛亨、毛苌注释的“毛诗”。毛诗传继儒门正宗，解经往往与先秦典籍相吻合，而且其训诂平实、准确、简明，便于传习，所以，独有毛诗流传下来。据说孔子删定《诗经》后传给了子夏，子夏传给了曾申，曾申传给李克，李克传孟仲子，孟仲子传根牟子，根牟子传荀卿，荀卿传给了毛亨。

毛亨因避秦始皇“挟书律”，由鲁地逃到武垣县（今河间市，当初属赵国的北部）居住下来，隐姓埋名，甚至装扮成本地人。直到汉惠帝撤销了“挟书律”，天下太平了，毛亨才敢光明正大地重新整理《毛诗故训传》，并亲口传授给侄子毛苌。毛苌经过数年苦功研读，终于能熟背诗经并能逐字讲解。其时河涧献王刘德修学好古，大力推广儒术，遍求天下“善”书，得之即刻工整誊抄，然后“留其真”，将抄本加金箔还给书主，四方有名之士不远千里纷纷赶到刘德这里。于是毛苌才有了用武之地，刘德礼聘毛苌为博士，聘之再三，毛苌始应。后来献王刘德在都城乐城东面建造日华宫，北面君子馆村建招贤馆，命毛苌在此讲经，传授弟子。东汉末年，兼通今古经学的大师郑玄，集今古文经学研究之大成作《毛诗传笺》，为《毛诗故训传》作注。齐（姜尚的封国）、鲁（周公旦的封国）、韩（韩景侯的封国）三家诗自此渐渐衰败，均已失传，唯独有毛国的《诗》得传，“毛诗”大行天下，流传于世，才使中华文化瑰宝留存后世。当我们吟诵“关关雎鸠，在河之洲。窈窕淑女，君子好逑”的美好诗句时，应该感激大毛公毛亨、小毛公毛苌等先辈。大、小毛公传“毛诗”一直是毛氏族人引以自豪的事情，“诗学有渊源，羡一家授受；易经明消长，验四季变迁”“注经世业；捧檄家声”“洁廉世望；风雅诗宗”等名言，都是各地毛氏宗祠通常能见到的楹联。《诗经》的传承极大地丰富了中华民族的优秀传统文化，不过让毛氏族人有一点遗憾的是，“毛诗”中没有流传下来赞美“毛国”辉煌历史的诗篇。

九、诗文杂艺

在《双河毛氏西房支谱》卷十一艺文中，有描述毛氏祖居地四明奉川（即石门、乌岩）和现居地双河毛三斞自然风景的诗篇，现摘抄如下：

（一）乌岩四景诗

自宁波郡城舟行四十里许，为桃源乡，舍舟而陆行，曲折入溪谷十余里，越峻岭又深入六七里，曰乌岩，是奉化毛氏始祖发迹处也。读四景诗，犹令人作卧游之想，云：

1. 狮岩啸日

是日非为兽，将军射猎时。岩间蹲赑赑，林外走熊罴。一吼雷声震，几番日影移。沙门倘护法，全胜柱头狮。

2. 柘岭连云

岭高连碧落，步步蹑云梯。岌嶪天坛近，垂义日观齐。振衣千仞阔，纵目万峰低。安得同怀客，攀箩过旧溪。

3. 石台仙洞

云深石径斜，闻说是仙家。晚挹台间月，春生洞口花。岩阿忘甲子，松柏记年华。仿佛蓬莱近，溪边欲泛槎。

4. 赤壁奇观

何年烈山泽，石壁烧痕赤。日霭四时春，霞蒸千嶂夕。不闻苏子游，难觅周郎迹。孤性爱奇峰，独携沙际屐。

（二）双河八景诗

毛氏家世双河，其地有八景，先人尝以八咏名楼所撰诗歌传记全集，今已散佚，谨录八景诗以当窥管之一斑。

1. 枫山来青

望处山光列翠屏，萧萧枫叶入楼青。拨开图画浮云卷，洗出髻螺宿雨停。东下清泉飞瀑布，南来白鸟点霜翎。凭虚笑傲遥相对，疎鬓翛然傍素杴。

2. 上岙毓秀

上岙澄湖绕碧峦，人言毓秀在回澜。山幽不雨长凝黛，水涨无风自激湍。三面古松摇玉树，一轮明月弄珠盘。莲塘霭霭春光晓，揽胜楼头眼界宽。

3. 洋浦渔唱

瀛海通湖可问津，轻舟日夕往来频。一声款乃烟波净，万里空明境界新。兴动濯缨沧水上，诗成把酒鉴湖滨。忘机只有闲鸥在，惯伴渔矶鼓枻人。

4. 地辟樵歌

地辟峰高鉴水头，山人于此卖娇喉。风吹逸调行云遏，谷应清音素月流。绿竹丛中惊宿雁，白沙坞畔起眠鸥。歌阑日暮归来晚，犹曳残声树底休。

5. 向头禁鼓

伊谁御寇画深谋，鼓角声喧镇海头。寒月疏星随警戍，荒烟野露怨更筹。山前开霁啼鸟晓，城下凄清落雁秋。幸得四方休战斗，笑看佳气入虚楼。

6. 金仙僧钟

山寺轰轰鞺鞳声，蒲牢一击吼长鲸。经翻贝叶迷津渡，漏断莲花逸韵清。鹤梦惊残天巳晓，禅心定后月犹明。金仙焉得传衣钵，参透菩提法嗣成。

7. 双河观澜

银河落派两分流，鸂鶒鸡鹊满绿洲。岸树拂天疎影动，渚花漾水淡香留。风翻客艇青烟曙，月涌鱼矶白浪秋。此日观澜忘俗虑，溯洄每欲驾扁舟。

8. 九皋听鹤

九皋鸣鹤逐飞仙，鹤去留名不记年。春入蓬莱形阒若，夜归华表泪凄然。吟残寒寂诸川月，目极扶摇万里天。松外风声空入耳，犹疑鹦鹉下江边。

（三）又十二景诗

十二景诗不知仿于何时，大约仿先人八咏以补其所未备，今并存之，俾产斯土者寻胜焉。

1. 双河胜概

闲来无事踏春行，岸夹渟波一片明。缭绕时莯桃浪暖，溯洄环罩柳烟轻。长桥倒映残虹落，古道中分积翠横。日暮孤帆归极际，相看只有旅人情。

2. 三山登览

三山鼎峙碧虚中，此日登临石径通。雨洗苍苔留屐印，泉鸣春涧杂松风。朝披宿雾千寻翠，夕送斜阳一点红。倘得炼丹抱朴子，共携金匮入长空。

3. 虎啸地辟

孤峰拥翠画图开，上有山君奋厥威。忽尔声闻振落叶，郤疑泉涌吼晴雷。阴崖抉石群羊伏，绝壑生风众木隤。鸷悍负嵎谁敢触，北平未得恃雄材。

4. 龙眠洋浦

洪流汩汩赴寒潮，闻说骊龙下绛霄。不爱五花长寂寞，漫凭三汲任撼摇。珠颔月映连孤屿，雾鬣云笼接野桥。试看乘时神变化，平津一跃驾清飙。

5. 南拱青山

飞檐杰构向层城，户外高峰一望清。螺髻当空净似洗，苔衣新染色还明。云依石畔烧痕合，雨洒林丛瞭霭平。绝顶棋盘千古在，年年仙子笑相迎。

6. 北环沧海

卜筑高塘坐坎宫，潮平岸阔际苍穹。蒙蒙雾窟帆樯远，渺渺烟波地脉通。绵雨销时光隐约，桑暾照处色朦胧。乾坤振古无消息，变化鱼龙一瞬中。

7. 向头戍鼓

独坐楼头对短檠，咚咚击鼓远闻声。敲残暗叶关山曲，乡寂空传旅客情。孤雁惊时云一片，子规啼罢月三更。睡来梦忆渔阳操，不是祢衡韵亦清。

8. 栲栳樵歌

雨灵山下老樵苏，爱唱清歌只自娱。偶拍扶筇闲寄兴，才将引吭润如酥。丁丁伐木声相应，呖呖鸣泉韵不殊。断续随风渐入耳，何须更事觅吴歈。

9. 上岙湖光

天开一鉴漾涟漪，秀毓西南更绝奇。雨过山前流翡翠，日涵水底嵌琉璃。低笼岸草晴光暖，斜抹江枫艳影移。远嶂林烟齐入画，凭栏寄眺不须辞。

10. 新桥虹影

天光云影照清渠，恰有晴虹点太虚。碧浪翻来山霁后，澄波映澈雨收初。若逢画舫因风渡，疑是星槎泛斗余。最怪冬寒藏不密，犹留遗迹伴龙鱼。

11. 地楼高卑

肆望平原最廓寥，鳞鳞屋瓦出层霄。杏花红湿翻帘影，杨柳阴浓接片烧。指点村墟苍霭外，依稀鸡犬白云摇。欲纵此访桃源路，买得清风傍小桥。

12. 波浮白石

磷磷白石出山头，俯瞰长河石自浮。湍急几看鳞甲动，浪恬应共水纹幽。船龙夭娇峰巅落，桥兽睢盱涧底游。谁掷支机云汉外，此身无处问牵牛。

（四）描绘永康的诗词

1. 沁园春·永康(创作于 1998 年 5 月 1 日)

吾邑丽州，三国为疆，籍隶之江。赞人文荟萃，民风淳厚；陈亮胡公，迭涌名流。效命疆场，帷幄运筹，武略文韬壮志酬。览青史，问英雄何在？笔底春秋。

五金名城永康，前龙舟花街谁与俦？看石柱峭绝，古山壁立；芝英含秀，西溪藏幽。象珠稽踪，唐先探路，三街二区结伴游。期未日，愿方岩锦绣，更上新楼。

2. 盼两岸早日统一(创作于 2000 年 8 月 1 日)

香港澳门已回归，台湾何时才能回？一国两制为台定，港澳先行是人为。海峡两岸同根生，分离相煎太可悲。合家团圆有早晚，终盼台湾早日归！

3. 水调歌头·贺永康市政协十一届一次会议召开(创作于 2002 年 3 月 15 日)

永康精英荟，阔论百姓事。惠民频出新策，喜泪浸桑麻。解困惑促增长，尽显升平气象，民生锦添花。盘点辉煌岁，浓彻杯中茶。

献良方，进铮言，懈无暇。催征鼓角，雄发万马卷尘沙。鼎力复兴要务，稳舵危机骇浪，险阻任随它。掌上乾坤小，五金铺中华。

4. 庆香港回归祖国(创作于 2007 年 7 月 1 日)

他降旗来我升旗，英国殖民已撤离；百年耻辱的历史，现已永久地雪洗。特区政府已成立，中国人扬眉吐气；香港回归祖国后，未来一定更美丽！

5. 歌颂永康解放 60 年(创作于 2009 年 5 月 9 日)

六十年前，永康解放，人民翻身，谱写新章。民主革命，封建涤荡，土地改革，田地均享。互助合作，生效恢张，改造山河，整芜治荒。勤劳细作，稻菽满仓，林木果蔬，盛披绿装。舜耕文化，历史悠长，能工巧匠，闯荡他乡。改革开放，工业猛涨，五金之都，自立创强。八大行业，各领风骚，产能质量，屡获金奖。永康五金，走向世界，世界五金，汇聚永康。商贸昌隆，市场兴旺，每年博览，誉满四方。超市商场，遍布城乡，酒店宾馆，现代气象。高楼林立，绿树红墙，古代丽州，更颜换装。南溪华溪，汇聚府前，三江六岸，巧扮梳妆。城乡建设，日新月异，庭宇幽雅，人居宜爽。科教兴市，投资扩张，学堂密布，书声琅琅。公益慈善，大爱无疆，才德并备，英才高翔。方岩胡公，厚吴祠堂，五指石城，旅游宝藏。社会和谐，民生保障，百姓康乐，争创百强。两美两福，聚慧创强，圆梦永康，前景无量。

6. 祖国颂(创作于 2009 年 10 月 1 日)

忆往昔，中华民族遭受三座大山压迫；忆往昔，劳苦大众牛马生活饥寒交迫。
曾记否，炎黄子孙被人认为东亚病夫；曾记否，华夏古国一穷二白累贫积弱。
东方晓，中国共产党人坚信真理求索；雄鸡啼，党领导人民革命峥嵘岁月稠。
为胜利，无数先烈疆场抛头颅洒热血；为独立，无数前辈出生入死舍家忘我。
都记得，当年毛泽东震世洪声响城楼；站起来，高声大喊中国人民站起来了。
在崛起，祖国从此立于世界民族之林；在复兴，人民翻身解放真正当家作主。
六十年，总有风风雨雨总有曲折坎坷；六十年，振兴中华铸就辉煌发展成就。
创伟业，建设社会主义富有中国特色；新时代，中国共产党英明领导掌好舵。
今天哟，多少人在歌唱我们华夏儿女；今天哟，多少人在注目我们伟大祖国。
共和国，六十年沧海桑田呵天翻地覆；新中国，六十年换了人间呵生机勃勃。
雄狮醒，新中国在前进更壮大更成熟；巨龙舞，华丽转身中春天的故事更多。
大团结，十一盛大庆典气势恢宏磅礴；大和谐，五十六个民族唱不尽赞美歌。

7. 纪念抗日战争胜利七十周年(创作于 2015 年 8 月 15 日)

倭寇战火起卢沟，烧杀掠抢岂有由。东北摧残痕尚在，南京杀戮恨难休。军国复活居心险，钓岛癫狂诡计谋。居安务必警豺狼，吾邦不是旧神州。

(五)毛姓起源繁衍记

华夏始祖是炎黄,中原大地乃故乡。黄帝久居甘陕地,炎帝住在豫鲁疆。
炎黄部落连一体,黄河南北始中华。黄帝定居名姬水,故后子孙姬氏称。
繁衍数世姬昌时,昌封西伯为侯君。屏藩固周为目的,亲族功臣以国封。
毛姓始祖文王裔,武王封弟毛国氏。叔郑分封西河郡,毛姓始祖毛伯称。
武王成王连辅佐,名将贤士功勋名。承袭爵位名显赫,世代繁衍家族荣。
两周发展数百年,王室日衰诸侯盛。群雄称霸烽烟起,战乱不息民不生。
毛氏参与国内乱,失败外逃国消亡。一支后迁荥阳郡,还有不少南北分。
战国毛遂勇自荐,舌师美誉天下传。两汉中兴毛氏旺,毛亨毛苌史垂名。
《诗经》撰删经学史,官学弘扬并传承。战国至晋八百年,荥阳毛姓人丁盛。
西晋灭亡东晋立,荥阳毛宝随南临。拥旄开国奇功建,将帅之家统大兵。
毛宝之子毛穆之,功勋卓著封侯名。食邑新安至江浙,三衢毛氏开始兴。
穆之三子名毛璩,淝水之战显威名。平定反叛固朝政,追封公爵为一品。
清漾毛氏人丁旺,繁衍发展至唐宋。工部尚书毛让子,被任吉州太守治。
吉水龙城迁居住,栋梁俊杰多垂名。毛澄毛纪毛伯温,治国安邦大忠臣。
明初吉州毛太华,随军征战入贵云。后带二子转湖南,接后又迁住湘潭。
传到泽东二十世,一轮红日韶山升。建立政权新中国,人民从此坐江山。
艰苦奋斗数十载,功勋盖世垂人间。再说清漾元琼后,子孙繁衍遍江南。
元琼十八世裔孙,仁锵年少露英才。勤学赶考进士中,宋朝初年治明州。
季初旭公随父迁,留恋宝地大雷山。定居奉化改石门,石门始祖毛旭公。
数传毛奇迁乌岩,鄞邑乌岩非久居。奇子敦公携子迁,自乌岩迁到慈城。
再定海转移松浦,余姚上林有双河。敦长子仁来定居,仁是双河始迁祖。
勤俭持家事业兴,名门望族添新丁。毛仁六世孙秉仁,家大业大往外扩。
圈周塘悉隶灶籍,开始建屋有三所。后人尊称毛三斟,西房之始忠孝传。
明清至今历数朝,时约六百五十春。繁衍数世人数千,子孙发达万代兴。

十、祭祀活动

毛氏宗族的主要活动形式之一是祭祀，每逢传统节日或有重大事项，都要举行祭祖仪式，以期祖先神灵保佑，同时体现了家族的寻根意识、敬祖敬宗、和谐共处及互助团结精神。

（一）春秋祭祖

分春（二月十五）、秋（九月十五）两祭，以秋祭为重，祭时三天。开祭先日（十四），族长和各执事者到祠堂沐浴、敬香、拜奠，晚上行迎神礼；次日（十五）聚集族众，起鼓、奏乐鸣金、放炮、呈三牲，主祭者就位，分献者次列，众生序立，焚香化帛、行祭祖礼，礼生唱礼赞，主祭人先跪拜，再族众齐聚堂上三跪九叩行大礼，焚烧祭文；第三日（十六）上午行送神礼，礼毕后执行家法，族长主治，对违犯族规者逐一做出处理，族众退场，族长主持各房议事。承祭前，致斋不茹荤，不食酒。三日内吃“大锅饭”，开“流水席”，来者不拒，自动坐席，热闹非凡。

毛姓因以“注经”为世业家学，祭文也讲究音韵、对仗，有浓厚的文学色彩。列举《祭祖考文》：

嗟嗟烈祖，惟德之行。于穆请庙，以赫阙灵。享祀不忒，匪今斯今。揆之以日，会朝清明（冬至则改为“日月阳止，祀事孔明”）。曾生维主，既戒既平。乐具入奏，鼓钟钦钦。洗爵奠斝，尔酒既清。为俎孔硕，尔肴既馨。享于祖考，以慰其心。陟降庭止，绥我思成。尚飨。

（二）清明扫墓

农历二月至清明节之前，毛姓子孙纷纷到祖先墓前祭扫挂坟。一般分为三个层次：最高层次是族人统一组织，对始祖公祭，称之为大清明会，公产开支，族众聚餐；其次是五服之内组织挂祭，称之为小清明会，临时凑钱，置办酒席；最低层次是一家一户单独挂坟，一家之长携带嫡亲，到父辈祖辈坟前祭拜，进入21世纪已经成为了主要扫墓形式。扫墓的主要程序为四步：第一步整理添土，除去坟墓周边的杂草，给坟墓添上新土。第二步在坟顶及周边挂上白纸或彩纸做成的祭幡，俗称清明旗子。第三步供奉“三牲”（鸡、鱼、肉）及蔬菜水果，开斟酌酒，祭扫众生列次跪拜、致谢、请示、许愿等。第四步焚烧香烛纸钱、鸣放鞭炮。

（三）中元寄钱

农历七月半间，阴阳聚首，烧寄冥钱。毛姓各户，买钱纸，包福包。包面书明已故的“四父四母”，即逝世的曾祖父、曾祖母，祖父、祖母，父亲、母亲，岳父、岳母。用邮递信件的方式直书，在包封的右边写发送子孙名号，包封中间写受用对象，包封左边标明寄送年、月、日。除给已故亲人烧寄纸钱外，还顾及“城隍土地”“过往游神”。然后清具点数，填写压牒，注明庙神土地，焚烧纸钱（打发先人）。当日中午，备置酒席，请亡者先用。傍晚时分，秉烛焚香，用干柴烈火烧尽“福包”，众亡灵“领钱”后，重返阴间。中元寄钱结束，生者心安理得，亡者尽数享用。

（四）腊月培坟

每逢农历腊月初八、十八、二十八，毛姓子孙选其中一天，必到祖坟察看，对坟墓进行维修，除去杂草，填补坑洼，年复一年，常修常新。将老祖坟修膳隆起，表示发迹。给新故者坟头立碑，以示铭志。墓碑直立直书，上首刻立碑时间，中间铭亡者讳称，落款写立碑子孙名谓。培坟树碑后，焚香化帛，鞭炮齐鸣，祭众叩首，祈祷先人入土为安。

（五）敬奉家神

春节将至，族内众生以户为单位供奉家神。堂屋正中，设置神堂，书写者盥洗后提笔，本人书写须跪地执笔。家神板面左右两侧贴伴神对联，中间书“西河堂上毛氏历代祖先之神位”（字数逢单），神签伴左“昭”右“穆”。家神置好后，设香烛，烧纸钱，备“三牲”，供果品，奉酒水，敲罄告祖，顶礼膜拜，装香换水直至正月十五元宵节。

毛姓人氏相关对联

对联又称姓氏宗联，俗称伴神对子或陪神对子。毛姓宗联，记叙了毛姓宗族的历史渊源、传说典故、著名人物的显赫事迹；借以歌颂祖先功德，牢记家族荣耀，并将之发扬光大。毛姓宗联一般悬挂或雕刻在祠堂横梁及柱子上。

片言九鼎光三楚；两代四诗授一家。

——上联所讲毛遂自荐。战国时期，秦军围攻赵国的邯郸，赵国十分危急，派平原君向楚国求救，平原君门下食客毛遂自荐前往。在平原君与楚王商议联合抗秦半日没有结果时，毛遂握剑向前，晓之以利害，说服楚王合纵抗秦，后来成为平原君的上客，获得了天子传家宝器九鼎那样的尊重。毛遂之举誉满三楚（江陵为南楚、吴为东楚、彭城为西楚），千百年来传为佳话。下联所讲毛亨、毛苌保存和研究注解《诗经》。毛亨被称为“大毛公”，是《毛诗学》的开创者，西汉鲁人，曾作《毛诗故训传》，河涧献王封之为博士；毛苌后称“小毛公”，古毛诗的传授者，西汉赵人，曾任河涧献王博士，世人称之“风雅诗宗”。四诗指“风、大雅、小雅、颂”。

舌师绵世泽；经学振家声。

——此联典指战国时平原君门下食客毛遂。楚王应允合纵抗秦后，平原君夸奖毛遂说：“毛先生以三寸之舌强于百万之师！”毛氏因以“舌师”为堂号。下联典指西汉北海太守毛苌，人称“小毛公”，传授“毛诗学”，其著作流传至今，影响深远。

马岭铭文北地郡；平原食客舌师堂。

——此联典指毛姓的郡望和堂号。

诗学有渊源羡一家授受；易经明消长验四季变迁。

——此联赞美西汉著名学者毛亨及其侄子毛苌在创立、传授古文诗学（即毛诗学）方面的功绩。

曾折松枝为宝栉；又编栗叶代罗襦。

——此联为唐代女诗人毛正美《赠华山游人》诗联句。

洁廉明世望；风雅有诗宗。

——此联典指清漾毛恺。毛恺为明嘉靖十四年中进士，性廉洁，圣祖以“清官第一”褒之。

马上轻吟诗百首;窑中卓著论千篇。

——此联典指中国人民的伟大领袖、著名军事家、文学家、诗人和书法家毛泽东。他的诗词被誉为"一代风流一代绝唱"。他的书法更是挥洒自然,以行书、狂草见长。

子晋遍搜书八万;鸿宾直谏字一筹。

——此联典指明代著名学者毛晋。毛晋,字子晋,博学多识,遍搜古籍达八万余册。家有汲古阁,传刻古书,流布天下,世称"毛本"。下联典指清代两广总督毛鸿宾,由编修累擢御史,敢言直谏,不避权贵。所谓"言系天下安危,二百年来第一等文字"。

鸡泽毛遂一荐名,毛亨毛苌传诗经;
后人数迁到韶山,孕育伟人毛泽东。
——此联为中国毛氏研究会会长毛炳汉题联。

好书不厌看还读;益友何妨去复来。
——此联为清代书法家毛怀自题联。

云山槛外如搜卷;灯火亭前自著书。
——此联为清代书法家毛庚自题联。

午日到门听磬远;春风吹树隔林寒。
——此联为清代经学家、文学家毛奇龄撰联。

仁义礼智信;忠孝节德行。
——此联为双河毛氏西房支脉世德堂门联。

里蕴博识铸业昌,强龙腾飞天空翔,
红梅伴松情似海,霞光灿烂耀华堂;
毛族精英万事扬,章法有度志轩昂,
元智勇才礼忠孝,学贯经诗世代传。
——此联为毛里强、章红霞、毛章元嵌名联。

决不料一百有一旬,哭慈母又哭慈父,血泪虽枯恩未报;
最难堪七朝连七夕,念长男更念季子,儿曹未集去何匆。

——此为毛泽东挽父联。上联指其母去世一百多天后他的父亲又去世了。下联指毛泽东的父亲去世后做了七天七夜的法事。当时长子毛泽东尚在北京，季子毛泽覃在长沙，只有次子毛泽民在其父身边。此联喻儿恩未报可父母亲已匆匆离去。

洞庭波涌连天雪；长岛人歌动地诗。

——此联为毛泽东《七律·答友人》诗之颈联。

泽布神州雨；东吹世纪风。

泽里龙腾昭日月；东方虎啸震乾坤。

——此二联为毛泽东嵌名联。

泽色绘成新世界；东风吹复旧山河。

——此联为郭沫若赠毛泽东嵌名联。

江山衍派三千里；宋室开基八百年。

——此联为奉化石门(乌岩)村毛氏宗祠门联。

我祖派衍先周瓜瓞绵自祁山出；翼公始从括苍汇下溯源带溪来。

——此联为景宁县毛垟村毛氏宗祠栋柱联。

天辟蓝图星斗文章并灿；地呈灵秀山川人物同奇。

——此联为江山清漾毛氏祖宅对联。

太极所生历钟瑞气；华胄出后定有完人。

——韶山毛氏宗祠敦本堂柱子上的一副楹联。

捧檄家声传万古；注诗四泽振千秋。

——此联除了《诗经》的典故之外，还记载了毛义贤孝之举。东汉庐江人毛义，家境贫穷，却以孝敬母亲出名。当时南阳太守张奉慕名拜访，朝廷委任毛义做安阳县令，毛义欢欣地捧着檄文向母报喜。母亲逝世后，毛义辞官还乡，守陵尽孝。不久，毛义又作为贤良之才几次被推荐做官，他为守孝坚持辞谢不出。原来任职为使母亲高兴，母亲既死，不再复出，刻意尽孝。东汉建初年间(76—83)，汉章帝刘炟下诏书褒奖毛义，称赞他的贤良和孝行，并恩赐谷千斛，每年八月，朝廷派官吏慰问，并加赠牛羊肉及美酒。后有张锦山作《勤孝歌》:“毛义捧檄欣然喜,只因奉养无甘时;终天解组返山林,何曾富贵动初心。”

注经世业;捧檄家声。

——此联为韶山毛氏宗祠门联。此联可谓言简意赅,用典寓意,将几千年来毛氏宗族的最高荣耀尽纳其中,夸耀其毛氏宗族乃是诗礼行世、德孝传家之名门望族。

上联“注经世业”,是指毛亨、毛苌注传《诗经》事。汉朝时鲁人毛亨、赵人毛苌为《诗经》各篇作注,且对各篇主题逐一阐释,还撰写了概括全部《诗经》的“序”,这就是“注经”。此种由毛氏加注的《诗经》称为“毛诗”。魏晋以后,其他各家所传《诗经》日渐废替,唯“毛诗”独盛,流传至今。此种文学盛举,毛氏宗族自当引以为荣。

下联“捧檄家声”,典出《后汉书》。庐江毛义字少卿,家贫以孝称。南阳张奉慕其名,往候之。坐定而府檄适到,以义守令。义捧檄而入,喜动颜色。奉者志尚之士,心贱之,自恨来,固辞而去。及义母死,去官行服。数辟公府,为县令,进退必以礼。后举贤良,公车征,遂不至。张奉叹曰:“贤者固不可测,往日之喜,为亲屈也。”“檄”,是指官府的征召文书,犹当今之委任状。“捧檄”,即是指毛义应召做官之事。为家贫亲老才出去做官,其品德、孝思,确乎令人感动。毛氏宗族当然宜于以此种典型标榜家风、激励后世。

通观全联,上联讲毛氏家族的事业流传千古,下联说毛氏家族的家风声播遐迩,一国一家,一忠一孝,交相辉映;有夸耀有勉励,有自豪有蕴藉,蔚为全璧。

不大地方可家可国可天下;寻常人物能文能武能胜神。

——这副对联是镶嵌在戏楼柱的两侧,与“戏”联系得是那么紧密,那么恰如其分。此联的来历、作者不得而知,也无法考证。但它依然清楚地镶嵌在毛家宗祠戏楼的两个柱子上,这是一种客观存在,也是一种历史遗留。这副对联是为戏楼两侧而写的应景之作,但其思想内涵则远远超出了它的原意。因为,这副对联反映出来的气势、信心及胆魄,谁看了都会产生一种遐想、一种敬畏,都会感到毛氏家族的先人们,一定是一些有文化、有思想的人。同时,这副对联反映出毛氏家族先人的唯物主义思想,字里行间折射出毛氏先人对生活的追求、对待事物的态度以及精神状态。当人们品味这副气势恢弘的对联时,会自然而然地受到一种冲击,得到一种启示。

毛氏相关族谱名字行辈序列

一、相关毛氏族谱中记载的字辈表

二、毛姓孩子取名常用字

行辈是用来表明一个人在族内所处的辈分，可以按派悟出属哪支、哪辈，以利长幼有序，还可方便名号的制定和推断本支系传承的历史。毛姓字辈的制定过程非常严谨。以自己本身为中心，上有四代长辈，下有四代晚辈，形成了“高祖、曾祖、祖、父、本人、子、孙、曾孙、玄孙”的“九族”血亲关系，这九个层次再延伸到旁系的血亲关系和姻亲关系上，便形成了一个庞大的亲属系统。其中的辈分称谓确实很有讲究，乍一看很繁杂，细一捋有规律可寻。在幼儿园教学课本中就有一首《辈分歌》：“爸爸的爸爸叫爷爷，爷爷的爸爸叫太公……”孩子若从小就能将家族纵向七代的血缘关系搞清，以后进入社会再推理非亲缘的社会辈分就不难了，这种辈分常识是一个人从小就应具备的起码的社会素质，它是社会交往礼节礼仪的基础。

按家族世系碟谱规定的辈份起名字，是为了明世系、定彝论，它是按“姓＋族辈字＋名”的方式起名字，让人一看姓名，就知道是否本家或旁系，它能够标志着一个家族的延续和变迁。其中的“辈分字”，作为族谱上的约定俗成，具有不可更改性，它除了规定家族纵向的血缘关系外，还有很深的寓意。毛氏家族非常注重行辈字的研究，譬如《韶山毛氏族谱》辈分排字为：“立显荣朝士，文方运际祥，祖恩贻泽远，世代永承昌。孝友传家本，忠良振国光，起元敦圣学，风雅列名章。”这些优美的文字，华丽的词组，无不闪耀着中华民族五千年文化传统的光辉。至于毛泽东为何将这个辈分文化只传到“远”字就弃之，我想革命领袖的胸怀不是凡人所能理解的，正像“毛”姓在他的第二代女性中都改为“李”姓一样，足以说明他反传统的一面。

随着独生子女的出现与增多，许多姓氏不但要成为历史，一些辈分称呼也将消亡；随着独生子女的谈婚论嫁，他们的下一代将可能没有姨、姑、叔、伯、表妹、堂兄等称谓关系。由于20世纪五六十年代“政治治国”的兴盛，传统文化受到批判，就连人的名字都打上了政治烙印，诸如“建国”“援朝”“跃进”“文革”“红兵”等，纷纷出现在人名中。进入21世纪以后，姓名越发彰显个性，不少家长在给孩子取名时，还动用了父母双方的姓氏，有的则融入更多现代西方文化的元素。这导致的结果是按家族辈分起名的人越来越少，不难看出这是传统思想、传统文化、传统习俗、家族理念随着社会结构变化而淡化和变异的结果。但是笔者认为，民族的东西、传统的东西，还是少丢点为好。

一、相关毛氏族谱中记载的字辈表

1. 余姚双河毛氏合族行第字母

第一世至第十三世

大房文一公：千铭正真仲慎日文明钦仁恩显

二房：千铭正真仲慎日文明恭宽信行

西房：千铭正惠延秉友(孟)原(吊)英(尚)雄俊(清)秀(廉)节

从第十四世起新编合族统仝行第字母(排行歌)

双 河 环 聚 泽 洪 深 籍 贯 姚 江 著 上 林

欲 卜 簪 缨 辉 谱 牒 传 经 胜 置 籯 满 金

2. 江山清漾毛氏祖宅派字辈(从 36 世恂开始排列)

恂宣庸桓奎(40 世)　祥曾起忻瑞　椿辉培式渥(50 世)　和耿均钦浚

本熙基鉴永(60 世)　标烈垂锦浙　树光报衢江(70 世)

3. 江山清漾毛氏广渡派字辈(从 30 世百起)

百(30 世)千万丙文　荣珍辉经良　忠正华富贵　仁义礼智信　恭从明聪睿　孝友传家政　贤能焕国光　楼西花毓秀　塔上雁来翔　地据崧山峻　人余翰墨香　衣冠绵似续　奕冀颂繁昌　永叶亨贞吉　恒承茀禄康　群欣沾教泽　族睦绍陶唐

4. 江山清漾龙源派毛氏字辈

正(38 世)建恭友世，必文国应学，士崇德尚锡，泽标辉坊鉴，清桓助培铸，淳材耀壮锐，沛植炤堂铭。

5. 江山清漾凝湖派毛氏字辈

千(32 世)万德庆安，康林盛茂；文武荣华，富贵仁义；礼智信干，元亨利贞；恭俭庄敬，贤良方正；惠爱廉明，发强刚毅；孝友睦姻，吉祥和顺；本枝繁昌，科名永振。

6. 江山清漾永兴坞派毛氏字辈

元(46 世)亨利贞，福禄寿宁，孝友睦姻，任恤博厚，高明悠久。

7. 衢州市柯城区东村毛氏字辈

元亨利贞，仁义礼智；国恩家献，人寿年丰；文行忠信，安富遵荣；修道德善，美玉如斯。

8. 衢州市衢江区后溪镇庭屋毛氏字辈

万庭惟应良，邦允智仁义，学礼安列章，敬德传家永，荣华保世昌。

9. 衢州市柯城区柯山毛氏字辈

季(32 世)晋、泰正良诚、钦寿永昌。积庆蕃远、和顺吉祥。承美继武、卓立名扬。传诗绚颖、性道文章。伯仲伊吕、匡佐汉唐。庄敬谦益、德厚源长。昭谟彝训、祐启烈光。纲纪经纬、辅翼赞襄。缨簪组绶、杞梓栋梁。荣华富贵、万代流芳。

10. 奉化石门毛氏辈分排行

奉化石门毛氏第一代至第六代没有排字辈，从7世起有辈分排行：(7世)世百万，(10世)亚元凤昌，如澄达辅，广源(20世)深远，嘉会崇顺，文德茂荣，(30世)谦恭裕信，昭显贤良，道隆(40世)治盛，勋立名扬，家庭兆瑞，(50世)邦国成祥。

11. 奉化界岭毛氏辈分排行(承接石门7世)

世百万，千亚得孟，宣启礼伯，善浩文永，顺宗道有，刚际安荣，仁恭裕信，昭显贤良，芳名继美，余韵久扬，家庭兆瑞，邦国呈祥。

12. 奉化岩头毛氏辈分排行(承接石门7世)

世百万，(石门10世)千亚得孟，(石门14世、岩头1世宣)宣启礼伯，善浩文忠(永)，奇(岩头10世)梦(宗)应(守)宪，懋际安荣，仁恭裕(岩头20世)信，昭显贤良，道隆化盛，功(岩头30世)立名扬，家常兆瑞，邦本成(岩头40世)祥。

13. 浙江鄞县乌岩、西郊、锡山毛氏字辈排行(承接石门第七世)

暨百千万亿，仁增贵谦弘。贻谋徵燕翼，康宁福寿隆。子孙承世德，思孝显文宗。节旅乾坤泰，家亨大有同。师临成晋益，恒观鼎升丰。

14. 义乌毛店毛氏族的行辈字

寿明琪玉稠莹琴恭瑞连芳华延庆缙绅云仍祯祥协应世泽致美

15. 遂昌十八都大拓镇车床村毛氏字辈

怀永进荣梁，德应曾国士，文华庆世家，元明清时景，启兆登丰泰。

16. 瑞安云峰山毛坦村毛氏字辈

叔允元子士，光瑞有作良(德)，圣铭垂裕久，奕世振荣昌。

17. 兰溪市赤溪乡毛驯村毛氏字辈

谦光处世，仁义立身，荣华富贵，福寿康宁，英伟秀元，享利贞渲，良厚敦崇，文圣德希，俊肃恒纯，孝时敬蕃，茂景昇祥。

18. 龙泉市瑞洋乡横坑头毛氏字辈

伯孙善玖，赵子(叶)时(应)继(国)；吉(君)可(有)启(光)元(行)，必(如)邦(卓)存(立)仁(其)；明(宗)日(汝)维(益)昌(成)，朝(和)廷(顺)逢(定)大(安)；守(稳)家(齐)国(治)庆(贺)，芳(荣)新(添)豪(德)华(良)；联(传)英(家)秀(贵)耀(忠)，祖(厚)振(永)族(世)声(长)。

19. 湖北当阳市百宝寨村毛家河毛氏字辈

祖达玄邦，谋守雨至，文开士忠，传继永承，学贤希圣，朝廷有光，克绍先绪，后必宏昌。

20. 湖北广水毛氏字辈

本宗永世传家庆，以序明经广国华。

21. 湖北枝江偏洲毛氏家族派词

世颖遇卿忠，用宗孟万伦；则廷文时凤，尚诗祖朝光；

毓士本有德，大成启国华；长守修学业，克振家道芳。

22. 湖北红安毛氏字辈

正大光明，家道有成，广培先业，克振鸿声，文华佐理，武绍芳勋，贻谋笃庆，玉树春荣。

23. 湖南上湘毛氏字辈

道万应梦大，元添寿志启。庆荣华承（仕）世，兴朝（家）廷（邦）永（若）续（有）。加（贤）官（良）治际熙，生逢泰（景）运开（昌）。上湘志隆远，笃培衍运昌。体仁亦炳义，远德耀恩光。

24. 湖南岳阳毛氏字辈

闻志百友寿，本一自光时，允代尚书第，先程绍合昌，田宗思祖德，崇善可持常，铭鼎功昭远，英才继启长，传家惟孝义，世袭佐朝纲。

25. 湖南平江毛氏字辈

朝际英贤会　家传雅颂章　克昌惟孝友　经训耀书香

祖泽岐丰远　先芬似继长　时雍徵泰运　希圣普纯良

26. 湖南沅江毛氏字辈

老字辈：庭达惟丰，以廷仲清，凤世文（似）登。

续字辈：诗书易礼，正学昌明，克修先德，远启家声。

再续辈：振兴教育，壮志辅仁，广毅俊瑞，世泽永宏。

27. 湖南益阳毛氏字辈

世远发兴隆　诗书启后英　盛代光华谱

文明礼乐林　孝友传家泽　贤能甲第开

28. 韶山毛氏族谱派系表

它创修于清代乾隆二年（1737），第一代至第六代没有固定的谱系，从第七代才定下子孙派系表，派名为：

立显荣朝士，文方运际祥，祖恩贻泽远，世代永承昌。

1981 年，毛氏家族再次修谱，又续订了 20 个字：

孝友传家本，忠良振国光，起元敦圣学，凤雅列明章。

29. 广东清远阳山县太平镇毛氏字辈

太子廷文光世远，顺天国治定功成，通明和睦乃高第，科甲联登之有常，克承忠厚家声振，永结考思德业宏。

30. 辽宁丹东阜新毛氏字辈

振德鸿恩广、家庭继世长、克立裕业志、英俊耀华堂。

31. 江西丰城雷卿塘毛氏家族派词

世颖遇卿忠，用宗孟万伦；则廷文时凤，尚诗士必象；

本瑞宗益盛，源远福兴长；忠厚承先训，读书裕后昌。

32. 江西万载毛氏字辈

应大周甫常，越世荣昌长。春和日永久，华国在文章。

33. 四川省仪陇毛氏一支字辈

千万思彦永，文伯有然成；卿生茂(芳)世宗(大)，如正纲常盛；熙朝业显明，景运卜祯恒；继起储英哲，六合定康宁；天仁含性理，河海共星辰；圣贤齐与京，亘古乐太平。

34. 江苏扬州毛氏字辈

文玉，绪明太元本，奉献吉瑞春，同守三家义，相承万代恩。

35. 河南阳武毛氏字辈

锡恩笃祐，裕庆广渊；燕翼克绍，孝绪世传；家声丕振，世泽长延；显宗辉祖，百代荣康；德正学贤，文武安邦；秉庚礼智，福禄祯祥；修道宽厚，万勇呈强；怀本思泉，林嵩书彰；训守伟社，魁应高尚；当先仕登，运聚贵相；华和宏泰，再占圣堂。

36. 河南滑县太和毛氏字辈(毛宝后第31世起)

千(31世)、万丙寿升，广恭显晨腾。宗光祖裕裔，勤俭安和盛。增培根基厚，秀育人文兴。福德绵世泽，惠爱庆帮宁。

37. 河南宛南毛氏字辈

应清万炳，荣兴鸿祥。文豪永昌，世发运广。继武英道，厚德孝跃。瑞恩庆胜，稼华祺丰。亚仁富敬，益国成栋。建超恒显，明新晓远。

38. 安徽亳州毛氏家谱字辈

文大克希奎，金玉传纪广；学孝忠仁义，怀德振兴堂。

39. 山东高密毛氏字辈

有克继志，居心维诚，相传昭世，丕振家声。

40. 广西贺州富川桂湘十县毛氏字辈

江(111世)郎抚新秀，桂湘培忠良。东海波涛涌，西河润泽长。

荥阳安社稷，贺州运共昌。承宗贻玺后，旭日乐昭彰(150世)。

41. 重庆市渝北区石鞋、王家毛氏字辈

应训贵有荣，仁景天文元。善仕维宗祖，世代永兴隆。

诗书光尚国，宏才振九重。先德培植远，时际太运昌。

42. 云南省巧家县包谷脑乡街上毛氏字辈

大凌文一单，世维宗廷先。万国朝天子，沿河登明山。

祖德福禄顺，启豫正兴昌。江广蜀贵遵，永远定吉祥。

二、毛姓孩子取名常用字

1. 男孩常用字

嘉、哲、俊、博、进、宇、鹏、武、泽、兴、奕、浩、泓、宗、凯、淇、淳、阳、源、渊、和、伟、斌、金、琪、菱、刚、沂、健、信、南、辉、洋、荣、榕、含、佑、明、雄、义、军、乾、亦、昊、天、昕、尧、鸿、棋、才、宸、龙、乔、同、丞、安、毅、凌、泉、坤、晴、恒、鼎、龄、弘、佩、勋、元、栋、江、深、晋、逸、沅、昱、越、海、圣、承、民、智、棠、福、禄、寿、喜、朝、钰、新、恩、羽、旭、维、家、泰、诗、谚、贤、凯、书、苓、汉、蔚、坚、茵、远、喆、国、仑、良、裕、融、致、富、德、易、虹、纲、奇、法、虎、桦、兵、强、村、沛、汶、炳、彦、延、庭、冠、益、劭、钧、亭、瀚、桓、东、全、志、达、先、洲、溢、楠、基、轩、茗、森、学、文、杰、瑞、迪、若、飞、礼、清、绍、高、瑞、涛、勇、锋、亮、铭、超、诚、威、祥、彪、康、林、挺。

2. 女孩常用字

筠、彩、璨、柔、竹、霭、凝、晓、欢、霄、枫、芸、茹、菲、寒、伊、亚、宜、可、姬、舒、影、荔、枝、思、丽、秀、娟、瑛、华、慧、巧、美、静、淑、惠、珠、翠、雅、芝、玉、萍、红、娥、玲、芬、芳、燕、彩、春、菊、勤、珍、贞、莉、兰、凤、洁、梅、渝、素、盈、云、真、环、雪、荣、爱、妹、霞、香、月、莺、媛、艳、瑞、凡、佳、琼、桂、娣、叶、璧、璐、娅、琦、晶、妍、茜、秋、姗、莎、锦、黛、青、倩、婷、姣、婉、娴、妮、娃、媚、瑾、颖、露、瑶、怡、婵、雁、蓓、纨、仪、荷、丹、蓉、君、琴、蕊、薇、甜、梦、岚、苑、婕、馨、瑗、琰、韵、融、园、艺、咏、卿、聪、澜、纯、毓、悦、昭、冰、爽、琬、茗、羽、希、宁、欣、飘、宝、莹、馥、琳、彬、芩、晨、蓓、萌、卓、璇、菁、萱、玺、娜、银、敏、莲、花、涵、孜、妤、玫、苗、群、蕾。

毛氏著名人士简介

毛氏历代名人 在《中华百家姓秘典——姓氏千年大跟踪》中有这样八句名言：

文王九子封毛国，先祖毛公是叔郑。

平原食客有胆识，毛遂自荐典故生。

毛亨西汉大学者，创作毛诗传诗经。

东汉毛义行慈孝，躬履逊让捧檄桥。

定略建策看毛纪，明臣首辅立伟功。

私家藏书无出右，明朝毛晋第一公。

清高自负独见解，奇龄治儒扬名声。

人才济济自古有，韬略雄才留遗风。

以上“毛氏风流撷英”，仅写至清代。而真正让毛姓名噪天下的，当推一代伟人毛泽东。因此，似应再续上一句：“翻天覆地开新宇，一代伟人毛泽东。”

毛泽东：字润之，湖南湘潭韶山人，中国共产党、中国人民解放军和中华人民共和国的主要缔造者和领导者。1921 年 7 月出席中国共产党第一次全国代表大会。1927 年 9 月领导湘赣边界的秋收起义，10 月率领部队上井冈山，建立了全国第一个农村革命根据地，开辟了以农村包围城市、武装夺取政权的革命道路。在 1935 年 1 月召开的遵义会议上，批判了王明的“左倾”错误，确立了在全党、全军的领导地位。1946 年至 1949 年领导人民进行了解放战争，推翻了国民党的统治，建立了中华人民共和国。新中国成立后先后担任中华人民共和国主席、全国政协第一届委员会主席、中央军委主席、中国共产党中央委员会主席，为中国的革命、建设和发展做出了巨大的贡献。1976 年 9 月 9 日在北京逝世，享年 83 岁。毛泽东这一名字是与伟大的政治家、军事家、思想家、书法家及诗人等紧紧联系着的。他在长达数十年的执政时间里，深刻影响着中国的命运，并引起全世界人民的关注和尊敬。

毛叔郑：毛氏开辟始祖。周武王封郑为毛国首任君主。在公元前 11 世纪，西周初期，毛叔郑辅政，忠心佐王，使周朝初年社会稳定，经济发展，周宣王给予毛公（毛叔郑）宣示王命的专权。

毛遂：战国时期（前 257）毛遂自荐愿随平原君向楚王求救，毛遂的一番话使楚王震动，答应联手抗秦，“毛遂自荐”的故事名闻天下。

毛公（毛汝容）：赵国人，处士贤人，和信陵君结交深厚。信陵君久居赵国，秦军攻打魏国，情况十分危急，毛公、薛公说服信陵君带兵回魏，同魏国军民同仇敌忾，痛击秦军，保住了魏国社稷，官至扶风刺史。世人称颂毛公为魏国立了大功。

毛亨：两汉时期，毛氏在北方发展壮大。这个时期知名度最高的当数毛亨这位经学家。毛亨西汉初人，著名学者，世称“大毛公”。他是一位专治《诗经》的学者，河涧人，相传是当时古文诗学（即毛诗学）的创始人，今本《诗经》的最早传人。

毛苌：赵（今河北邯郸西南）人，西汉北海太守。受学于毛亨，是毛诗学的传授者。以诗授同国贯长卿，人称“小毛公”。《毛诗》是后世《诗经》的标准读本。当时诗传承后世还有齐、鲁、韩三家，毛诗未得立于学官。《诗经》经秦焚书后，唯《毛诗》流传至今，齐、鲁、韩三家皆亡佚。

毛延寿：西汉时期，毛姓不仅在中原，在长安也有发展。汉元帝时期出现一位著名画家毛延寿。皇帝命画工为宫女画像，从画中选妃，一个叫王嫱的宫女不肯配合毛延寿作画，于是毛延寿把她画得不美。匈奴单于来朝拜元帝，元帝从画像中选了个不怎么美的王嫱赐给他。后来元帝发现王嫱美貌出众，追责到毛延寿将他处死。这个王嫱就是王昭君。

毛义：东汉安徽庐江人。孝行著称于世。毛义做县令时，母亲去世，随即捧檄辞官守孝。汉章帝下诏大加奖赏，旌表他的孝行。被史书载为“二十四孝”中“毛义捧檄”的故事，流传后世。

毛玠：毛氏从春秋战国以后，有一支生活在河南一带，发展为显赫大族，其中毛玠就是一个很有名气的人。三国时期毛玠起初投奔刘表，发现其政令不严明，因而又投靠曹操，助曹建业。建安十八年（213），汉献帝由长安逃回洛阳，曹操听从毛玠建议，趁机迎接献帝，建都许昌，挟天子以令诸侯，在许昌募民屯田，发展生产，储备军用物品，渐渐发展壮大。毛玠功高无量，被提升为幕府功曹、尚书仆射。他虽居显位，吃的仍是粗茶淡饭，穿的是布衣褐鞋，把省下来的钱赈济贫困人家。

毛宝：江南毛氏一世祖。据史料记载，西晋永嘉年间（307—323）北方战乱，导致大批毛氏南迁，其中有西晋末年荥阳阳武（今河南原阳县一带）人毛宝家族。毛宝一家在东晋拥旄开国的人有四个，即毛宝、毛穆之、毛安之、毛璩，成为当时有名的将帅之家。隋唐五代时期，中原战乱，大批毛氏迁至江山、西安、富州、昆山等地。居住在浙江衢州的毛氏家庭，多推西晋豫州刺史毛宝为始祖。毛宝家族南迁后，经过数代繁衍与发展，在梁武帝时又有一支自衢州迁至江山。《衢州府史》记载，毛姓从北宋宝元元年（1038）到南宋咸淳七年（1271）中进士的就有30人。如进士出身，官至宋侍御使的西安（今浙江衢县，故名叫信安）人毛注；南宋乙丑科状元毛自如；西安翰林学士毛友；以经学著名的毛宏父子；以军功著称的富川毛士毅；入选衢州十大历史文化名人的清漾毛氏27世孙、杭州法曹、北宋末著名词人毛滂等。

毛穆之：毛宝长子，承袭父爵为州陵侯。两次随大将军桓温北伐，屡建奇功，被任命为扬威将军、宁州刺史，后加封为建安侯。死后谥号为“烈”。穆之长子毛珍继承爵位，官为天门太守，五子毛瑾为梁、秦二州刺史，略阳武都太守。

毛璩：毛穆之三子，江南三衢毛氏之始祖。初为宰相谢安参军，随后与谢安子谢琰参加淝水之战，战功卓著，累进建威将军、益州刺史，后宜都守蜀大守，死后追封为归乡公。

毛安之：毛宝次子，魏郡太守，升右卫将军，死后追赠光禄勋。

毛潭：毛安之长子，嗣爵至江夏相。

毛遁：毛安之四子，宜都太守，后军咨议参军。

毛修之：毛瑾之子，升迁特进抚军大将军，金紫光禄大夫，死后谥号"恭公"。

毛法仁：毛修之次子，散骑常侍，赠征南将军南郡王，谥号"威"。

毛猛虎：毛修之孙，官中散大夫，死后赠豫州刺史，谥号"康公"。

毛喜：西晋时荥阳阳武人，南迁后，在南朝陈国做官。其祖父是梁国的散骑侍郎，其父毛栖忠为中权司马。毛喜乃当时有名的书法家，官给事黄门侍郎，兼中书舍人，加封东昌县侯。

毛处冲：毛喜子，官中书侍郎。

毛遐：北魏时北地三原人，世袭曾祖父毛天爱官爵，为定州刺史，兼任尚书。

毛鸿：毛遐之弟，世代豪门大族，官岐州刺史、散骑常侍。

毛正美：唐代著名女诗人。

毛若虚：唐代酷吏，唐肃宗时为监察御史，后升御史中丞。

毛文锡：唐末进士，官翰林学士，以词闻名。

毛仁锵：浙江清漾人，毛宝二十五世孙。唐末进士，官至河南转运使、明州太守。后迁居奉化。

毛璋：河北沧州人。后梁时归顺后唐庄宗，屡建战功，被封为华州节度使。

毛熙震：蜀人。曾为后蜀秘书监。善词，今存二十九首，收入《花间集》。

毛维瞻：浙江清漾人。诗人毛滂之父。善理政事，曾与苏辙、赵仆唱和。后迁居鄞县乌岩。《两浙名贤录》有传。

毛渐：浙江江山人。北宋英宗年间进士。宋哲宗时任两浙路转运副使，治水有功，加授集贤院校理。

毛度：河南开封人，字叔度，派名诚十。三国魏尚书仆射毛玠之后。南宋绍兴年间进士，任左司谏，授通议大夫，累迁侍御史。因弹劾秦桧被贬为浙江余姚县丞，并始居于余姚，为余姚丰山毛氏始祖。

毛晃：浙江江山人，著名学者。南宋高宗年间进士，后因著书做学问，夜以继日，磨穿案砚，学界尊称"铁砚先生"。

毛居正：浙江江山人，毛晃之子，著名学者。宋宁宗下诏刊印经籍，聘为司校雠。著《六经正误》六卷，并为《资治通鉴》作注。毛氏父子所著字典，海内奉为正宗。

毛洪：浙江浦江人。南宋淳祐年间任礼部尚书，后任户部尚书。

毛太华：祖籍江西吉州龙城（今江西吉水八都镇），元末明初因避乱迁至云南澜沧卫（今云南丽江永胜县），后立下军功，到湖南定居，是韶山毛氏的始祖。

毛贵:元朝末年人,刘福通红巾军部将。红巾军北伐时,毛贵曾率东路军直逼大都,被元将击败,退回山东青州。后被兵败淮安而投奔青州的红巾军首领赵君用谋杀。

毛节:字伯尚,江苏武进人。明洪武中期以明经中试,以诗才受太祖(朱元璋)赏识,官拜御史,巡按江西。

毛弘:元代画家毛伦的孙子。明天顺年间进士,授刑科给事中。每入朝议事,均据理力争,声震朝宇。

毛吉:浙江余姚人。明景泰年间进士。任广东佥事。

毛存诚:直隶人。明景泰年间乡试中举。任南京、山东道监察御史。

毛泰:直隶人。自幼聪颖,九岁通经史。十九岁登明成化年间进士。任南京刑部主事,又改任北京户部员外郎,后升迁四川重庆知府。

毛纪:山东掖县(今莱州市)人。明成化年间进士。入翰林院,任东宫侍读,后历任礼部尚书、吏部左侍郎、太子少保、户部尚书、武英殿大学士。因功勋卓著,世宗(嘉靖)时受封为伯爵,坚辞不受。后辞官回乡,在家勤修学问,著述等身。死后受赐为太保。

毛澄:南直隶昆山人。明弘治年间状元。授翰林修撰,参与修撰《大明会典》。后任右谕德直讲、侍讲学士、礼部左右侍郎。正德年间拜尚书。为人谦和,胸怀坦荡,多次力谏世宗(嘉靖),侃侃不挠;世宗对他又敬又忌。毛澄去世后,世宗深为悼惜,追赠为少傅。其墓在太仓县城北门外,俗称"状元墓"。

毛思义:山东阳信人。明弘治年间进士。曾任永平知府。

毛玉:云南昆明人。明弘治年间进士。官南京吏科给事中,死后追赠光禄少卿。

毛伯温:江西吉水人,祖籍浙江三衢。明正德年间进士。官授御史,巡察福建、河南,后升为大理寺丞、兵部尚书。率兵讨平安南,未费一刀一剑,因功受封为太子太保。文武兼备,追谥"襄懋"。

毛衢:江苏吴江人。明嘉靖年间进士。历任刑部主事、四川按察司副使。

毛恺:号介川,浙江江山人,清漾毛氏二十七世孙。明嘉靖年间进士。历任御史及礼部、吏部、刑部三部尚书,仕途四十载,是清廉为政的国家重臣,人称"毛青天"。其家乡石门镇世代流传着与毛恺有关的"一堵墙"的故事:某年,毛恺家人要在老地基上建新房,因院角地面与邻里发生纠纷,于是修书给毛恺,求其出面干预。毛恺复信说:"千里修书为堵墙,让他三尺又何妨。万里长城今犹在,谁见当年秦始皇?"家人得书后,将院墙内移三尺;邻居被感动,也退让三尺。后人把这里称为"大墙弄"。此事数百年来为人称道,成为毛恺清廉为官的明证。

毛起:四川夹江人。明嘉靖年间进士。官苏州知府。

毛惇元:浙江余姚人。明嘉靖年间榜眼。官翰林编修。

毛士龙:江苏宜兴人。明万历年间进士。官刑科给事中。

毛羽健:湖北公安人。明天启年间进士。崇祯年间授御史。

毛文龙:浙江杭州人。明天启元年(1621)率军渡海,擒镇江叛将佟养真父子,收复辽东,史称“镇江大捷”。后率部撤往鸭绿江口的皮岛,升为总兵。天启六年(1626)宁远大战,袭击永宁,迫使后金回师沈阳。天启七年(1627)宁锦大战,袭击昌城、辽阳,迫皇太极撤军。于敌后创建东江镇,牵制后金兵力,制约其南侵。

毛晋:江苏常熟人。明代末年著名学者、出版家、藏书家。建汲古阁,藏书九万八千余册。

毛文炳:河南郑州人。明崇祯年间进士。任太原守道。崇祯十七年(1644)二月,李自成军破太原,被杀。

毛宗岗:江苏苏州人。清代小说评点家。父亲毛纶,推崇金圣叹评点《水浒传》《西厢记》。《三国通俗演义》是元末明初罗贯中根据《三国志平话》改编而成,毛氏父子在此基础上进行修改和评点,编成《三国演义》120 回,当时被称作“第一才子书”,大为流行。

毛先舒(1620—1688):浙江杭州人。清初著名诗人。六岁能辨平仄,八岁能写诗,十岁能写文章。十八岁出著作《自榆堂集》,时称“西泠十子”,并为西泠派首领。

毛奇龄(1623—1716):浙江杭州人。清初著名经学家、文学家。善散文、诗词及音律,并从事诗词的理论评点。康熙十八年(1679)参加博学鸿儒考试,名列第二,在翰林院参加明史修撰。

毛际可(1633—1708):浙江遂安人。清初著名文学家,在散文方面有很高成就。

毛一豸:山西泽州人。清顺治年间进士。曾任户部郎中,为官清廉。

毛式玉:山东掖县人。清乾隆年间进士。官翰林院检讨。

毛鸿宾:山东历城人。清道年间进士。任翰林院编修,又升任御史、给事中,后官至两广总督。

毛庚:浙江杭州人。清代著名书法家、篆刻家,工书擅石刻。

毛鸿图:四川大竹县人。清咸丰年间进士。官内阁中枢翰林学士。

毛懋卿:浙江奉化人。民国时曾任广东省东莞县县长。

毛景麟:浙江奉化人。保定军校毕业,后任黄埔军校第四期教官。北伐时任北伐军总司令部通信处长、某军军长。

毛镜秋:浙江江山人。国民党军队少将。曾任国民政府国防部副部长。

毛钟书:浙江江山人。国民党军队少将。赴台后,曾任“国防部”情报局副局长。

毛奋：浙江余姚县毛三蔛村（今慈溪市桥头镇毛三蔛村）人，曾任国民革命军第七方面军上校副官、第三集团军第十一军参议、北洋印刷局局长。

毛鉌振：浙江余姚县毛三蔛村（今慈溪市桥头镇毛三蔛村）人，省立医药专门学校毕业，并由浙江省公派日本留学；曾任东北陆军第一军军需处少校军需官、浙江省政府地方第一补助医院（也称省陆军第一辅助医院，俗称陆军伤兵医院）院长、宁波市政府卫生试验所主任。

毛希蒙（1881—1954）：原名荪元，余姚县毛三蔛村（今慈溪市桥头镇毛三蔛村）人。光绪三十一年（1905）加入上海商务印书馆，任综器械馆会计。不久为太原及长沙分馆副经理，并捐得同知衔。清宣统元年（1909）加入同盟会，辛亥革命后任沪军光复军总司令部科长、骑兵团团副兼军需官。民国元年（1912）1月，陶成章在上海被刺杀，光复军解散，毛希蒙改任江苏都督府少校副官。不久入南京讲武学堂进修，毕业后任陆军第三师副官长兼总军需，后改任顾问。民国2年（1913）重入商务印书馆，先后任常德、潮州、贵阳、长沙各分馆经理。民国14年（1925）又入军界，先后任东北陆军第一军交际处长，第二路总指挥部总参议、护路军前防副指挥官等职，北洋政府特授予其陆军少将、中将军衔，颁给二等嘉禾章、二等文虎章等勋章。民国16年（1927），南京国民政府成立，复为第六军团参赞兼上校秘书，第十军少将参议。民国21年（1932）任定海公安局长，翌年辞职。此后，斋戒皈佛，法名慧月，又号寂月居士。抗日战争期间，毛希蒙拥护中国共产党抗日政策，协助推动三北减租减息运动。在家乡为浙东游击纵队开设被服厂，并筹集枪械弹药，支持革命活动。曾被选为浙东临时参议会参议员。1950年后任华东军政委员会委员、华东土地改革委员会委员、浙江省第一届人民代表会议代表等。1954年9月15日病逝于余姚县城，终年74岁。

毛广如：字锐阶，号遇风，辽宁台安西佛镇古家村人，出生于1881年。他少年时家境贫困，靠姥姥家出资出洋留学，宣统元年（1909）去日本，考入日本士官学校工科，宣统三年（1911）毕业回国，历任营副官、参议官。民国元年（1912）任南洋陆军第三步兵师第九团团副。1914年兼任奉天军械厂兵器科长。1917年到中央陆军讲武堂兼任教官。1918年任奉军第一支队参谋长。1919年被北洋政府大总统授予陆军少将，任奉军总部参谋处长。1925年10月调任吉林督军署参议。1927年授予陆军中将。伪满时，据说被日本人害死。他有兄弟四个，为人都忠诚厚道，他二弟在老家被称为“毛二老爷”，因无劣迹，无民怨，为人老实，土改时无人批斗。

毛岱钧（1902—1938）：字重威，湖南湘潭人。国民革命军陆军少将，预备役第九师三十五团团长，抗日英烈。出身农民家庭。小学毕业后，由堂叔资助，考入长沙明德中学。1920年春辍学从戎，到湘军第四师当兵，后升任排长。1926年6月，随部编入国民革命军第八军，参加北伐战争，后升任连长、少校营长。1936年入中央军校高等教育班第五期学习，毕业后调任陆军第九预备师第三十三团中校团副。1938年春升任陆军第九预备师第三十五团上校团长。7月，奉命守卫庐山以西的朱家山等地，正面阻击南下南昌的日寇。8月底，当日寇集中兵力连续进攻孙家祠阵地，并落弹二千余发、工事尽毁时，他冒着密集炮火来往奔走于几处阵地，指挥部属同日寇展开连续几昼夜的拉锯战。1938年9月2日，日寇凭借大炮和催泪瓦斯发动猛攻，毛岱钧率领余部同日寇展开白刃战，击毙日寇步兵上尉井二广喜及士兵三百余人。激战中不幸中弹阵亡。

毛健吾(1905—1968)：江西吉安人，又名礼键，字剑夫。江西吉水龙城毛氏始祖毛让第32世孙。父毛叙轩(又名伦)是清末秀才，教书为生，曾任江西私立文山中学校长。20岁入江西省第七师范，1926年加入国民党，并在南昌参加国民革命军，次年考入国民党中央党务训练班(后改中央党务学校)，1928年分配在江西省党部工作，继调贵州党务委员会书记长、豫督练公署党务科长兼河南和平通讯社社长。1937年在郑州创办《大刚报》，任社长，敢于报道，刚正不阿，人称“毛大刚”。后被蒋介石勒令停刊。1948年在香港入民革，1950年返回大陆，在天津《进步日报》、北京《大公报》工作，任民革中央团结和对台委员会委员。1968年病故。

毛少先(1908—1983)：原名毛少轩，江西安福人。中国人民解放军陆军少将。1929年参加中国工农红军。1930年加入中国共产主义青年团，1931年转入中国共产党。土地革命战争时期任红二十军排长，湘赣边工农民主政府警卫队队长，红六军团连长、营长。参加了长征。抗日战争时期，任八路军一二〇师三五九旅七一九团连长、营长、团长，八路军南下支队司令部科长、团长。解放战争时期，任吕梁军区第十六团团长，第一野战军第三军后勤部军械处处长，甘肃军区酒泉军分区司令员。中华人民共和国成立后，任新疆军区司令部军械处处长、管理处处长，新疆军区后勤部副部长，新疆军区第二副司令员。1955年被授予大校军衔，1964年晋升为少将。荣获二级八一勋章、二级独立自由勋章、二级解放勋章。1983年2月15日因病在北京逝世，终年76岁。

毛礼锐(1909—1992)：字振吾，江西吉安人。江西吉水龙城毛氏始祖毛让第32世孙，著名教育史学家。1919年考入江西省立第六中学。1924年考入南京东南大学教育系。1929年毕业后，应聘为南昌鸿声中学副校长。1935年自费赴英国留学，入伦敦皇家学院教育系。1936年转赴美国密执安大学教育学院攻读硕士课程，次年获教育学硕士学位。回国后，先后受聘为河南大学、四川教育学院等高等院校的教授。新中国成立后受聘为北京辅仁大学教育系教授。1952年转任北京师范大学教育系教授、教育史研究室主任。1992年病逝于北京，享年84岁。著有《中国古代教育史》，主编《中国教育家评传》《中国教育通史》等。他是我国著名的教育史学家，学贯中西，纵览古今，平生著述颇丰，学科涉猎面极广。于教育史之外，无论教育学、教学论、教育哲学，还是比较教育、教育管理学都颇有心得，多有建树。在教育史学领域，于外国教育史，他留下了《中世纪世界教育史》的专著和研究杜威等西方教育思想家的论文。他的多篇论文被收入一些教育理论界最权威的论文集。

毛会义(1914—1975)：江西兴国人。1932年参加中国工农红军。1933年加入中国共产主义青年团，同年转入中国共产党。土地革命战争时期，任红三军团第四师第十团排长、连长。参加了长征。抗日战争时期，任八路军一一五师六八六团连长，晋西独立支队营长、山东军区第五团团长。解放战争时期，任华东野战军第十纵队第二十八师八十三团团长，第三野战军第二十八军第八十四师师长。中华人民共和国成立后，任福建省军区副司令员，福州军区副参谋长。1955年被授予大校军衔，1964年晋升为少将。荣获三级八一勋章、二级独立自由勋章、二级解放勋章。1975年10月9日因病在北京逝世，终年62岁。

毛翼虎(1914—2004)：浙江奉化人。1934年8月在上海持志大学法律系读书，并任上海光华书局主编、新儿童文库编辑。1936年12月任宁波律师公会律师。1938年2月任浙江省立宁波中学国文教员。1939年加入中国国民党，1940年2月起先后担任鄞县政府秘书，奉化县地方行政干部训练所教育长、县政府主任秘书，奉化县立中学校长兼三青团团务、国民党奉化县党部书记长、参议长。1948年任国民政府立法院委员、法制委员会召集人。1949年10月随国民党去定海、台湾。1950年初从台湾转舟山，辗转回到宁波后，到苏州华东革大政治研究院学习。1951年1月任杭州市人民法院审判员。1952年6月因错判，在杭州乔司农场劳动改造，1957年4月撤销原判，被浙江省高级人民法院确认为投诚起义人员。1957年5月起任政协宁波市第二、三、四、五、六届委员会委员、常务委员兼副秘书长。1962年初参加民革，1980年6月起任民革宁波市委会主委、民革浙江省委会副主委、六届民革中央委员、七届和八届民革中央监察委员会常委，其间还曾兼任民革奉化县委会主委，1992年2月任民革宁波市委会名誉主委。1978年起任政协浙江省第四、五、六、七、八、九届委员会委员，政协浙江省第五届委员会常务委员。1982年2月起任第六、七届全国政协委员，政协宁波市第七、八、九、十届委员会副主席。2004年7月16日在宁波市逝世，享年91岁。

毛和发(1919—1999)：河南固始人。1931年参加中国工农红军，1934年加入中国共产主义青年团，1937年转入中国共产党。土地革命战争时期，任警卫班长、连队文书。参加了鄂豫皖苏区反"围剿"、长征和直罗镇战役。抗日战争时期，任八路军一一五师三四三旅指导员，新四军第三师第八旅二十四团营长，第三师特务团副团长，参加了著名的平型关等战役。解放战争时期，任东北民主联军第七纵队第二十一师六十一团团长，第四野战军第四十四军第一三二师副师长。参加了著名的四平保卫战和辽沈、平津等战役。中华人民共和国成立后，1952年毕业于军事学院。后历任海南军区副司令员，广东省军区副司令员。1955 年被授予大校军衔，1964 年晋升为少将。荣获三级八一勋章、二级独立自由勋章、二级解放勋章。1988 年 7 月被中央军委授予中国人民解放军一级红星功勋荣誉章。1999 年 10 月 2 日因病在广州逝世，终年 81 岁。

毛岸英：1922 年 10 月 24 日出生于湖南长沙，毛泽东长子。曾在苏联留学，1950 年加入中国人民志愿军，为支援朝鲜人民，参与抗美援朝战争，英勇奋战。1950 年 11 月 25 日光荣牺牲，为中朝人民友谊建立了丰碑。

毛昭晰：著名史前史学家，祖籍奉化溪口镇石门南坑，1929 年 5 月出生于宁波。1949 年毕业于国立浙江大学文学院史地系，新中国成立后长期在杭州大学教书。1981 年兼任杭州大学图书馆馆长。1983 年至 1993 年任浙江省文化厅副厅长及浙江省文物局局长、浙江省博物馆馆长，1992 年受聘为国家文物局博物馆专家组成员。1994 年任日本国际文化研究中心客座教授。主要著译有《世界上古史》(合著)、《中国大百科全书·考古篇》(特约编辑)、《浙江省图书馆志》(主编)等。此外，还在国内外发表过《羽人和海上之路》等数十篇论文。现为国际博物馆协会会员、英国图书馆协会会员。现任浙江大学历史系教授，浙江省考古学会会长，浙江省老教授学会会长，中国自然科学博物馆协会名誉理事长，第七届全国政协委员，第八届浙江省人大常委会副主任，第九届全国人大常委会委员。

毛致用：1929 年 11 月生，湖南岳阳人，1951 年 7 月参加工作，1952 年 12 月加入中国共产党，初中文化。历任湖南省岳阳县三区区公所财粮助理、区委秘书、县委组织部党训班主任，中共湖南省岳阳县委组织部副部长、区委书记、公社党委书记、县委副书记、县委书记，岳阳地委副书记兼岳阳县委书记，中共湖南省常德地委副书记、地区革委会副主任，省委副秘书长、省委书记、省革委会主任。1993 年任中共江西省委书记、省人大常委会主任。1998 年 3 月当选为第九届全国政协副主席。曾担任中共第十一至十四届中央委员，中共十五大代表，第五、八届全国人大代表。

毛志君：1936 年 9 月出生于昆明，四川简阳人。1954 年考入北京矿业学院采矿专业，在校期间曾担任院系学生会负责人。1958 年毕业后，先后到甘肃省平凉地区、河北省秦皇岛市担任机电技术员、工程师、工交局局长、耀华玻璃厂动力车间主任、市经委副主任等职。1983 年 5 月起，相继担任河北省对外经济贸易厅副厅长、河北省政府副秘书长、秘书长、办公厅党组书记。1990 年 3 月调任海南省经济合作厅厅长兼驻琼企业工委书记，1991 年 5 月任海南省副省长，1997 年 3 月当选为海南省人大常委会副主任。曾任中国(海南)改革发展研究院海南改革发展研究专家委员会主任。

毛如柏：1938 年 5 月出生于江苏扬州，1956 年 9 月考入南京大学气象系，1959 年 11 月入党。1961 年 8 月在西藏自治区气象局科研所预报组工作。曾任西藏自治区党委“四清”工作队队长，西藏自治区气象局预报组组长、政工科科长、政治处主任，拉萨气象台台长，西藏气象学会副理事长，西藏自治区气象局副局长、局长、党组副书记，西藏气象学会理事长，西藏自治区党委副书记，自治区政府副主席。1993年4月任建设部副部长、党组成员兼部直属机关党委书记。1997年8月任宁夏回族自治区党委书记。1998年5月以后担任宁夏回族自治区党委书记、自治区人大常委会主任、党组书记，是中共十五届中央委员。

毛远新：1941年2月14日在新疆省迪化（今乌鲁木齐）出生，当时其父亲毛泽民担任新疆省财政厅厅长。1942年9月中旬，盛世才下令逮捕中共派驻新疆的中共党员陈潭秋、毛泽民、林基路等一百多人，陈潭秋、毛泽民最终被杀害。1946年，毛远新和母亲朱旦华以及被羁押未遭杀害的共产党员获救，被护送到延安。1954年毛远新在育英小学毕业，被保送到北京101中学，高三时入党。1960年考取清华大学无线电系，一个学期后转入哈尔滨军事工程学院。大学毕业后分配到空军高射炮兵某师当战士。1968年5月任辽宁省革命委员会副主任、沈阳军区政治部副主任、辽宁省军区政委。1973年升职为沈阳军区空军部队政委、第一书记。“文革”结束后被软禁。1986年被判17年徒刑。1993年10月刑满释放后，在上海汽车工业质量检测研究所担任总工程师办公室主任。2001年2月退休，因其父亲为革命牺牲，仍享受烈属待遇。

毛凤鸣：1942年10月出生于江苏省南通市，1958年8月参加工作，1959年11月加入中国共产党，1959年12月入伍，军事学院指挥专业毕业，大专学历。曾任司务长、政治指导员、干事、参谋，总参办公厅秘书，总参军务部副处长、处长、副部长、部长，国防大学副校长，沈阳军区副司令员，中将军衔。

毛华岳：1943年9月6日出生于浙江省江山县坛石镇坛石村。高中毕业于江山中学。1967年7月毕业于浙江农业大学畜牧兽医系兽医专业。1968年7月分配到浙江省武义县桐琴区农技站工作，后任站长。1980年1月任桐琴区副区长。1983年2月任武义县委宣传部长。1983年10月任武义县委书记。1985年8月任浙江省金华市副市长。1991年1月至今，历任浙江师范大学副校长、副书记、书记、校务委员会主任。中共浙江省委第七届委员会候补委员、浙江省政协第九届委员会委员。

毛岸平：1944年1月出生于韶山村，湖南省韶山管理局副巡视员。小时候在韶山学校读小学、中学，高中肄业回家务农。1964年参加工作，任湖南省韶山区广播站副站长，合作社副书记、副主任。1978年后历任韶山特区宣传接待办科长、韶山宾馆副总经理、湖南省韶山管理区接待处处长、副巡视员。曾任政协湖南省湘潭市第五、六、七、八、九届委员。2004年10月退休。他是毛泽东的侄子。

毛雨时：1945年11月出生于韶山，高中肄业。1980年进入村干部系统，1982

年11月加入中国共产党。曾任韶山乡党委副书记、韶山村党总支书记、韶山村集团董事长。自1983年开始任村委会主任、村党总支书记以来，始终秉承“为韶山人民争光，为毛主席争光”的理念，以“俯首甘为孺子牛”的桑梓情怀，发扬韶山精神，带领村民艰苦奋斗、勤劳致富、发展经济、改善民生、改变民风，使韶山村的经济和社会事业蓬勃发展，先后被评为“全国文明村镇”、“全国计划生育工作先进单位”、“全国先进村委会”、湖南省首批“十佳红旗村”。作为“领头羊”，他先后获得湘潭市劳动模范、湖南省劳动模范、全国优秀村主任、全国劳动模范等荣誉称号，并光荣当选为党的十五大、十六大、十七大、十八大代表。

毛荣贵：1946年出生于江苏镇江，原籍浙江宁波慈城。1964—1970年求学于上海复旦大学，1978—1980年求学于杭州大学（现已并入浙江大学）。1993年9月入上海交通大学英语系任教。1996年应美国驻华大使James R. Sasser的邀请，以Leading Citizen身份访美。现任上海交通大学外国语学院英语系教授，博士生导师。研究方向：翻译理论与实践，翻译与美学；迄今发表论文150多篇，著作60余部。

毛苗方：1950年5月出生于宁波鄞州，大专毕业，中共党员。1968年3月参军入伍，在浙江省军区独立一师某部服役。1971年1月转业进入浙江省革委会办事组、省委办公厅、省委机要局工作，曾任中共浙江省委机要局局长。

毛炳汉：湖南涟源人，现为中国毛氏研究会会长，湖南社会科学院在职研究员，文学研究所研究室主任。兼任民盟湖南省社科界主委，湖南传媒文化中心副主任，中国屈原学会第三届理事，《中华毛氏通书》主编。先后在长沙教育学院和北师大研究生班毕业，曾任《求索》文学编辑、《企业家天地》副总编。至今已发表论文30多篇，文学评论、楹联赏析等文章50多篇，编辑出版著作10多部。获省社科院优秀成果二等奖一项、优秀成果奖一项，省社科院优秀科研成果奖两项。他长期从事毛氏文化发掘与研究，为弘扬毛氏文化、传承毛家思想做了大量有益的工作。

毛光烈：1955年2月出生，浙江江山人。1978年8月参加工作，1980年9月加入中国共产党。在职研究生学历，法学博士，高级经济师。曾任常山县委办公室秘书，金华地委办公室秘书科干事、副科长，永康县委副书记，义乌市委副书记、市长，金华市委常委、副市长、市长，省地矿厅厅长、党组书记，省科技厅厅长、党组书记，省发展计划委员会主任、党组书记，省发展和改革委员会主任、党组书记，宁波市委副书记、市长，浙江省副省长、省政府党组成员等职。

毛伟明：1961年出生，浙江衢州人，1978年10月进入浙江大学化学工程学系化工机械专业学习。1982年8月任常州绝缘材料总厂总师办、技改基建科技术员、六车间副主任。1987年2月任该总厂团委书记、技术办副主任、四车间主任兼党支部书记。1993年4月任该总厂厂长。1996年3月任常州市对外经济贸易委员会主任、党委副书记。2000 年 12 月任武进市委书记、市长。2004 年 1 月任泰州市委副书记、市长。2005 年 12 月任省发展和改革委员会主任、党组书记。2012 年 1 月任省政府党组成员、秘书长。2013 年 1 月起任江苏省副省长、省政府党组成员、秘书长。他是十一届全国人大代表，十二届省委委员，省十二届人大代表。

毛万春：生于 1961 年 10 月，河南汤阴人。1977 年 7 月在河南省汤阴县宜沟公社黄下扣大队下乡插队。1978 年 9 月在河南大学政教系政教专业学习。1982 年 8 月在汤阴县五陵乡政府任干部、副乡长、常务副乡长。1984 年 4 月任共青团汤阴县委书记。1989 年 8 月任共青团安阳市委书记、党组书记。1995 年 5 月任安阳市委常委、林州市委书记、林州市人大常委会主任。1998 年 2 月任周口地委副书记。2006 年 1 月任许昌市委书记、市长。2010 年 7 月任河南省委常委、洛阳市委书记、洛阳军分区党委第一书记。2013 年 5 月起任中共中央候补委员，陕西省委常委、组织部长。

毛新宇：1970 年 1 月 17 日出生于北京，是毛泽东的次子毛岸青和邵华的独生子，也是毛泽东的唯一嫡孙。毛泽东为其取名为“新宇”。1988 年被保送到中国人民大学读书。1992 年 7 月毕业于中国人民大学历史系，专事毛泽东思想和明史研究。1993 年加入中国共产党，1992 年 9 月至 1995 年 7 月在中央党校理论部攻读硕士学位。2000 年进入军事科学院攻读博士学位，同时参军入伍，开始研究军事战略理论和毛泽东军事思想。2003 年 7 月获得博士学位。曾任军事科学院战争理论和战略研究部正师职研究员，大校军衔。2008 年 7 月走上高级领导干部岗位，被任命为军事科学院战争理论和战略研究部副部长，副军职研究员。2010 年 7 月 20 日，晋升为陆军少将。他还担任中华全国青年联合会常委、全国政协委员，被授予江山市“荣誉市民”称号。

迁徙港台及国外毛姓知名人士简况

一、迁徙香港知名人士

二、迁徙台湾知名人士

三、迁徙国外知名人士

一、迁徙香港知名人士

香港的毛姓人氏大部分是从大陆迁徙过去的。

著名学者、社会名流毛以亨，是浙江江山人，早年参加过辛亥革命，后到法国留学，获巴黎大学政治学博士学位，1926 年回国后任上海法科大学、北京大学的教授，还担任过驻苏联特罗巴领事馆的领事，回国后在内政部任职；抗战时期曾寓居香港，后回大陆。1947 年任民社中央候补执行委员，1948 年当过全国监察委员。1949 年冬季迁居香港，任香港大学教授。1968 年在香港九龙病逝，终年 73 岁，著有多部著作。

大律师毛云龙，广东东莞人，香港大学毕业，后创办毛云龙律师行。他是香港名人，称为“太平绅士”，任过英皇书院同学会会长、元朗博爱医院壬寅年总理、保良局癸卯年总理、东华三院甲辰年总理。

香港著名企业家毛凯之，原籍上海，曾获美国宾夕法尼亚大学硕士学位，担任香港义丰行常务董事长、大来财务公司董事长、大公船务公司经理，还任过保良局的两届总理。

新华社香港分社副社长毛钧年，是香港文化名人。他曾获香港大学文学学士学位，1985 年任新华社香港分社副秘书长，两年后任副社长，主管文化教育，为香港回归祖国做出过贡献。

生于马来西亚的香港名人和企业家毛浩辑，祖上是早年迁徙海外的华侨。他办有几家企业，担任英籍香港合记行东主，合记烟花公司董事会主席，阳光中国制品公司总经理。他喜爱体育，曾在 20 世纪 50 年代末在广州体院学习过，曾任香港体育会的主席，香港业余田径总会的首席副会长。

在香港土生土长的著名记者毛孟静，是香港毛氏较年轻的一代。祖籍为浙江宁波，不过从出生起大部分时间在香港度过。她就读于香港中文大学政治与行政学系，兼职任教，是公民党创党成员。在多家中外传媒机构担任采访工作，以敏锐的观察力与尖锐的词锋闻名；所采写的访谈集辑成书，颇有影响。另外还写小说，出版有《毛孟静小小说选》《危城记》等作品。

二、迁徙台湾知名人士

台湾毛姓人氏主要由大陆迁移过去的。毛姓人氏迁台湾省规模较大的是清朝雍正末年(1734—1735),有毛、郭、蔡、李、龙、陈六姓合垦今台湾苗栗县苑里镇等地区,随后又有漳州龙溪毛氏人迁至台南县。道光年间(1821—1850),龙溪县田里乡人毛士剑以孝友祀台湾府学文庙,其后裔迄今仍活跃于台南县六甲乡。

迁往台湾的不只是平民百姓,还有政府派去的官吏。清康熙于1683年统一台湾后,派官员进驻台湾,治理台湾。在台湾毛姓名人中,清代有康熙三十九年(1701)由福建建宁府建阳县知县调任台湾诸罗县知县的毛凤纶(凤伦)。他祖籍在盛京奉天府,在台湾的知县任上政绩突出,颇有才干,得到好评。当他43岁秩满时,升任江西吉安府同知而调回大陆,由毛殿扬接任知县。据《新竹县志初稿》中记载,广东惠州府博罗县人毛殿扬是清康熙三十三年(1695)进士,康熙四十四年(1706)由诏安调任台湾诸罗县知县。他以前在大陆时颇有政绩,敢于改革陋规恶习,与恶势力斗争,打击豪绅强暴,修建桥梁道路等,做了许多有益的事。到台湾就任后不肯与贪官同流合污,洁身自好,但赴任仅数年即在台湾逝世了。

新中国成立前夕,蒋介石在大陆的国民党政权崩溃,于是带走了一批毛氏文武官员和名流学者进入台湾,这些毛氏后裔又有一些迁居于海外各国。

1948—1949年前后迁入台湾的毛氏国民党文武官员著名的有:原国民党三十七军军长、抗战时担任过第十一军团军团长的陆军中将毛炳文;原黄埔军校教官、南京文化大学法学教授、河南省法院院长,去台后任"国大代表"和"立法院"立法委员的毛家骐;原国民党政府国防部保密局局长,去台后任国民党中央候补执行委员、"国防部"情报局局长,1956年在台北逝世被追任为陆军二级上将的毛人凤;蒋介石原配夫人毛福梅的侄子,抗战时担任过空军总司令部副总指挥、空军第一路军司令及航空署长,1940年即被授予空军少将的毛邦初;担任过军统东南特派员兼"中美合作所"东南地区指挥官、厦门警备区中将司令的毛森,他到台湾后担任过"国民党革命行动委员会"的核心成员,由于与当权者政见不合,1968年侨居美国,1992年曾回浙江等地观光,回家乡江山探亲,后来死在美国;原美国空军参谋大学毕业,担任过空军驱逐队总队长、空军第四军区副司令、空军军官学校校长的毛瀛初,去台湾后任"国防大学"教育长,"空军总司令部"督察长,空军作战司令部司令,"国防部"常务次长,最后任"民航局"局长。另外,获得少将及以上的武官还有湖南平江人毛贤赛、毛贤琦,湖南慈利人毛云,湖南道县人毛健钧,浙江江山人毛万里、毛应章,浙江奉化人"国防部"中将厅长毛景彪,浙江宁波人毛梦漪,江苏宜兴人毛敬希等。文官有台湾"行政院"政务委员兼侨务委员会委员长、台湾"亚东关系学会”驻日本代表、国民党中央委员毛松年,任台湾“外交部”专员、“中南美司”司长的毛起鹏,出生于台湾本土台南市的“教育部”国民教育司司长、台湾省政府副秘书长、台北市教育局局长毛连媪。名流、学者有天主教著名神父毛振翔;曾任汉口国学专修馆馆长、湖南国学馆主讲的著名国学家毛树骏;曾任东南大学、中山大学、中央大学教授,1949 年入台后任“经济部中央农业研究所”所长、“中国农学会”监事的毛雍;曾任北京大学图书馆馆长,著名教授,在台湾被聘为“教育部”学术审议委员会常委,曾任“国家长期发展科学委员会”主席、“中央研究院”评议员、台湾大学中文研究所博士班导师的毛子水;美国加州大学研究院毕业,回国在水利部任职,后在台湾大学任教授的毛寿彭;台湾著名医学专家毛寿先;等等。

较为年轻的台湾毛氏著名学者还有——

毛高文,1936 年出生,浙江奉化人,1960 年毕业于台湾大学化学工程系,曾赴美留学获美国卡乃基迈伦大学化学工程博士,在美国通用汽车公司任高级研究工程师。1972 年回台,在台湾清华大学任教,任工学院院长。1981 年任该校校长,国民党第十二届候补中央委员。1987 年任台湾“教育部长”。曾任台湾“考试院”副院长。现任国民党中央常务委员会委员,国民党中评委主席团主席。

毛汉光,1937 年出生,祖籍为浙江江山,学生时代获台湾政治大学博士学位,1970 年到美国哈佛等大学做访问学者,后回台湾“中央研究院”历史语言研究所当研究员,后任中正大学教授、历史系主任、研究所所长、文学院院长、文化中心主任等职,获得过台湾“国科会”杰出研究奖。

毛治国,1948 年 10 月 4 日出生,是台湾地区著名政治人物,浙江奉化人。1971 年台湾成功大学土木工程系毕业。1975 年获泰国曼谷亚洲理工学院系统工程硕士。1982 年获美国麻省理工学院运输管理博士。1984 至 1987 年任台湾交通大学运输工程与管理系教授、系主任,兼管理学院院长。曾任政府公职多年,担任过台湾“交通部”主任秘书、观光局局长、高速铁路筹备处处长、“民航局”局长、“交通部”次长。在“中华电信”董事长任内,推动该公司的民营化,并将该公司从官僚化的国营事业转型为具有竞争力的现代化电信公司。2008 年 11 月 25 日成为中国国民党中常委。2013 年 2 月任台湾“行政院”副院长。2014 年 12 月 8 日走马上任台湾当局新任“行政院长”,成为马英九任命的第五位“行政院长”。

三、移居国外知名人士

美国毛姓人氏大部分也是由中国大陆和台湾、香港等地迁移而至的，有的是当年赴美当劳工的华人，其后代发奋图强成为企业家、资本家或科学家等；有的是旧中国社会名流定居于美国，其后代在美生活；有的是留学后留下从事科研工作；还有一些是台湾军政要员的后代。

例如在袁世凯执政时期任“人才内阁”总理熊希龄的夫人毛彦文女士，她从美国密西根大学毕业，获教育学硕士学位，回国后任过上海复旦大学教授。1935 年与熊结婚后从事慈善救济事业和抗日救亡工作。熊逝世后，她当过参议员、“国大”代表，为社会名流。1949 年赴美国，后来在华盛顿大学任教，直到 1962 年退休后才回台湾养老。

著名美籍华人科学家毛昭宪，也是 1949 年移居美国，任哥伦比亚大学医学院整形外科研究室主任。他因对软骨和关节医学研究有突出贡献而被选为美国国家工程师学院院士(为美工程界最高荣誉)，改革开放后受聘为成都科技大学和上海交通大学荣誉教授，奔波于美国和中国各地讲学。

著名科学家毛河光出生于上海，20 世纪 50 年代末 60 年代初在美国罗彻斯特大学地质系攻读博士学位，后因成绩优秀，留在美国从事研究工作，成为华盛顿卡耐基研究院地球物理研究所研究员；由于他开创了超高压实验新方法，研究以激光和同步辐射技术探测物质在超高压条件下的变化，在物理、化学、材料、力学、地球和行星科学方面颇有贡献，获得美国国家多项奖励，美国国家科学院选他为院士；中国科学院对他的贡献十分重视，希望能为发展中国科技携手合作，他毅然答应，1996 年被选为中国科学院外籍院士。

毛姓人氏在世界各地都留有踪迹。在海外，尤其是东南亚地区有不少毛氏后裔。据新加坡、马来西亚华人抗日史料记载，1942 年被日军拘杀的就有华侨毛其贤(33 岁)、毛开松(23 岁)等人。在日本，主要集居于琉球群岛。据何光岳先生考证，有一支毛氏从河南宜阳毛泉迁徙至临海郡(今浙江临海市)，后漂洋过海至琉球，其中又有一支继续东迁至玻里尼西亚、密克罗尼西亚；还有一支则南迁而成为毛利人，分布于新西兰各地。现代也有许多毛姓知名人士在日本定居，如写有《日本虫子・日本人》等书的毛丹青，北京大学毕业后，1985 年分配到中国社会科学院哲学研究所工作，1987 年移居日本。他的日语和中文都很优秀。

毛氏重点居住地简介

一、河南省宜阳县简况

据余姚双河毛氏西房支谱记载，宜阳是在西周初期周文王第九子毛叔郑受封的西河毛地，距今已有3000多年。宜阳（因地处境内西部宜水之阳而得县名）战国时置县，距今已有2400多年历史。宜阳地处洛阳市西南部，东连洛阳，西与洛宁县相连，东南与伊川、嵩县接壤，北与新安、义马、渑池为邻。全县辖11个镇、5个乡、1个工矿区办事处、1个正县级产业集聚区，353个行政村，总面积1670平方公里。基本地形地貌特征为：三山六陵一分川，南山北岭中为滩，洛河东西全境穿。

宜阳县是全国卫生县城、全国烟叶生产先进县、全国粮食生产先进县、国家级烟叶标准化生产优秀示范区、全国农田水利基本建设先进县、河南省对外开放工作先进县、河南省双拥模范县、河南省造林绿化模范县、河南省园林县城、河南省平安建设先进县、河南省安全生产先进县、河南省基本农田保护工作先进县、河南省环卫工作先进县、河南省烟叶生产先进县、河南省标准化村卫生所建设先进县、中原最具投资价值县，连续四年获得河南省农建工作最高奖“红旗渠精神杯”。宜阳县不仅有悠久的历史，还有不断发展的现代文明。自身有四大独特优势：

一是人文优势。宜阳历史文化积淀深厚，曾是西周召伯听政之处，是周朝时期毛国、战国时期韩国的都城，唐代中期著名诗人李贺故里，有“名山、名泉、名树、名寺”之称。境内有灵山寺、花果山，花果山是明代吴承恩所著《西游记》中花果山的创作原型，被中国民间文艺家协会命名为“中国西游文化之乡”，锦屏山由武则天封名并亲题“锦屏奇观”。

二是区位优势。与洛阳高新技术开发区和洛龙区零距离亲合，县城中心距洛阳市区中心20公里，距洛阳机场25公里，是洛阳市“五组团”发展的重要组成部分。

三是交通优势。境内铁路、高速公路、国道、省道纵横交错，四通八达。郑西高速铁路客运专线穿境而过，连接国家骨干铁路的洛宜铁路支线直达县城中心，郑卢高速公路横亘宜阳北部，两条临河快速公路直通洛阳市区，省道“两纵两横”贯通东西南北，形成了“两纵五横”的立体城乡路网框架。

四是资源优势。全县有大小河流及山涧溪水360多条，中小型水库46座。矿藏及林木等自然资源十分丰富，现已探明的矿藏有30余种，各种用材树90多种，至今尚存的灵山银杏、韩城龙柏、西庄国槐等被文物部门列为珍优保护树木，血参、柴胡、茱苓等药材出口到东南亚等地区。

在史籍《姓氏寻源》中毛氏条下有“周采邑毛即河南籍水毛泉也”。据史籍《路史》记载：“毛，伯爵；河南籍水傍有毛泉，近上邦。”这说明毛伯所封之地在河南籍水的毛泉(今宜阳县柳泉镇毛沟村一带),即西周初期周文王之子郑公最早的封地,处在今河南宜阳(即毛泉)的毛国,毛氏子孙便以国为姓,产生了毛氏。因郑封地为毛,故称毛郑。

历史沿革:

夏、商属豫州雒西地。

西周初期是毛国封邑之地。周朝时期也属周南地,为召伯听讼之所。

春秋归晋。战国为韩宜阳邑。韩景侯由宜阳迁都阳翟之后,在宜阳建县。

秦庄襄王元年(前249),灭东周(今巩县孝义镇西)设三川郡,其辖境大致为灵宝以东,中牟以西,黄河以南及北汝河上游地区,宜阳属之。

西汉承秦制仍设郡、县两级。汉王二年(前205)改三川郡为河南郡,隶属不变。元鼎四年(前113)割河南、南阳二郡西境,置弘农郡,郡治灵宝,辖11个县,宜阳属之。

东汉实行州、郡、县三级,宜阳属司隶校尉州弘农郡。

三国时,宜阳在魏国境,仍属弘农郡。

东晋十六国时,分裂割据,政权更迭频繁,宜阳历属汉,前赵、后赵及后秦等。

南北朝仍以州、郡、县相称,南朝宋,宜阳仍属弘农郡。北朝魏,宜阳属河南郡。北魏孝昌初(525),置宜阳郡,辖宜阳、新安(今渑池境)、东亭(今嵩县境)三县。北魏孝武帝永熙三年(534),魏分东、西,宜阳县归属无常。东魏,置金门郡,兼置阳州。天平四年(537),废金门郡,置宜阳郡,辖宜阳、南渑池、金门三县。另设甘棠县,属新安郡。西魏文帝时(535—551),阳州下辖宜阳郡,郡治洛宁,又于今洛宁境分置北宜阳县,治黄卢城,属宜阳郡。废帝二年(553),改北宜阳县为熊耳县,北周明帝(559—560)曾置宜阳县。旋废,置熊州,属宜阳郡,继又更熊州为昌洛县。

隋代开皇初,废宜阳郡为县,归属河南郡。开皇十八年(598),将宜阳县改为洛水县。仁寿四年(604),改甘棠为寿安(今河下一带),并于大业元年(605)初,废洛水、熊州入宜阳县。又于大业四年(608)增设兴泰县(今赵保,隋末废)。义宁元年(617),移寿安于九曲。宜阳、寿安、兴泰三县(均为宜阳境)同属河南郡(兴泰曾一度属襄城郡)。义宁二年(618)复置宜阳郡,领宜阳、渑池、永宁三县,并改宜阳郡为熊州。

1949年新中国成立后,宜阳县建制不变,所辖乡镇多次调整。

1998年,宜阳县辖3个镇、16个乡。

2011年9月宜阳县乡镇区划调整,辖7个镇、10个乡。

宜阳曾是河南省以军工企业、化肥企业、煤炭企业著称的传统工业县,也是以粮食、烟叶种植为主的传统农业大县。进入新世纪以来,历届县委、县政府坚持实施“工业兴县、产业富民,项目引资双带动”发展战略,持续推进工业二次创业,农业产业结构调整，经济社会发展有了长足进步。近年来，宜阳县认真贯彻落实科学发展观，准确把握发展阶段和发展实际，重新审视发展战略和发展定位，提出了产业立县、工业兴县、科教强县、生态大县、旅游名县“五大战略”，加快推进新型城镇化、新型工业化、新型农业现代化、产城一体化、洛宜一体化“五化进程”，强力实施工业经济、农业经济、城镇经济、旅游经济、民生经济“五轮驱动”，经济社会发展驶入“快车道”，初步形成了装备制造、食品生物、电子电器、能源化工、信息软件、新材料等六大工业支柱产业和现代烟草、畜牧养殖、蔬菜花卉、油料作物、黑色杂粮、农副产品深加工等六大农业主导产业。特别是抓住国家粮食核心区和中原经济区建设“两大机遇”，实施农村经济和城镇经济“两大突破”，县域综合实力由2008年的全省第97位上升到2012年的全省第46位。

2014年全县生产总值207.8亿元，增长9.1%。实现公共财政收入8.6亿元，增长19%，其中，税收收入5.8亿元，增长13.6%。年末户籍人口69万人，其中常住人口60.6万人；城镇化率28.36%。全年城镇居民人均可支配收入21433元，比上年实际增长9.5%；农村居民人均纯收入7645元，比上年实际增长11.3%。全社会固定资产投资230.3亿元，增长12%；全社会消费品零售总额69.5亿元，增长12%。

在全省人民奋力建设中原经济区的今天，宜阳人民在“解放思想、与时俱进、自加压力、勇争一流”的宜阳精神统领下，描绘出一幅更加壮美的画卷：建成全省“三化”协调发展示范县和宜居、宜业、宜学、宜游、宜商的洛阳卫星城。

二、陕西省岐山县简况

岐山是西周时期毛国封地，现属陕西省宝鸡市管辖。岐山因境内东北部的箭括岭双峰对峙，山有两岐而得名。全县辖 11 个镇、3 个乡，总人口 46 万人，总面积 856 平方公里。2014 年全社会实现生产总值 158 亿元，同比年增长 11.8%；城镇居民人均可支配收入 32536 元，同比年增长 15.7%；农村居民人均纯收入 11844 元，同比年增长 16.1%；全年财政收入 7 亿多元，同比年增长 21.5%；其中地方财政收入 3.23 亿元，同比年增长 17.7%。连续五年荣获中国最具投资潜力中小城市百强县。

岐山县地处古代丝绸之路、现代欧亚大陆桥沿线的关中西部，南接秦岭，北枕千山，中为广阔平原，地势自西北向东南倾斜；境内山、川、塬皆有，渭河、韦水河穿境而过，形成了“两山夹一川，两水分三塬”的地形地貌特征。交通发达，运输便利，生态良好，气候温和，雨量充沛，土壤肥沃，物产丰富，是全国粮棉大县、全国食品工业强县，是陕西省粮油、辣椒、蔬菜、肉牛、奶畜生产基地。岐山文化底蕴深厚，是中华民族的发祥地之一，是炎帝生息、周室肇基地，是周文化的发祥地，也是民族医学巨著《黄帝内经》、古代哲学宏著《周易》诞生之地。博大精深的周文化所包含的典章礼乐制度、道德行为规范，是中华文明、现代法制文明和政治文明的源头。岐山有“青铜器之乡”“甲骨文之乡”“民间艺术之乡”“陕菜之乡”等美誉。晚清出土的四大国宝中，大盂鼎、毛公鼎均出自岐山。全县有仰韶、龙山、商周等文化遗存 817 处，成为中国几千年思想政治基础和儒学思想的源头，奠定了中华文明的基础。岐山旅游资源丰富，县境内有周公庙、诸葛亮庙、周原遗址、崛山森林公园、西岐民俗村等文物古迹和风景名胜民俗区。2004 年 5 月，国家 AAA 级风景名胜区周公庙景区发现周代高等级墓葬 22 座、贵族墓葬 192 座、甲骨 700 多片，成为“新中国成立以来第一考古发现”。岐山有光彩夺目的民间艺术，皮影、剪纸、版画、刺绣源远流长，锣鼓、社火、曲艺经久不衰。位于三国古战场五丈原上的诸葛武侯祠，是全国四大武侯祠之一，其中仅存的岳飞手书的诸葛亮《出师表》被世人誉为书法、文章“双绝”。陕西名吃岐山臊子面被誉为“神来之食”。

岐山县始建于隋开皇十六年(596)，考其历史源远流长。相传黄帝时代，岐伯就居于岐山之下。夏禹治水，遍识山川，据传划全国为九州，岐山地区属雍州。

商沿夏制，岐地仍属雍州。商末，周部族由彬县、旬邑一带迁至岐山，岐地就成了周部族的属区。纣辛十九年(前 1057)，西伯姬昌迁都于丰(今长安县境)，岐地东部为周公旦所辖，西部为召公奭所辖。

西周初期仍沿九州之制，岐地属王畿的周、召两国，由周王朝直接管辖，后属毛国封地。

周平王东迁洛阳(前770),秦襄公率兵护送有功,赐岐地为襄公所辖。

秦始皇统一六国,废封建设郡县后,岐地属内史郡。

西汉太初元年(前104),划长安以西凤翔府为右扶风,领县廿一。岐地南部分属武功县、眉县、虢县、西部属雍县,东部属美阳县,北部属杜阳县。

东汉时期(25—220),岐地南部分属眉县、武功县,其余所属未变。

三国(220—280),改右扶风为扶风郡(郡治在槐里,今兴平县境内),岐地分属亦旧。

西晋(265—316),州辖郡,郡辖县。岐地西属雍县,南属眉县,东属美阳县,为雍州(州治在今泾阳县)扶风郡(郡治在今长安县)辖。

十六国(303—420),岐山地区曾是前赵、后赵、前秦、后秦和夏的领域。除夏隶北秦州(州治在今武功县境)外,其余均属扶风郡。

北魏太和十一年(487)设岐州(州治在今凤翔县南),领3郡9县。平秦郡(郡治在今凤翔县南)的周城县(太平真君六年置)辖岐地东部,横水县(太平真君十年分周城县置)辖岐地西部,武都郡(郡治在今宝鸡市东50里)的平阳县(太平真君六年置)辖岐区南部,武功郡的美阳县辖岐地东北部。

北周武帝天和四年(569)分泾州鹑觚县南境置三龙县,县以山得名,治岐阳镇(今岐阳村),属岐山郡。

隋改岐山郡为扶风郡,开皇十六年(596)移三龙县治于西40里(今凤鸣镇),改名岐山县。大业九年(613)又移县治于东北8里(今故郡寺、渚村一带)。

唐撤扶风郡,设关内道凤翔府,岐山为其所属。贞观七年(633)分岐山东北部及上宜县(今乾县)置岐阳县(县治在今岐阳村)。贞观八年(634)废虢县入岐山县,移县治于今址。

五代十国(907—960),岐地仍属凤翔府。

元(1279—1368),岐山县属陕西行中书省凤翔府所辖。

明(1368—1644),改陕西行中书省为陕西承宣布政使司,凤翔府未变,岐山县仍属其辖。

清(1644—1911),本县属凤邠道凤翔府。

民国(1912—1949),废府留县。先属陕西关中道,至民国22年(1933)撤道,设行政区,岐山县属陕西省第九行政区(其治先在凤翔县,后移宝鸡县)。

1949年7月14日,县城解放,属陕甘宁边区宝鸡分区所辖。1958年12月10日,本县并入凤翔县。1961年9月恢复宝鸡专区及岐山县制,本县隶属宝鸡专区。1980年8月1日撤宝鸡地区并入宝鸡市,岐山县为宝鸡市所辖。

改革开放以来,岐山经济社会发展日新月异,先后被评为全国最具投资潜力中小城市百强县、科技工作先进县、科普工作示范县、粮食生产先进县、优势农产品产业带示范县、民政工作先进县、文化先进县、农田水利建设先进县、白内障无障碍县。近年来又举全县之力实施突破蔡家坡战略，大力开展“平安岐山”“绿色岐山”和国家卫生县城创建活动，强力推进社会主义新农村建设，投资发展环境和生态居住环境不断优化。岐山县委、县政府围绕“科学发展，富民强县”这一主题，以转型突破、跨越发展为主线，深入实施突破蔡家坡、打造凤鸣文化旅游名镇、促进东北片崛起三大战略，重点发展汽车制造、专用设备制造、新型建材、有机食品和文化旅游五大主导产业，构建现代产业体系，加快推进蔡家坡传统城镇向现代化新城区、传统工业向新型工业、文物资源大县向文化旅游名县、传统农业大县向现代农业强县、城乡二元结构向城乡一体化、项目带动向开放开发等六大转型，全县经济和各项社会事业保持了良好的发展态势。面向未来，岐山县人民政府采取优惠的政策，快捷的效率，优质的服务，热忱欢迎海内外朋友来岐山观光旅游，投资置业，共同向建设经济竞争力强的富裕岐山、文化影响力强的人文岐山、环境吸引力强的生态岐山、社会凝聚力强的和谐岐山的目标迈进。

三、河北省河间市简况

河间是双河毛氏第38代毛亨的居住地，现属河北省沧州市辖，距北京189公里，距天津183公里，距石家庄176公里。东与沧县、青县接壤，北与大城县、任丘市交界，西与肃宁县、高阳县相邻，南与献县相连。河间市总面积1324平方公里，辖7个镇、13个乡、1个省级工业聚集区、1个省级经济开发区、1个城区办事处、9个居委会、615个行政村。华北油田的采油三厂和华苑综合服务处坐落在河间。总人口82万，有回、满、蒙古等30个少数民族，有伊斯兰教、天主教、佛教等信教群众3.3万人。

河间地处华北平原，独特的区位优势、宽松的开放环境、雄厚的经济实力和广泛的人际资源已成为河间经济腾飞的显著优势。河间以工业为主导的民营经济发展迅猛，形成电线电缆、保温材料、汽车配件、新型建材、餐具、通讯器材、轻纺化工等七大特色支柱产业。河间特产丰富，资源充足。地下蕴藏的石油、天然气和地热资源总储量巨大。农业正在向现代化迈进，形成粮、棉、林、果、畜、牧、瓜、菜等十大农副产品生产基地，盛产多种粮棉瓜果，尤以金丝小枣、天津鸭梨等著名。

近年来，按照“提升一产、做强二产、拓展三产”的思路，坚持以项目建设为总揽，经济社会实现了又好又快发展。2014年，全市地区生产总值完成251亿元，同比增长10%；固定资产投资完成143.3亿元，同比增长22%；全部财政收入完成15亿元，同比增长15.2%，其中公共预算收入完成9亿元，增长16.2%；社会消费品零售总额完成123.6亿元，增长13.5%；城镇居民人均可支配收入和农民人均纯收入完成21835元、9588元，分别增长9%和10.1%；金融机构新增贷款18亿元，增长45.3%。

河间古郡的名称由来已久，取名河间的原因，就是因为它在徒骇河、大史河、马颊河、覆釜河、胡苏河、简河、絜河、钩盘河、鬲津河等九河之间，古称瀛洲。

河间历史悠久，在新石器时代晚期就有人类居住。三皇五帝时颛顼创制九州，河间本属高阳国，到夏商周时，河间又属冀州，在春秋时属燕国之域，战国时分属燕、赵二国，秦属巨鹿郡。秦始皇废封建为郡县，沿袭春秋战国旧县名置武垣县，这就是河间县的前身。直到隋炀帝大业初，以武垣县境介于沙（子牙河）唐（古寇水）两河之间，才把武垣县改为河间县。从西汉文帝至武帝400余年间，4次建河间国，其间时国时郡。隋至唐属河间郡或瀛州，五代时瀛州归契丹辖。宋置高阳关路安抚使，大观二年（1108）罢瀛州改府，河间属之。元改府为路，仍领河间，明去路存府，河间属京师河间府辖。抗日战争时期伪政府和抗日民主政府并存，伪县政府先后属伪河北省津海道尹公署、渤海道尹公署。河间县抗日民主政府于1938年2月建立,先后属冀中区一、三、九、八公署。新中国成立后,河间属河北省沧县专区,1958年改隶天津专区,后又改隶天津市。1961年5月津、沧分设后,称沧州专员公署,河间属之。1990年10月18日经国务院批准,河间撤县设市。1992年沧州地市合并,河间市由沧州市代管。

河间历史文化丰富,英才辈出,历代在此设郡立国,建州置府,涌现出许多对我国文明史起到重要影响的人物,素有"京南第一府"之称。河间是历史悠久、人杰地灵、名人辈出的古城。春秋时代的鲍叔牙封地束州,东汉张衡曾任河间相,三国时魏国名将张郃官拜征西车骑将军、封鄚侯,宋代名臣包拯做过知州,汉博士毛亨、毛苌在诗经村传授《诗经》,使我国第一部诗歌总集流传天下。汉武帝钩夫人,唐代大诗人刘长卿、金元医学家刘完素、民国代理大总统冯国璋、著名作家刘流等均居河间。

河间是《诗经》的发祥地,是汉代"大、小毛公"毛亨、毛苌讲授《诗经》的地方。当年讲解《诗经》的主要有齐人辕固生、鲁人申培公、燕人韩婴、河间毛亨四家。但由于毛诗传继儒门正宗,解经往往与先秦典籍相吻合,而且其训诂平实、准确、简明,便于传习,所以独有毛诗流传下来。据嘉靖《河间府志》记载,毛苌当初讲经的地方"君子馆""诗经村",至今称为"君子馆村""诗经村"。悠悠千载,《诗经》流韵所至,今日的河间人仍热爱《诗经》。2004年初,河间人田国福编著的《河间遗韵》(上下册)出版发行,这是一部从汉代至民国历代文人、政要写的涉及河间其人、其事之诗、文、联选集。该书印证了河间这片古老的土地上曾经有过的辉煌。当时的上至皇帝、下至州县父母官及众多文人墨客都曾以极大的热情关注河间、颂扬河间,仅乾隆皇帝歌咏河间的诗词就近百首。河间不仅是《诗经》的发祥地,也是《孝经》重要传承之乡,千百年来的文化积淀使它拥有了相当雄厚的历史文化资源,对这种资源进行积极性开发,无疑是传承中华文化的一个重要举措。《河间遗韵》的编著和出版是传承"大河间"文化的丰硕成果,可视为弘扬传承文化的一个很好的切入点,对提升河间的形象、知名度起到积极作用。河间是西河大鼓的发祥地。西河大鼓是鼓书,是曲艺,是民间文艺,它是一种传统的地方曲艺品种。

历史遗迹:毛公墓又名毛公垒,位于河间市三十里铺村北,为汉博士毛苌墓冢,河间市人民政府于2005年重建,现为沧州市重点文物保护单位。毛公书院位于河间城北106国道西侧三十里铺村,当年"大毛公"毛亨传《诗》于河间诗经村,"小毛公"毛苌讲学于君子馆,汉王刘德礼贤下士,先后封毛亨、毛苌为博士,使《诗经》发祥于河间,传播天下,为中国诗歌创作开创了先河。后人为了纪念毛亨、毛苌,于元至正年间修建了"毛公书院"。书院原门前有十级台阶,一对石狮,进入正门后是两侧厢房,穿过前院,便来到柏树遮掩的大殿,大殿正中是毛公塑像,两侧书童手捧诗经垂首侍立,梁上有一匾,上写"六义宗工"四个苍劲挺拔的大字。大殿北面是毛公墓，古柏成林，郁郁葱葱，为后人所景仰。2008年毛公书院遗址被河北省政府设立为“省级重点文物保护单位”。同年被河北省沧州市规划为发展建设旅游景区之一。毛公书院整体基调和格局集收藏、保存、展示、研究、交流、瞻仰、旅游、休闲于一体，使之真正成为诗经研究基地，为诗经学者进行学术研究、交流提供了很好的活动平台。毛公书院内，在恢复毛公墓的基础上逐步恢复大殿、厢房等原有建筑。在遗址周围遍植松柏，使之恢复当年原状。建立诗经广场，逐步将其打造成一个与西诗经村冯国璋故居为一体的历史文化旅游景区。

历史名人毛亨，西汉河间人（又有一说为鲁国人），官至献王博士，著有《毛诗故训传》30卷，简称《毛诗》，古文诗学“毛诗学”的开创者，世人称为“大毛公”，并以“诗学”传给毛苌。《诗经》经秦火，至汉复传，传诗者有齐、鲁、韩、毛四家。汉末儒学大师郑玄为《毛诗》作笺后，学“毛诗”的人逐渐增多，其余三家大都失传，只有“毛诗”大行于世，流传至今。《毛传》以先秦学者的意见为依据对《诗经》作训诂，事实多联系《左传》，训诂多同于《尔雅》，保存了很多古义，是研究《诗经》的重要文献。毛苌是毛亨从子，为古文诗学“毛诗学”的传授者，曾任西汉献王博士，又称“小毛公”，为毛诗学的传承做出了很大贡献。

诗经村乡：位于市境东北部，京（北）开（封）公路过境。古洋河由南向北蜿蜒流经诗经村东部。该乡所辖面积58平方公里，人口3万余人。辖东诗经村等18个行政村。西诗经村是民国初代理大总统冯国璋的故里。诗经村乡农业发达，有耕地面积5.5万亩，经济作物达到4万亩，拥有瓜菜专业村3个，棉花专业村4个，花生专业村2个。小磨香油形成产加销一体化经营模式，创出“诗歌”等知名品牌。拥有35家水产品加工经销企业，初步形成西村水产品加工集散地。工业是诗经村乡新兴产业，拥有拉丝模具、化工材料、不锈钢等加工行业基础。君子馆村钻采配件市场汇集42家钻采配件营销企业。全乡工业产业呈现出一业为主、多元化发展的新态势。

四、河北省鸡泽县毛官营村简况

鸡泽是中华毛氏40世毛苌的居住地，现属邯郸市辖县，国家商品粮棉基地县，位于省境南部，面积337平方公里，人口27万，辖3个镇、4个乡，169个行政村。鸡泽至今已有1400多年的建县历史，古代不是县名，而是个自然的沼泽地名。鸡泽地处黑龙港流域的古沙河、名河冲积扇和漳河故道冲积扇交汇处，地势低洼，形成沼泽。又因沼泽地鱼虾草虫较多，非常适宜鸡鸭放养，于是户户养鸡，出现了鸡鸭遍地的景象。“井丘联比，可以盈泽，鸡以氏泽，泽曰鸡泽”，《春秋·襄公三年》载“同盟于鸡泽”。古鸡泽在今鸡泽县东十公里处的旧城营村。据《寰宇通志》卷五，广平国鸡泽县，取界内鸡泽为名。春秋时为十路诸侯会盟地。西汉之前，巨鹿一直在今鸡泽县境内(中国西汉地图巨鹿位置在今鸡泽)。隋置鸡泽县，唐置普乐县，后复改鸡泽县。

现在的鸡泽区位优势非常明显，交通便利，产业优势也很突出，文化产业繁荣，城乡基础设施建设逐步完善，创建了优美的人居环境，县城市容市貌美观、整洁，服务设施完善配套，功能齐全，发展态势强劲。近年来，县委、县政府大力实施“工业立县、主体民营、项目带动”发展战略，着重发展“一红(辣椒)、一白(棉花)、一黑(水泵、铸造)、一绿(精品水果)”四大特色产业，打造全国知名特色产业县，为鸡泽经济和社会发展插上了腾飞的翅膀。鸡泽县牢牢抓住招商引资、项目建设、全民创业等重点工作，致力加快县域经济社会发展。大力实施专业队伍招商、根据地式招商、重点区域招商等，连续多年举办了辣椒节，连续7次开展了“集中招商月”活动；围绕产业发展，谋划建设了小寨镇铸造小区、风正棉纺小区，为项目落地搭建了平台，加快了产业集聚发展；大力开展“项目建设年”活动，近三年累计建成86个投资超千万元生产性项目，极大地增强了鸡泽经济的发展。2014年鸡泽县被评为“国家园林县城”。

毛家桥在鸡泽县北三里毛官营村南边。顺治四年《鸡泽县志》记载：在段家庄南尚有一村叫毛家庄；县北二里为毛官营、二百户营。鸡泽县桥梁甚多，单以姓氏命名的唯有毛姓。为什么定名“毛家桥”，主要是毛家历代身居高官者颇多，故此得名。从战国末期的自荐英雄毛遂到汉献王博士、北海太守毛苌，从三代侯爷的毛释之、毛鹿、毛舜到北齐常山太守毛买，从唐代的朝散大夫毛藻到元代的平章政事毛文纲等，鸡泽毛氏家族可谓人才荟萃，代有文武。

毛官营村地处鸡泽县北部，距县城3里路。毛官营村绿树成荫、花草繁茂，在这个美丽的村庄里，现住有毛氏后人110户453人。鸡泽毛氏族谱记载，从一世祖开始到现在，毛氏族人已经在这里传了111代。据传，此地是周武王弟毛公的封地，其后代人丁兴旺，智谋超群，代代出文武官员。他们的先祖毛遂（约前285—前228）就出生在这里，从小在这里习文练武，长大后投奔赵国丞相平原君门下。据《史记》记载，公元前257年，秦围邯郸，平原君率门下有勇者二十人使楚求救，才成就了“毛遂自荐”的千古传奇。战国时期赵国国王为表示对毛遂联楚抗秦有功的嘉奖，封其为谏议大夫，平原君尊为上客。毛遂五世后人毛公因东征有功被加封巨鹿，毛公便派家人到巨鹿修建府邸。府邸前是一望无际的大平原，放眼望去，满目皆绿；西依洺水，东靠滏河，土地肥沃，地势平坦；往北有一低矮土丘，丘前水塘百亩见方，正符合风水二龙戏珠之意，是一块风水宝地。于是就在这里大兴土木，修建毛公府。不久，陕西岐山毛氏陆续有人迁居到这，再加上附近的人到这投奔居住，就逐渐以毛公府为中心形成了一个很大的村庄，人们称为毛家村，即毛官营村。从春秋战国到秦汉隋唐，毛家村毛氏人才辈出。由于村里经常有毛家人出仕为官，人们就将毛家村称为“出官村”，又由于所出的官都是姓毛的人，渐渐地人们称毛家村为“毛官营村”。随着朝代更迭，历史变迁，昔日的毛家村虽然没有了当年毛公时代的辉煌，毛家也开始衰退，但是读书传家的遗训却深深印在毛氏后代的脑海。即使家里再穷，毛家人也要让孩子读书。由于地域人群体征的差异，凡是山西洪洞外迁的移民，其小脚指甲都是两瓣，且很小，而毛遂后人的小脚指甲都是一个整体，且大而平整光滑，这是毛氏后代的一大特征。

近年来，鸡泽县十分重视毛遂文化建设。2008年初成立了毛遂文化研究会，在全县中小学开设毛遂文化课，县电视台开设毛遂文化专栏，并不断充实毛遂文化网，对外发布毛遂文化研究成果；出版了《毛遂自荐》画册、《鸡泽韶山毛氏一家亲》图书，撰写了《毛遂传奇》影视剧本；相继建成毛遂公园、毛遂街、毛遂祠堂等项目，还对毛官坟和毛官桥等遗址进行修缮，以供后人拜谒。2009年4月18日，由河北省邮政公司发行了毛遂自荐故事的特种邮票，扩大了影响面。

毛遂自荐包含了高尚的爱国主义情怀，在国家民族利益受到侵害时，毛遂挺身而出是心怀祖国热爱家乡的具体表现。毛遂自荐蕴含了敢于创新、拼搏进取的理念。没有创新的理念，就不会有自荐的做法，甘于平庸，按部就班，自荐的故事永远不会发生。毛遂自荐展现了敢担风险的英雄主义气概，自荐能不能成功，联楚能不能实现，不仅是面子问题，更要担当国之风险，毛遂自荐，不计个人得失，把英雄主义气概展现得淋漓尽致。毛遂敢于自荐、敢于创新、善于开拓、勇敢自信的精神，是创新的动力、进步的源泉、发展的要求，是炎黄子孙追求中国梦，更是中华民族屹立于世界之林不可或缺的一种品格。

从清光绪七年（1881）湖南韶山二修族谱《源流记》中可以看出，韶山毛氏是毛亨、毛苌的后人。2008年11月11日，鸡泽县毛遂文化研究会一行6人前往湖南，与中国毛氏研究会会长毛炳汉进行讨论。毛会长对鸡泽带来的史料进行了一遍又一遍的深入研究和考证，并不断与鸡泽县毛氏后裔进行探讨交流。根据翔实的资料，确凿的依据和科学的考证，中国毛氏研究会最终确认鸡泽为战国名士毛遂、汉博士毛苌故里，韶山毛氏是鸡泽毛遂、毛苌的直系后裔。与此同时，该县与湖南韶山毛氏进行深入对接，文化和经济交流日益密切，鸡泽县与韶山市缔结为友好县市，鸡泽镇与韶山乡缔结为友好乡镇，毛官营村与韶山村缔结为友好村。2009 年，毛泽东堂侄、韶山管理局原副巡视员毛岸平考察了解了鸡泽的情况后，欣然题词：鸡泽韶山毛氏一家亲。

2012 年 12 月 12 日上午，在鸡泽毛官营村毛氏祠堂广场上，隆重举行了毛氏宗祠揭牌及毛遂公园落成揭幕仪式。韶山毛氏宗亲代表毛雨时、毛岸平共同为鸡泽毛氏宗祠揭牌。毛氏宗祠在 2010 年 4 月动工兴建，占地面积 7300 亩，投资 200 多万元，是鸡泽县最大的宗祠建筑。在毛氏宗祠主殿，耸立着高大的毛遂塑像，高 220 厘米，底座高 37 厘米，总高 257 厘米，寓意毛遂自荐于公元前 257 年。毛氏宗祠东边副殿，采用声光电多媒体等现代技术展示毛氏历代名人内容；西边副殿，展示海内外毛氏分布及当代毛氏文化活动内容；两边回廊，展示名人赞颂毛氏的诗词字画和毛遂自荐连环画。毛氏宗祠的揭牌开放，为海内外毛氏来鸡泽对接祭祖、拜谒先贤及游览交流，提供了一个良好的互动平台。中国毛氏研究会会长毛炳汉和鸡泽毛遂文化研究会会长夏俊山，在新落成的毛氏宗祠内为中国毛氏研究会北方研究中心揭牌，标志着中国毛氏研究会北方研究中心正式落户鸡泽，并成为长江以北记录毛姓历史和源流世系，研究毛姓迁徙和分布根源，弘扬和挖掘毛姓文化等毛氏文化研究的权威机构。

2014 年 12 月 12 日，中华毛氏联谊研究会第一届第四次会议在鸡泽召开，来自河北、江西、浙江、湖南、河南等地的毛氏宗亲还隆重举行了“甲午 2014 中华毛氏祭祖大典”，祭祖活动结束后，还一起栽种“子孙林”，以示追忆祖德、根系家乡的心愿。

五、安徽省庐江县简况

庐江是双河毛氏第42代毛纯的居住地，地处皖中江淮丘陵地带，地形以平原、丘陵为主，北濒巢湖，南近长江，西依大别山脉，紧邻省会合肥，辖17个镇，258个村，面积2348平方公里，人口120万。庐江历史悠久，人杰地灵。自汉武帝元狩二年（前121）建县以来，2100多年的历史孕育了一代代英才。东汉毛义孝行且不贪利禄，世人称道；东汉黄穰高举义旗；三国周瑜火烧赤壁；丁汝昌以身殉国；刘秉璋抗法入侵。庐江文化灿烂，群星闪烁。三国王蕃通晓天文、数学；南唐伍乔擅长诗文，探索精微；后代以科甲起家者承传不断，经史子集多达138部。

重要历史事件：

汉武帝元狩二年（前121）废江南庐江郡。分衡山东部、九江郡南部置新庐江郡，舒县属庐江郡。

南北朝梁天监初年（502），置湘州，改舒县名潜，为庐江郡治。湘州治亦在此。

隋开皇元年（581），罢庐江郡置庐州，迁庐州治于合肥，改庐江郡治舒为庐江县。

唐开元二十三年（753），割庐江、合肥两县部分区域设舒城县。

明嘉靖二年（1523），知县周良会主持编纂《庐江县志》，为庐江第一部县志。

清道光二十八年（1848），夏，大水，水淹县城，房屋倾塌，潮水经冬不落。次年春、夏，又发大水，江水倒灌，城垛行舟。

清咸丰八年（1858）十月初二，浙江布政使李续宾率湘军围攻三河的太平军。次日清兵营垒尽破，全军被歼，史称“三河大捷”。

清光绪十三年（1887），县人吴长庆捐银数千两，在南京太平路购房屋近百间创设庐江试馆，为本县学生参加南闱乡试备考之所。

清光绪二十年（1894），本县知名人士丁汝昌捐银建造新试院（今庐江中学校址内）。

清宣统三年（1911）十一月二十日夜，安徽省咨议局副都督王天培亲督敢死队200余人攻庐城，知县马文锦惧威，交出印鉴回家，敢死队入城后，布告安民。二十一日，庐江宣告“光复”。

民国13年（1924）初，庐江青年周骏、苗树德等从外地购回李大钊、郭沫若等人著作，开始在县内传播马克思列宁主义。

民国17年（1928）12月，中国共产主义青年团郑湾支部成立，为庐江县最早共青团支部，书记郑阳初。

民国21年（1932）8月中旬，中共庐江县委书记马哲聪等为“饥民求食”，组织两千余人开展“吃恐”(吃大户)斗争,获粮300余石。是年,该县废除地总制,推行保甲制,设5区、864保、8537甲。

民国24年(1935)11月,中共皖西北特委在本县北乡宋家小围子召开会议,选举刘敏为特委书记,确定以坚持武装斗争和职业掩护并举的工作方法,转入分散秘密活动,开辟新的活动地区。

民国26年(1937)起,先后改32个联保办事处为46乡镇公所,下设495保、5933甲。

民国27年(1938)5月10日下午,日军3架飞机第一次轰炸庐城,至民国31年夏,庐城被日机轰炸17次之多,炸毁房屋600余间,炸死居民20多人,炸伤40多人。

民国28年(1939)3月5日,巢湖抗日游击队在白石山成立。是年6月初,新四军军长叶挺在东汤池月形地召开千人军民大会,发出“统一抗日”的号召。7月24日,中共鄂、豫、皖边区党委由立煌(金寨)迁至东汤池,并在此召开党代表大会,出席会议约300人。

民国30年(1941)3月29日,日本侵略军侵入盛家桥。次日,占领盛桥街、止马岗等地,并在夏砾山成立总部。日本侵略军驻此近3年,散布鸦片毒品,烧杀淫掳,欺压百姓,无恶不作。

民国36年(1947)9月11日,中国人民解放军晋冀鲁豫野战军三纵八旅二十四团解放庐城,成立“庐江民主县政府”。

民国37年(1948)1月22日拂晓,湖西独立团在汪庄被国民党一七六旅五二七团突然袭击,独立团团长黄亚东等突围脱险,中共湖西县委书记侯振东等多人遇难,其余被捕,后称“汪庄事件”。

民国38年(1949)1月22日(农历十二月二十四日),庐江县城再次解放。3月,人民解放军第三野战军第七兵团十几万人到达庐江,司令部设在庐江中学。4月20日,第七兵团奉命强渡长江,转战江南。

历史名人:毛义,字少节,东汉庐江郡舒县(今属庐江县)人,毛纯六世孙。自幼丧父,母子相依为命。年少便为他人放牧为生,箪食瓢饮,奉养其母。母病伺候汤药,曾割股疗疾,遂以孝行称著乡里,举为贤良。是年,朝廷送檄文赏封他为安阳县令,为了安慰母亲,毛义迎至“临仙桥”,喜接檄文。然时隔不久母亲病逝,朝廷派人专车前来看望,岂知毛义却跪拜于“临仙桥”上,将原赏封安阳县令的檄文双手捧还,“躬履逊让”,不愿为官。葬母后隐居山野(《后汉书·刘平传序》)。毛义至孝且不贪利禄,世人称道。后人为了纪念毛义,便改“临仙桥”为“捧檄桥”。该桥横跨文昌河(位于庐江县城东门),明宣德九年(1434),庐江知县马骥重修。清光绪三年(1877),淮军将领吴长庆捐资将此桥重修为五孔青石桥,现为县级重点文物保护单位。

庐江物产丰饶，市场繁荣，广袤的大地，既有层峦叠嶂、丘陵起伏，又有沃野平畴，河网库渠。庐江素有“鱼米之乡”的美誉，四乡八镇市肆兴盛，贸易繁荣，一大批名、优、特农产品已形成了市场专业化、经营产业化的新格局。具有地方特色的传统名点庐江“小红头”深受食者欢迎。庐江更有“地下聚宝盆”的美誉，矿产资源十分丰富，铁、石灰石、紫砂岩、高岭土、明矾石的储量均在全国占有重要位置。庐江气候宜人、历史胜迹繁多。清代吴长庆的“武壮公祠”位于庐城东门，气度轩伟，建筑古朴典雅、环境清新优美；丁汝昌祠堂、新四军江北指挥部名闻遐迩；省级风景名胜区汤池地热温泉，以其特有的水质享誉中华，景区内有63峰72景，分布着九寺十三庵，山青、水秀、湖美、瀑迭、花奇、树珍、石古、崖悬，十分诱人；境内的省级湿地自然保护区黄陂湖，生态系统结构与功能良好，地理位置独特，被收录到中国重要湿地名录；冶父山，峰峦叠翠，庙宇辉煌，古迹遗存，佳传甚多，有“江北小九华”之称；巢湖南岸湖面烟波浩淼，帆樯如画，姥山矗立于湖心，湖光山色交相辉映。

改革开放以来，庐江城乡面貌焕然一新。民营经济似雨后春笋，生机勃勃；外来企业如喜鹊登枝，佳音频传。丰富的自然资源、良好的区位条件，优越的投资环境，宽松的投资政策，为庐江新一轮发展注入了巨大的活力。新型城镇化全省先行，获批全省23个试点县之一，城镇化率已达到47.5%。2014年实现地区生产总值205亿元，增长11%；全县完成固定资产投资额245亿元，增长25.7%，其中工业投资125亿元，增长16%；社会消费品零售总额74.6亿元，增长12%；实现规模以上工业总产值192亿元，增长12%；全县财政收入达24.5亿元，增长4.8%；农民人均纯收入10560元，增长13.5%；城镇居民可支配收入18540元，增长11.5%；外贸进出口总额1.5亿美元；全县一、二、三产业结构比为21∶48.8∶30.2。现在的庐江基础设施日趋完善，人居环境逐渐改善，经济稳定增长，社会和谐发展。

六、河南省封丘县简况

封丘是双河毛氏第53代毛玠的居住地，位于黄河中下游，河南省东北部，新乡市东南隅，属于黄淮海平原的一部分。黄河从县境南部自西向东北方向流过，境内流长56公里。北部、东北部与滑县、长垣县为邻，西与原阳县、延津县接壤，南部和东部与开封市、兰考县隔河相望。县境南北长38.2公里，东西宽48.7公里。面积1221平方公里，耕地面积92.6万亩。全县辖8个镇11个乡（其中一个回族乡），631个自然区，人口约80万。封丘县是国家级贫困开发重点县、省定农业综合开发重点县，是全国粮食生产先进县。

封丘县古为豫州、兖州地域。据大量出土文物考证与历史文献记载，早在石器时代，就有我们的祖先在封丘这块土地上劳动、生活、繁衍、生息，创造着灿烂的华夏文明。传说炎帝时，中原先民羌族曾经在这里过着游牧狩猎生活，后来渐次定居下来，开始了农耕生活。

据《新唐书·宰相世系表》记载，羌族姜钜因佐黄帝伐蚩尤有功，在公元前21世纪，夏启立国，姜钜的后人姜封父被封为诸侯，食邑于封丘，并建立民族封帮，称为封父侯国。夏禹王曾在钧台（今封丘城东5公里）大会部落首领，分封诸侯。

公元前11世纪，武王伐纣克殷，封父民族侯国被看成殷商顽民，赐于鲁公伯禽为奴，全族迁往山东。西周建立，封丘为康叔封地。

春秋时期为卫国封地，战国初期属韩，为兵家必争之地。周显王十五年（前354），宋、韩两诸侯国发生黄池之战（今荆隆宫乡桑园村东），宋桓公夺黄池于韩。公元前254年，赵伐卫，攻占卫国的戚城，此时，封丘为宋、卫、赵三国合占。公元前242年，秦攻下韩的平丘等12城，建立东郡，从此封丘属秦。

秦始皇五年，南燕国君在延乡修“封丘台”（即慕子台），封丘这一名字始现于典籍。

公元前207年，楚汉相争，汉高祖刘邦兵败延乡（封丘县城内），遇翟母赠饭解危，突围西遁，得免于难。汉立国，刘邦为感翟母进饭之德，将延乡建制改为封丘县，不久又在封丘县东南部置平丘县。汉元帝元狩五年（前118），划全国为13部，封丘属兖州部陈留郡。汉宣帝本始元年（前73），封光禄大夫王迁为平丘侯，平丘为侯国。地节三年（前67），平丘侯国改为平丘县。

东汉、三国时仍属兖州部陈留郡。西晋初，撤销平丘县，合并入封丘。南北朝时，北魏太平真君九年（448），撤封丘归并酸枣。北魏宣武帝景明二年（501），恢复封丘县建制。北齐高洋建国（550）二废封丘。隋文帝开皇十六年（596）恢复县建置。

唐初，封丘属河南道，汴州陈留郡。五代袭唐制。960年，后周大将赵匡胤（宋太祖）率兵驻扎陈桥驿，发起陈桥兵变，黄袍加身，开创了大宋王朝300年基业。

宋代，封丘属京畿路开封府。北宋末年，封丘隶属金朝南京路开封府。

1271年，元人忽必烈入主中原，封丘划归河南江北汴梁路。

明代，封丘属于河南布政使司开封府。

清因明制。清顺治十五年（1658）《封丘县志》记载：封域广八十里，袤六十里。县境东止平丘，南止神马，西止史固，北止居厢。

清乾隆四十一年（1776）三月，封丘改属卫辉府管辖。

民国废除府制，封丘县归河北道，直属河南省国民政府。

民国5年（1916）河南省设豫北道，封丘县归豫北道管辖。

民国13年（1924）废除道制，封丘亦复属河南省第四行政区。

1937年日寇占据封丘，日伪在省下设道，归豫北道。

1945年8月日本投降，仍恢复原建制。

1949年归平原省濮阳专署。

1954年濮阳专署撤销，归新乡地区。

1964年5月，长垣县赵岗公社29个自然村划归封丘县。

1986年，新乡地区更名为新乡市，属新乡市辖县。

2014年6月14日，封丘县被中国老年学会授予第二届“中国长寿之乡”称号。

封丘历史源远流长，区位优势突出。新荷铁路从县境北部穿过；济东高速、大广高速贯穿东西与南北，五条省道纵横全境。这里曾上演过诸侯争战、楚汉争霸和陈桥兵变等惊天动地的历史事件；春秋时期的黄池会盟所在地，楚汉之争时刘邦遇翟母赠饭处，北宋开国之君赵匡胤黄袍加身处等遗址仍在向人们诉说着历史的悲壮与沧桑。

文物遗址古平丘：处在封丘县城东南25公里黄陵镇平街村。据《封丘县志》载，平丘春秋时属卫。在周景王十六年（前529），晋召公为国君，为巩固先主霸业，与齐国争霸，“公会刘子、晋侯、齐侯、宋公、卫侯、郑伯、曹伯、莒子、滕子、薛伯、杞伯、小邾子于平丘”。7月又同盟于平丘。现该地留存几块石碑，刻有“古平丘”。

历史名人：毛玠（164—244），东汉末年陈留平丘（今封丘县黄陵镇）人。他以身作则，廉俭率人，在他的影响下，大小官吏尚能廉洁奉公，即曹氏亲朋，亦不敢超越法制。他为官清正，是当时地方官吏的典范。

封丘自然景观丰富。碧波荡漾的青龙湖，绿水无垠；黄河故道湿地鸟类自然保护区，千鸟翔集；万亩石榴园春来“石榴花开红似火”，秋至“红灯累累满枝头”；万顷金银花生产基地，流绿叠翠，无边无际；悬河奇观，雄浑壮阔。发源于封丘的豫剧祥符调历久弥新，广为流传。1958年，毛泽东同志曾在《介绍一个合作社》的篇章中，对封丘应举合作社给予高度评价。

据统计，2014 年全县完成生产总值 110.1 亿元，按可比价格计算，同比增长 9.3％；规上工业增加值完成 29.1 亿元，同比增长 16.7％；固定资产投资完成 136.5 亿元，同比增长 32％；公共财政预算收入完成 3.7 亿元，同比增长 20.2％，其中税收收入 2.5 亿元，同比增长 12％；公共财政预算支出 24.1 亿元，同比增长 10.9％。农作物总播种面积 13.5 万公顷，其中蔬菜种植面积 1.2 万公顷，同比增长 2.9％；蔬菜产量 35.4 万吨，同比增长 15％。工业企业全年主营业务收入 124.7 亿元，同比增长 18.9％；利润总额 21.6 亿元，同比增长 15.2％。全年用电量为 6.6 亿千瓦时，同比增长 3.8％。全社会消费品零售总额为 29.8 亿元，同比增长 12.9％。城镇化率达到 31.1％，同比增长 1.8％。农村住户全年人均纯收入 7546.6 元，同比增长 14.3％；城镇住户全年可支配人均收入 17742.4 元，同比增长 12.2％。年末全县银行业金融机构人民币存款余额 122 亿元，同比增长 13.4％；贷款余额 37.3 亿元，同比增长 43.5％。

面对错综复杂的国内外形势，全县深入贯彻落实中央、地方的各项宏观调控措施，坚持调中求进、变中取胜、转中促好、改中激活，着力解决经济运行中的突出矛盾和问题，结构调整持续推进，工业发展势头强劲，两个产业集聚区初具规模，已形成农副产品加工、轻纺、生化、机械制造等优势产业。农业优势明显，是全国商品粮基地县之一，是著名的优质小麦优质水稻生产基地。作为金银花原产地，在全国享有大田种植面积、单位产量、品质、效益、管理技术“五个第一”。民生保障不断改善，经济增长动力稳步提升，全县经济保持了平稳运行态势。

七、河南省原阳县简况

原阳是双河毛氏第56代毛有埙(毛宝)的出生地,也是中华毛氏44世毛遂的迁居地;位于豫北平原,黄河北岸,南接省会郑州,北拱市府新乡,东毗封丘、延津县,西与焦作市为邻;总面积1339平方公里,总人口74万,辖3个街道办事处、3个镇、14个乡。

原阳县是1950年3月由原武、阳武两县合并而成。据《阳武县志》载:阳武春秋属卫、郑;战国属魏;秦置县,属三川郡;三国魏正始五年(244)析河南郡置荥阳郡,阳武属之;晋、南北朝、隋直至唐初皆属荥阳郡;唐武德四年(621)阳武县移治于汉原武县城(今原阳县县城)。旧阳武县城在今县城东南,治所早湮河中。据《原武县志》载:原武春秋属郑;战国属魏;秦置卷县;汉高祖五年(前202)析阳武置原武县,属河南郡。三国先属荥阳郡,后因毛曾封原武典农,升为原武郡;晋初原武郡、县皆废,不久复置荥阳郡,卷属之;北齐废卷县入荥阳县;隋在古卷县置原陵县;唐初原陵县改为原武县,仍属荥阳郡。

荥阳为古郡县名,治所在今郑州市北古荥镇。据《荥阳县志》载:荥阳春秋属郑;战国属韩荥阳邑;秦置县,属三川郡;西汉属河南郡;东汉属河南尹;三国魏正始五年析河南郡置荥阳郡,统领荥阳、卷、阳武、开封等8县;晋武帝泰始二年(266),复置荥阳郡,阳武仍属之;北齐天保七年(556)废卷县入荥阳。以后荥阳郡辖卷、原武、阳武的隶属关系一直延续至元朝末的千余年间。郡的行政区划沿用至公元583年,为隋文帝所废,但直到唐朝前期还时有复改郡的现象,直到唐肃宗乾元二年(759),荥阳郡才更名郑州。明清以后,黄河数次改道南徙,原武、阳武与荥阳因碍于黄河之隔,才逐渐脱离辖属关系。

人世沧桑,历史嬗变。这块古老的土地上曾经发生过无数惊心动魄的事件,涌现出许多流芳百世的风云人物,勤劳的祖先创造出灿烂的文明,留下了许多丰富的历史遗产和文化珍品。上可追溯6000年的历史孕育了原阳人民勤劳智慧、淳朴善良、崇尚礼仪、热情好客的风土人情。悠久的历史在这块古老的土地上留下了诸多的人文景观:如商代的谷堆文化遗址、毛遂墓、张良刺秦之地的博浪沙、宋代建造的玲珑塔、全国仅有的保持完整的清朝民宅等闻名于耳;春秋战国,中原诸侯15次在此会盟;自秦汉至宋元,这里曾先后出了12位官至宰相之职的著名历史人物,如精通律历和数学的张苍、六出奇计的陈平、为赵自荐出楚救援的毛遂等,都在这块土地上留下了不可泯灭的文化遗产和脍炙人口的感人故事。据湖南《锦堂毛氏族谱》载,晋咸和元年(326)州陵开国侯毛宝自序曰:“毛氏本姓姬也,乃文王第九子,讳叔郑,封于毛,是为毛伯,而为毛氏之始祖”,“周道衰,毛伯亡其爵邑,至二十二世祖遂为平原君客，定楚有功，威振诸侯，置守其地，入于荥阳”。原阳，旧有“毛姓，以晋代辅国将军毛宝为始祖”“吾邑言族大人众者必归诸毛氏”的记载，又有“毛半县薛一角”之说。单正史有传原阳籍的毛姓人物就达14位之多。现在全县有362个姓氏，以姓命名的村庄有100多个，而以毛字命名的村庄，就占14个，如毛老庄、老毛庄、毛屋、毛庙、毛滩、毛庄、毛楼等。全县70余万人口中，毛姓人口就达2万之众。今原阳县周围的武陟、修武、获嘉、新乡、封丘、延津的毛姓人氏也都说自己是从原阳迁出去的。由此说来，毛叔郑的封地就在荥阳附近。原阳与荥阳地域相连，而且历史上一直是隶属关系。《辞海》和《辞源》对西河的解释是：西河，古地区名，春秋卫地，战国魏地。西河地区夏周朝时期在今河南安阳市东南，春秋至战国时期扩大到北起安阳、南到原阳的黄河两岸地区。韶山毛氏尊称毛伯郑为始祖，又源于西河。荥阳周围的武陟、温县、巩义、偃师、新密等县均未归属过西河郡或西河地区，唯独原阳既在荥阳附近又属古西河地区。西河作为郡望也是因毛遂的后代毛亨、毛苌所得。毛国受封后，毛叔郑的后代以国为氏，是为毛姓，并在其封地生存繁衍。

历史名人：毛遂，战国时期赵国平原君门下食客，公元前257年，秦围赵都，赵王派平原君到楚国求援以解郸邯之围，毛遂自告奋勇随平原君赴楚。在与楚王谈判过程中，他机智勇敢凭三寸不烂之舌，最终说服楚王与赵歃血为盟，发兵救赵。事后平原君慨叹道：“毛先生三寸之舌，强于百万之师。”毛遂故里在原阳县城西12公里的师寨镇路庄村，那里有历史遗迹毛遂自荐亭和十余通石刻，记载着毛遂自荐的动人故事。

原阳县是传统农业大县，目前已形成水稻、小麦和畜牧养殖等优势产业，是国家优质小麦生产基地、国家优质水稻标准化生产示范基地和河南省农业标准化示范县。全县优质水稻播种面积45万亩，小麦播种面积75万亩。原阳大米两次荣获全国农业博览会金奖，获原产地证明商标，通过国家原产地域保护认证，获得河南省名牌农产品称号，被誉为“中国第一米”。目前已经建成兴盛、冰馨等面粉和食品加工龙头企业8个，粮食精深加工发展势头良好。黄河滩区绿色奶牛养殖带已建成标准化奶牛养殖小区15个，奶牛存栏5000多头；生猪、肉牛、羊、鸡、珍禽等养殖规模不断扩大。总投资11亿元建成了集农业科学研究、农业科技成果中试、现代农业科技展示以及培训、科普等功能和现代化的种植业、养殖业、加工业，以及设施农业、精准农业、节水农业等为一体，兼顾农业旅游观光综合开发的大型高效农业试验示范基地。

近几年来，原阳县委紧紧围绕“科学发展、富民强县”主题，全面落实科学发展观，按照“一带三基地”的产业布局，大力实施工业跨越工程、新型农村社区、现代农业、文化产业、“3010”工程、民生保障提升工程六项行动计划；大力实施“引资、项目”双带动战略，着力走集聚集约化发展的新型工业化道路，呈现出社会安定和谐、民生保障机制完善、经济平稳较快发展的良好态势。2014年全县实现地区生产总值93.8亿元，增长9.8%；其中，第三产业增加值增长7.4%。公共财政预算收入完成6.1亿元，增长33.3%。固定资产投资完成127.9亿元，增长29.7%。实际利用省外资金40.2亿元，增长5.5%；实际利用境外资金4470万美元，增长11.1%。金融机构各项存款余额达到93.7亿元，较年初净增6.7亿元。城镇居民人均可支配收入17401元，增长11%；农村居民人均纯收入8981元，增长11.5%。城镇化率达到29%，较上年提高1.5个百分点。粮食总产达到10.9亿公斤，增长1.1%，实现“十一连增”，蝉联全国粮食生产先进单位“三连冠”。万元生产总值能耗降低率4.3%；主要污染物化学需氧量、氨氮、二氧化硫排放量分别控制在7388吨、708吨、1301吨以内；城市空气质量好于二级标准的天数达到283天以上。招商引资和项目建设进入常态化，实施投资千万元以上项目132个，总投资511.9亿元；其中引进投资亿元以上项目17个，总投资227亿元，项目数量、投资规模均创新高。旅游业发展跃上新台阶，“黄河稻夫”农场和“水牛稻”生态园乡村旅游景点成为农家游新亮点。全年接待游客量120万人次，实现旅游收入2.3亿元，成功荣登“2014旅游业最美中国榜”。一年来，政府加大基础设施投入，城乡面貌不断改观，进一步优化了跨越发展的环境。社会事业、保障体系和和谐社会三项建设同步推进，规划、建设、管理并重，县城、乡镇和社区建设统筹推进，打造了宜居宜业的新环境。

八、浙江省江山市石门镇清漾村简况

江山是江南毛氏发源地、毛泽东祖居地，地处浙闽赣三省交界，是浙江省西南门户和钱江源头之一。它东毗遂昌，南邻福建浦城，西接江西玉山、广丰，北连衢州市常山、衢江、柯城，素有“东南锁钥、入闽咽喉”之称。区域面积 2019 平方公里，下辖 12 个镇、6 个乡、2 个街道，13 个社区，294 个行政村，总人口 60.13 万。

江山人文自然交相辉映，是中国优秀旅游城市。“开辟于唐代的仙霞古驿道·世界自然遗产江郎山”是江山的旅游形象主题。江山有独特的区域人文，历史上共出过 400 多位进士、10 多位尚书、6 位院士，是“古有尚书、今多骄子”的江南宝地。千年古道是以开辟于唐代的仙霞古驿道为代表的悠久人文历史景观。驿道上的仙霞关是唐末黄巢农民起义遗址，历史文献上曾与四川剑门关并列，是全国保存最完整的唐末黄巢起义遗址之一。仙霞岭北麓山脚有原国民党军统局局长、“世界谍王”戴笠亲手设计的机关重重的秘宅。南麓山脚坐落着千年古镇廿八都古镇。廿八都古镇是中国历史文化名镇、中国民间文化艺术之乡，全镇 1 万多人口，有 142 种姓氏、13 种方言，保存有 2 公里长的古街和 36 幢明清古民居，被誉为“江南古塞、寻梦之都”。被誉为“全国丹霞第一奇峰”的江郎山，作为中国丹霞地貌老年期典型代表，与广东丹霞山、湖南崀山等在 2010 年 8 月 2 日顺利通过世界遗产大会表决，正式成为我国第 40 个世界遗产，第 8 个世界自然遗产，浙江省首个世界遗产。江郎山脚下的清漾村，是江南毛氏发祥地、毛泽东祖居地。毛泽东系清漾毛氏第 56 代嫡孙。习近平、吴官正、彭佩云、徐匡迪等中央领导先后莅临考察指导，毛新宇、毛雨时、毛炳文等各地毛氏宗亲多次来此寻根问祖。

江山是浙江省老工业基地，工业发展势头强劲。目前已形成以输配电和照明电器两大主导产业、门业和消防器材两个特色产业、建材和精细化工两个传统产业为主的现代工业产业体系，以及“一体两翼、一区多园”的工业平台开发体系。江山城市宜居功能完善，是一个依山傍水的山水园林城市。市区面积 16 平方公里，城市化率 47%，城镇居民人均住房面积 33 平方米。境内森林覆盖率 68.4%。近年来，成功荣获全国双拥模范城、国家级生态示范区、国家园林城市、中国金融生态城市等称号，开展“中国幸福乡村”建设，突出以土地流转和农房改造为重点，大力实施产业增收、公共服务、农民素质、环境整治、基层基础等五大提升工程，实行“富裕、满意、文明、美丽、和谐”等“五村联创”，农民幸福指数大幅提升。江山生态农业特色鲜明，先后被命名为“中国白菇之乡”“中国蜜蜂之乡”“中国白鹅之乡”“中国猕猴桃之乡”“全国粮食生产先进县”。近年来，大力推进粮食生产功能区和现代农业综合园区建设，有效提升和发展了食用菌、蜜蜂、果菜和农业新兴产业等六大主导产业群。白菇产量与出口量均居国内各县(市)之首;蜂群数23万箱,蜂产业规模和效益连续20年居全国第一;生猪饲养量205万头,被评为全国生猪调出大县。江山边际区位优势明显,地处浙、闽、赣边界地区交通干线的交汇点,是浙江经济西进南下的"桥头堡"和海峡西岸经济区的重要组成部分,也是"长三角"和"珠三角"的辐射地。江山交通、城建等基础设施日臻完善,京台高速、浙赣铁路贯穿全境,国道、省道及县乡道路纵横交错,四通八达。

历史沿革:春秋战国时,江山为姑蔑一部分。春秋属越国,战国后期属楚国。秦王政二十五年(前222),属会稽郡太末县。王莽始建国元年(9),改太末县为末治县。东汉初平三年(192),析太末县西部置新安县,属会稽郡新安县。三国时期孙吴宝鼎元年(266),划会稽郡一部置东阳郡,属东阳郡新安县。西晋太康元年(280),改为信安县。南朝陈天嘉三年(562),东阳郡改为金华郡。隋朝初年,又易名婺州,大业三年(607)复为东阳郡。

唐武德四年(621),析信安县之南川置须江县,以城南有须江得名,隶属越州总管府衢州,为江山建县之始。武德六年,属婺州管辖,垂拱二年(686),恢复衢州,江山属衢州信安县,689年复置须江县,属衢州。

五代后唐长兴二年、吴越宝正六年(931),钱镠因县南有江郎山,改须江县为江山县。南宋咸淳三年(1267),改名礼贤县;景炎元年(1276)复名江山县。

清宣统三年(1911),辛亥革命后,属衢州军政分府管辖。民国元年(1912),直属于省。民国3年(1914),省以下设道,属金华道。民国16年(1927)废。民国24年(1935)属省第五行政督察区。民国37年(1948)改隶第三行政督察区。

1949年5月6日,江山县解放,属衢州专区。1955年改属金华专区。1985年分设金华、衢州两市,属衢州市辖。

1987年11月27日,经国务院批准撤销江山县,设立江山市(县级),属衢州市管辖。

近年来,江山市坚持以科学发展为主题,以绿色发展为主调,以转型发展为主线,紧紧围绕"工业新城、旅游胜地、山水家园"的城市定位和建设"幸福江山"的战略目标,解放思想,开拓创新,真抓实干,以"三个年"活动为总抓手,致力于抢机遇、打基础、攻难题、促转型、惠民生,经济综合实力明显增强,增速连续11年超过全省平均水平。2014年,全年实现地区生产总值250.8亿元,同比增长7.6%;财政总收入22.1亿元,同比增长8%;城镇居民人均可支配收入32022元,农村居民人均纯收入16659元,同比分别增长9.3%和11%;景区接待游客70.3万人次,年增长15.8%,有效保持了经济企稳回升向好、社会平安和谐稳定。

石门镇位于江山市中部,距市区19公里,辖区总面积95.1平方公里,下辖行政村15个,居委会1个,村民小组277个,总户数10110户,总人口33607人,镇政府设在溪底村。曾被浙江省人民政府授予"文明镇"、省旅游局授予"旅游强镇"等称号。2010 年被评为衢州市最具旅游价值乡镇。1987 年，石门镇及界牌乡均属长台区管辖。1992 年撤区扩镇并乡，撤销界牌乡，并入石门镇。2005 年 11 月，行政区划调整，撤销江郎乡，并入石门镇。

石门镇地势东南高，西北低，最高海拔龙王殿山尖 1273.1 米，最低海拔 120—130 米。地形较复杂，多为山区和丘陵，主要有松、杉、毛竹、茶叶等。主要水系有源出北坑、上山风的石门溪，源出通坑的周仓坞溪，源出塘源的兰溪，均西北流入清湖镇注入江山港。镇内交通发达，黄衢南高速公路纵贯境域，在镇之北端设有互通口，县乡公路纵横交错，有城乡公交车 202 线经石门集镇连结江郎山和市区。

近年来，石门镇工业发展势头强劲，大力招商选资，积极引进以实木家具、实木门为主的木材精深加工项目，努力打造以昭明工业园区为载体的"江山实木家具制造基地"。目前全镇共有 500 万元规模以上企业 8 家。在巩固传统农业的基础上，注重生态农业发展，主要产业是花卉苗木、生猪养殖、食用菌生产、黄花梨基地等，建有江郎石榴园区、达蓬生态绿壳蛋鸡养殖场、野兔养殖园，长山源野猪养殖基地、界牌豪猪养殖基地及西山龙虾养殖基地。

石门山川雄奇，风光秀美。风景名胜"东藏古刹仙居寺，南屏奇峰三片石，西有天成神仙床，北依平岗索赋岭"，是石门山水风光和地理优越的生动写照。天斧神工的石大门，古藤倒悬，草木萋萋，水帘如瀑，正对着千年古刹仙居寺，蔚为壮观。镇内有市级文物保护"商前达坪遗址""西周土墩墓群""明清漾塔"等，颇具考古价值和开发潜力；有国家 AAAA 级风景名胜区、世界自然遗产地——江郎山，集"奇""险""神"于一体；有江南毛氏发祥地、毛泽东祖居地的清漾村，以及仙居寺、石大门、江郎山漂流等旅游资源。

清漾村又叫青龙头村，是省级历史文化村。清漾村现属浙江省江山市石门镇，地处浙闽赣三省交界，紧依国家级旅游胜地江郎山，南临仙居寺，北枕古镇石门，村北、东、南三面环山，林木葱茏的山岭蜿蜒起伏，曲折盘旋，犹如一条青龙，古老的清漾塔坐镇其上；村西土地平旷，田畴万顷；村庄就像一颗明珠，刚好镶嵌于山口，一条"文"字形的文川溪穿村而过，魁梧的千年老樟树屹立村头。村口林木茂盛处高悬一瀑，曰"剑瀑"，高 60 米，清泉悬空而下，甚为壮观；"剑瀑"侧有一天然石门，高 20 米，此为镇名之由来。整个地理环境恰如一幅游龙戏珠图，布局精到，风水极佳，令人艳羡。清漾村总人口为 1168 人(绝大部分人姓毛)，345 户，8 个村民小组。村落周围被农田和低丘包围，如其他散落在浙南大地上的传统村落一样平凡而恬美。交通便捷，地理位置十分优越，距江山市城区 21 公里，距衢州机场 50 公里，距黄衢南高速公路江郎山出口仅 3 公里。

清漾古村历史悠久，早在新石器时期就有人类活动，黄泥岗遗址出土了不少商、周印纹陶器物。据史料记载:毛氏之姓,源自周文王第十子毛伯,以封地为姓,最早居住在长江以北,是为“北毛”。“北毛”繁衍至五十二世时,因战乱南渡,迁居江南。“南毛”的始祖叫毛宝。毛宝之孙毛璩,时为东晋州陵侯,因平定桓玄有功,朝廷追封其为归乡公,食邑信安(今衢州)。从此在衢州繁衍生息,世称“三衢毛氏”。毛宝八世孙毛元琮字公远,号清漾,于梁武帝大同年间(535—546)由衢州迁居江郎山北麓石门村。后来,其子孙以毛元琮之号命名村庄,清漾村因清漾公而得名。清漾毛氏自此为始,逐渐发展壮大成为江南毛氏的发源地。

北宋时,时任工部尚书的清漾人毛让,于公元962年迁居江西吉水(今江西吉安)龙城,成为江西吉水毛氏始祖。元朝末年,吉水仙茶乡人毛太华赴云南从军,明朝初年因军功从云南来到湖南定居,为韶山毛氏始祖。据《韶山毛氏族谱》载:“渊源,遵照老谱,派接西江。自宋工部尚书让公世居三衢……”文中的“三衢”,就是江山市的所在地衢州,而“让公”就是《清漾毛氏族谱》里记载的毛让。毛让作为清漾毛氏毛元琮的第17世孙,就是江西吉水毛氏的始祖,也就是湖南韶山的毛氏先祖。也就是说,韶山毛氏系出江西吉水毛氏,吉水毛氏系出浙江三衢毛氏,三衢毛氏主系在江山市清漾村,毛泽东系清漾毛氏第56代嫡孙。因此,湖南韶山为“毛泽东诞生地”,江西吉水为“毛泽东祖籍地”,江山清漾为“毛泽东祖居地”。经过数代的发展,江山分杨柳派、疑湖派、广川派、沙村派、塘源派、店口派等支脉。今清漾公后裔居江山者有十三祠,分布各个乡镇。至于外迁至浙江奉化、余姚、温州、杭州以及远至云南、江西、湖南、安徽、江苏、广西等省的毛氏后裔,人口更是不计其数。据奉化毛氏家谱记载:宋朝初期,清漾始祖毛元琮的第17世孙毛仁锵迁居奉化。《清漾毛氏族谱》始纂于宋元丰六年(1083),北宋龙图阁待制、陕泾马步军都督大元帅、清漾二十七世孙毛渐之手。该族谱详细记录了毛氏的繁衍、迁徙情况。后经历代后裔的不断续修,形成拥有天、地、春、夏、秋、冬、内、外集,共计100多卷的规模。现在存世的是清同治八年(1869)续修的《清漾毛氏族谱》,已于2002年3月被列入全国第一批48件(组)《中国档案文献遗产名录》。该族谱不仅记载了清漾村是江南毛氏家族的发祥地,还透露出了与湖南韶山毛氏有直接的宗亲关系这一原本不为今人所知的秘密。

村里的主要古建筑清漾祖宅,为三进三堂的古建筑,大门口上方悬挂有民国22年(1933)胡适手书的匾额“清漾祖宅”。门柱上刻着苏东坡题写的对联“天辟画图星斗文章并灿,地呈灵秀山川人物同奇”,恰如其分地描绘了清漾的景致。后中堂柱联何人所写已不可考,意思则更明确,“天下四君子纯修第一,两朝三尚书伟绩无双”(三尚书指宋代毛晃、毛居正及明代毛恺)。正对毛氏祖宅的山上有一塔,叫“文峰塔”,又称“清漾塔”,为市级重点文物保护单位。塔前数十米为清漾毛氏祖坟,上书“江阳毛氏始迁清漾公之墓”。清漾村还完好地保存着近代国学大师毛子水的故居。清漾村已被列为江山市文保单位。

清漾村是个贵而不富的"进士村"。据考证，韶山毛氏家谱中所记"毛氏祖居三衢"中的"三衢"，便是指这个已有1600多年历史，出过8个尚书、83个进士的清漾村，真可谓"江山代有人才出"。如广西贺州派始祖毛衷（进士，贺州刺史），奉化石门派始祖毛仁锵（进士，明州太守），西安派始祖毛文典（进士，刑部尚书），礼贤派毛渐（进士，龙图阁待制），沙堤派宋代的礼部、户部二尚书，又是音韵学家的毛晃、毛居正父子，受知于"三苏"的北宋著名词人毛滂，江山第一个状元——南宋开禧年间的毛自知，祖宅派明代礼、吏、刑三部尚书毛恺（一门四代十进士）和近代国学大师毛子水等。《永乐大典》《四库全书》等典籍中收录的历代清漾名人著作也很多，曾经到访过清漾并留下诗词的文人雅士也灿若星辰。当代不仅出过北大讲师毛常，浙江省政协委员毛家驹，科学院外籍院士毛河光，香港大学教授毛以亨，也出过国民党里赫赫有名的"三毛一戴"中的毛人凤、毛万里、毛森等。据统计，在江山市总人口中，毛姓占了十分之一，而石门镇清漾村是江山毛氏的发祥地，甚至还是整个江南的毛氏祖居地。据传说，清漾毛氏是受益于这里的好"风水"，左青龙、右白虎、前朱雀、后玄武一个也不缺，还有"文峰塔"和"千年古道"，可谓风水宝地，当初毛氏始祖在选择该地居住时确实花了不少心思。

清漾村以毛氏繁衍发展为脉络，蓄积着清漾毛氏家族"耕读传家、贵而不富、清正廉洁"的优良文化传统。清漾村许多普通民居的门楣上都挂有"耕读传家"的牌匾，充分说明清漾人对文化和教育的重视。另外，虽然从清漾走出了众多名人高官，但从村里现存古建筑群看，远不像徽州古村落那样豪华气派，而是显得平实简陋、朴素无华。也许这正反映了清漾毛氏文化中"诗书名世、清白传家"的传统。"莫把欺心承祖考，要留好样与子孙"，悬挂在祖宅中的这副楹联，就是清漾先人留给后代的最宝贵的精神财富。

盛世中国，锦绣江山；中华毛氏，宗脉浩荡。2013年9月29日，数百位毛氏宗亲及江山毛氏文化研究会成员齐聚浙江江山清漾毛氏祖祠，庄重举行2013江南毛氏祭祖大典。

江山市石门镇清漾村是江南毛氏发祥地、毛泽东祖居地，从清漾迁居的毛氏宗亲遍布江浙、湖广、云贵、闽台、港澳乃至国外。本次江南毛氏祭祖大典也是2013中国·衢州江郎山国际旅游节暨第四届中国·江山毛氏文化旅游节的重要活动之一。

2013年9月29日上午，在庄严隆重的擂鼓、鸣钟、傩舞、礼乐和鞭炮声中，"击鼓鸣钟、鸣炮、敬献花篮、请神、献帛献币、诵读祭文、分行献礼、焚帛焚币、分发香饼"九个祭祖流程有序进行。

分香饼是以前祠堂祭祀时的古老礼俗。古时候宗族中的权威人士会根据辈分、功名、年龄来区分给族人香饼的多少。据清同治《江山县志》载:“宗祠以冬至节为大祭。祭之日,分丁饼,六十以上则视年寿而有加,有功名者倍之”。

根据中共江山市委关于在全市村(居)组织中开展“五星争创”活动的意见,结合本村实际情况,清漾村新一届村两委共同研究并制定了中长期年度发展规划蓝图,提出了农业产业增收发展规划、新农村建设规划、农村基础设施建设规划、村级集体经济发展规划、低收入户奔小康规划等措施,带领村民共同致富奔小康。清漾村人文环境和谐相融,历史风貌整体性良好,先后成功创建了“中国幸福乡村”“全国生态文化村”,现已成为展示中华毛氏传统文化的重要窗口。

九、湖南省韶山市韶山村简况

韶山是我们伟大领袖毛泽东主席的出生地，全国著名革命纪念地和国家重点风景名胜区，国家5A级旅游景区。韶山市系湖南省辖县级市，位于湖南省中部，2014年末全市总户数36292户，户籍人口12万人，常住人口9.6万人。韶山属南岳七十二峰之一的岳麓山一脉，自然生态环境优良，四季分明，雨量充沛，森林覆盖率达56%，空气十分清新，有“天然大氧吧”的美誉。“箫韶九成，凤凰来仪”，舜帝安营奏乐之山，为韶乐之宗，合“音、召”凤凰之意，故称韶山。

韶山历史源远流长。据清同治《湘乡县志》载：韶山“相传舜南巡时，奏韶乐于此，凤为之下”。清光绪《湘潭县志》载：韶山因虞舜南巡得名。秦至西汉属湘南县；东汉至晋未变；南齐废湘南县；遂属湘西县；隋开皇九年(589)入衡山县；唐天宝八年(749)改衡山县为湘潭县；元将湘潭县升湘潭州，韶山属湘潭州；明代属湘潭县移风乡居义里；清代为湘潭县的第七都；民国时期先后属湘潭县的西二区第九区。民国14年(1925)2月，毛泽东偕夫人杨开慧回韶山组织领导农民运动，先后在毛氏宗祠、李氏宗祠、庞氏宗祠等地创办了20余所农民夜校，并在韶山冲建立中国农村最早的党支部之一——中共韶山支部。1945年9月，抗日战争胜利结束，中共潭湘宁边区县工委在韶山成立。1949年5月，更名为中共宁乡县工委；8月9日，湘潭和平解放；10月，韶山党组织关系从中共益阳地委转至中共湘潭县委。1949年10月韶山属湘潭县黄龙区的一部分。1951年5月湘潭县调整行政区划，韶山为湘潭县第四区。1958年9月建立政社合一的韶山人民公社。1961年湘潭全县恢复区级体制，设立韶山区。1963年8月成立韶山管理局，隶属湘潭县韶山区委领导。1968年12月撤销韶山管理局和湘潭县韶山区，升为地级区，属湖南省直辖，湘乡县大坪公社和白田公社的竹赞大队划入。1981年1月12日省委、省政府决定，撤销湖南省韶山区，再度成立湖南省韶山管理局和湘潭县韶山乡，分别隶属湖南省委和湘潭县委。1984年湘潭县韶山区升为县级区，改为湘潭市辖。当时韶山乡下辖韶山、韶源、韶北、铁皮、竹鸡、韶光、石忠、石山、花园和朝阳村等10个行政村，辖区37.62平方公里，有139个村民组，4291户，14708人，全乡有耕地面积9767亩，集体经济收入7320万元，农民年均可支配收入3422元，全乡有党员580人，乡机关有干部职工42人。1990年12月26日，经国务院批准，撤销湘潭市韶山区，建立县级韶山市，属湖南省辖，由湘潭市代管，时辖6乡2镇。1997年10月经省人民政府批准，如意乡升格为建制镇，全市辖5乡3镇。2001年底银田乡与银田镇合并，建立银田镇，全市辖4乡3镇。2012年行政区划再调整，从湘乡新划入9个村后，行政村达到70个，行政区划面积增加到247平方公里。

近几年来，全市紧紧围绕“率先富裕”主题，大力实施“红色、富裕、生态、文明、幸福韶山”发展战略，积极应对宏观经济复杂多变的下行压力和改革发展稳定中出现的新问题，攻坚克难，奋力作为，全市经济社会实现了平稳较快发展，为全面建成小康社会奠定了良好的基础。

2014年，韶山市地区生产总值完成64.7亿元，同比增长11.8%；一、二、三产业结构比例为9.1∶57.7∶33.2；完成固定资产投资73.1亿元，同比增长22.9%；完成财政总收入（不含基金）4.9亿元，同比增长16.4%；全年财政支出（不含基金）完成9亿元，同比增长4.5%；农民人均纯收入、城镇居民可支配收入分别达到18588元和29649元，分别增长12.1%和10.1%；全年完成固定资产投资73亿元，同比增长22.9%；全社会消费品零售总额达15.8亿元，同比增长14%；外贸出口创汇23123万美元，进口13万美元；全年来韶山市旅游人数达1314万人次，同比增长25.1%，实现旅游总收入35.04亿元，同比年增长30.04%。

韶山市全年争取到位政策性国、省项目资金3.5亿元。沪昆高铁韶山段、长韶娄高速及韶山支线建设等一批国、省重大项目顺利实施；总投资41亿元的12个与纪念毛泽东同志诞辰120周年相关的重大项目高效完成，其中有毛泽东纪念馆改造、核心景区外环公路、农村公路通组通户工程、全国农村基层党组织教育示范基地、城市供排水工程、润泽东方文化城、中小学校基础设施建设等项目。韶山华润希望小镇建设，成为全省城乡一体化建设发展的样板。

“抓住重点项目建设，就抓住了全市经济增长的牛鼻子”，韶山市对经济发展有着清晰定位。近3年来，韶山累计完成重点项目投资73.6亿元、全社会固定资产投资181.18亿元。韶山城市化坚持高起点规划、高标准建设、高水平管理，城镇化率达65.2%，城市污水处理率达80%，城市生活垃圾无害化处理率达到100%。韶山新建县乡和通村公路660公里，完成电网升级改造，是湖南省首个新农村电气化县，同时启动国家级生态市创建。连续3年高标准完成全省节能减排指标任务。近年来，伴随着湖南韶山经济的增长，韶山旅游业的发展十分喜人。做好项目提速、加快产业转型、加大民生保障、大力美化环境，铆足干劲的韶山人民正为建设美好家园而不懈努力。

韶山村是毛泽东同志的故乡，是全国爱国主义教育基地和革命纪念地。韶山毛氏历史渊远，据清光绪七年（1881）湖南韶山二修族谱《源流记》记载：“吾姓系出周姬文王子毛伯郑之后，世为作卿，因国为氏。自毛亨、毛苌注经训诂，西河遗派，固深且远矣。汉晋唐宋迄明，莫不代有伟人，光炳青史。考其渊源，历历可根。承其年代，派衍如珠之串，如蝉之联，不惟赫耀千古矣。”韶山村地处韶山风景名胜区核心景区内，距市中心仅6公里，共有15个村民小组，456户，农业人口1408人，省、市有关单位驻村城镇人口2400人。全村辖区面积4.91平方公里，水田580.5

亩，旱地80亩，水面90亩，林地5140亩，森林覆盖率达90%。韶山村有毛泽东同志故居景区、韶峰景区、滴水洞景区、清溪景区、银河景区、狮子山景区、黑石寨景区七大景区。故居景区主要有毛泽东故居、毛泽东铜像广场、毛泽东少年时代读书的私塾旧址、毛氏宗祠、毛震公祠、毛鉴公祠等历史遗址和纪念性建筑。毛泽东故居是毛泽东出生和少年时活动的地方，位于韶山村上屋场，东边是毛泽东家，西边是邻居家，中间明堂两家共用，总建筑面积473平方米；故居修建于民国初年，为南方农宅形式，坐南朝北偏东，土木结构的"凹"字形建筑，泥砖墙，青瓦顶，一明二次二梢间，左右辅以厢房，进深二间，后有天井、杂屋，共13间半，建筑面积223平方米。滴水洞也是毛主席故居最著名的景点之一。滴水洞一号楼始建于1960年，1962年竣工。建筑风格与北京中南海屋宇近似，青砖灰瓦，流檐飞角。1966年6月18日至28日，毛泽东最后一次回韶山，下榻一号楼，在此办公。毛泽东铜像广场总面积102800平方米。其中瞻仰区1500平方米，纪念区1700平方米，集会区6300平方米，休闲区93300平方米[含瞻仰大道面积：长183m(寓意主席身高1.83米)×宽12.26m(寓意12月26日是毛主席的生日)＝2244平方米]。

经过几十年的发展，韶山村已具备较好的发展基础。产业特色明显。韶山村以红色旅游为支柱产业，每年接待中外游客700多万人次，逐步形成了集餐饮、住宿、导游、纪念品销售为一体的服务网络，旅游收入达6亿多元。围绕红色旅游，韶山村大力发展生态观光农业，现已建设了30亩"祖田"、60亩湘莲、180亩猕猴桃、170亩花卉苗木和120亩茶园，水果、蔬菜种植和水产养殖也初具规模。基础设施较完善，村道全部建成了水泥路，户与户之间也通了路。农田基础设施、农作物种植设施比较完备。全村拥有小Ⅱ型水库1座，山塘98处，排、灌渠道21公里，河坝5座，电力提灌机埠10处，这些水利设施使全村90%以上的农田达到了旱涝保收，为农业的稳产高产奠定了坚实基础。村民生活质量较高。全村楼房比重达96%，人均住房面积60平方米，彩电入户率达95%，电话入户率达96%，自来水饮用率达100%，沼气和生物气灶等清洁能源普及率达到95%以上。农村合作医疗、农民社会养老全覆盖；本村60岁以上的村民每年享有300元至500元的养老金，16岁以下村民每年由村集体交100元养老保险费；村民参加农村新型合作医疗，费用由村里统一缴纳。如今的韶山村，依托红色旅游成为个体老板的农户有310多户，从事个体私营服务的村民占总人数的近一半，2014年末村民人均纯收入达2万多元。

1893年12月26日在湖南韶山冲诞生的毛泽东，带领中国人民经历了艰苦卓绝、前赴后继的奋斗，彻底改变了旧中国半封建半殖民地的任人宰割的历史命运，使贫弱苦难的中华民族真正站立起来，获得了新生；中华人民共和国成立后，又引领着全国人民在一穷二白的国度里开始了史诗般的国家工业化进程，奠定了中国走向强盛的基础；挫败了帝国主义扼杀新中国的政治图谋和经济封锁，使中华民族扬眉吐气，获得了尊严和力量，使新中国重获失去的大国地位和对国际事务的发言权；消除了旧社会的种种痼疾和丑陋，缔造了人民当家做主的社会主义新生活；新社会使中国人民树立起独立自主、自力更生的志气和祖国利益高于一切、公而忘私的信仰……这就是无与伦比的激情燃烧的毛泽东时代！

2013 年 12 月 26 日是毛泽东 120 周年诞辰纪念日，全国各地举行了隆重的、丰富多彩的纪念活动。毛泽东的伟大传奇与盖世功勋，特别是他那“全心全意为人民服务”的博大胸襟和艰苦奋斗、大公无私的圣洁情操，以及他为祖国富强、民族复兴和人民幸福所做的巨大努力、牺牲和奉献，都将为热爱祖国的、有良知的中华民族炎黄子孙所铭记。

十、浙江省奉化市石门村岩头村简况

奉化市是双河毛氏第89代毛旭的始迁地，位于浙江省东部沿海，宁波市区南面，东濒象山港、隔港，与象山县相望，南连宁海县，西接新昌县、嵊州市和余姚市，北交鄞县。省道甬临线、江拔线、浒溪线，沿海国防公路穿越其间；宁台温高速公路穿境而过；剡江、县江、东江等河流横贯东西南北，内河航线109公里，外海航线连接我国沿海各港口；市区距宁波30公里，距宁波栎社国际机场15公里，水陆空交通非常便捷。陆地面积1253平方公里，海域面积96平方公里，海岸线长61公里，岛屿24个。地貌特征为“六山一水三分田”，东部沿海，中部平原，西部山地。现辖6个镇、5个街道，356个行政村，总人口48万。

奉化市历史沿革：公元738年(唐代)建县，1949年5月23日奉化解放，设6区28乡镇。1956年撤区并乡，设5镇27乡。1958年人民公社化，政社合一，全县成立11个人民公社，33个管理区，307个生产大队。1961年恢复区建制，管理区改为公社，设6区，33个公社，599个生产大队。1983年政社分设，公社改为乡，设乡政府。1984年部分乡改镇，1988年撤县设市。1992年撤区并乡，全市设10镇9乡。2001年行政区划再调整，全市设9个镇，2个街道。

近几年来，在全市人民共同努力下，工业经济企稳回升，现代农业加快发展，政策性农业保险继续扩面，农产品质量安全体系建设名列全省前茅。现代服务业优化提升，旅游业发展总体规划和风景名胜区总体规划编制完成，溪口——滕头景区顺利通过国家AAAAA景区复核。弥勒文化节荣膺“中国十大品牌节庆”。商贸业发展势头强劲，城市综合功能进一步提升，美丽乡村建设进一步加快。生态文明建设进一步加强，顺利通过省生态市复查。重点领域改革深入推进，区域发展后劲显著增强。重大平台开发实现突破，人才科技工作继续强化，文化强市建设深入推进，社会事业协调发展，民生保障水平不断提升。2014年，全年实现地区生产总值309亿元，比上年增长6.5%；公共财政预算收入53.3亿元，其中地方财政收入29亿元，分别增长了8%和9%；固定资产投资182.2亿元，增长18.3%；社会消费品零售总额144.7亿元，增长14.5%；城镇居民人均可支配收入和农村居民人均纯收入分别达43081元和21423元，较上年实际分别增长9.9%和11%；景区全年接待游客1459万人次，增长10.4%；2012年全国综合实力“百强县(市)”排名位列61位，全国中小城市综合实力百强县市排名位列第91位，并入围长三角最具投资价值县(市)。

石门村位于奉化市溪口镇西南部，地处山区，面积14.5平方公里。全村有大小自然村30个，村民小组73个，1285户，总共有3279人，耕地面积2123亩，山林面积14700亩，其中毛竹山近万亩。它是溪口镇人口最多，面积最大的行政村。

历史沿革：石门村村民大多数姓毛。2004年8月行政村调整后，由原长龙头村、金竹地村、石岭村、高坑村、石门一村、石门二村合并而成。

村名来历：据宗谱记载，始迁祖毛旭，是衢州江山石门村人后唐时期(923—936)进士仁锵公季子。北宋初年(960)，他随父亲来明州(宁波)上任，娶了一位奉化女子为妻，在游览奉化剡溪源头、大雷山等地时，见此地山清水秀、土厚地灵，就长住了下来。为让毛氏后人不忘祖根，纪念他出生的江山石门村，特将此地改名为“石门村”。

石门村坐落在奉化中部大雷山南麓。村前屋后，漫山遍野的翠竹随风摇曳；村道两旁是依山而筑的百年民宅、古桥；一条湍急的山溪从村中直穿而过；还有那古朴的石板路面和朴实的民风，都无不显示着山区传统文化的风貌。石门村以盛产大毛筒而闻名全国，1958年被林业部授予“全国毛竹之乡生产红旗单位”称号，村里“抠竹脑”的“竹海飞人”更是远近闻名。勇敢聪明的石门人在长期的劳动中掌握了一种当地人称为“抠竹脑”的劳动技能：徒手爬上一棵竹子顶端，用随身携带的竹刀削去毛竹顶部的竹枝；削完这一棵，为了省去爬上爬下的时间，就在上面攀住相邻的另一棵毛竹，抓紧后，利用竹子的弹性，将整个人荡到另一棵毛竹上，再削“竹脑”，如此往复，极大地提高劳动效率。“抠竹脑”是为了让大毛竹保持挺直的生长状态，不被台风刮倒或被大雪压倒。“抠竹脑”时，如果动作利索，转移速度快，就会让人感觉是在高高的竹林间飞跃。尽管祖谱上没有记载“抠竹脑”这一绝活是从什么时候开始的，但从清代末年有“抠竹脑”的记录开始推算，至少已有上百年的历史。20世纪70年代，村里还有10多个人会这个绝活。如今这些人有的年事已高，有的已不在人世，还能玩绝活的，只剩下少数人。几十年前，就有上海科教电影制片厂来石门村拍过科教片《“大毛筒”的培育》。近些年，湖南卫视、东方卫视、中央电视台和日本关西电视台的记者先后来到石门村，拍摄关于“竹海飞人”的专题片，村里每年都会接待许多慕名前来的中外游客。

整个村子竹林怀抱，农家屋顶缕缕炊烟，好一派世外桃源景象。石门村重诗书、出名人，是个古老的村庄。奉化人都知道，这个村里几乎所有的村民都姓毛，而且这个毛姓很有来头。相传，西晋时，毛宝随司马王室南渡，战死沙场，其子孙遂居三衢一带。毛宝第八代孙毛元琼于梁武帝大同年间迁入江山市石门镇清漾村，其居住地因毛元琼的字号“清漾”而得名，江山清漾毛氏成为毛氏家族中地位最尊、影响最大、支派最繁的盛门，距今已有1400多年。清漾毛氏后代在奉化大雷山世代繁衍，人丁兴旺，村子里住不下了，有一部分围绕着大雷山散居，也有一部分逐渐迁到外地，其中一支即毛旭公六世孙毛仁随父迁徙到余姚双河。

村中民居皆面溪依山而建，村中的一些老房子上，可以见到“大夫第”“登科”等匾额，可想而知，这自古是个重诗书的村子，也出过不少有名的“毛氏英杰”。民国时期曾任南京立法院立法委员的毛翼虎先生(1914 年 4 月—2004 年 7 月)，就是这个村子里的人，新中国成立后他曾任民革中央委员，全国政协第六、七届委员，宁波市政协副主席等职务，是石门村出的一个现代名人。

石门村有许多古老的石板桥，走进村子，好似走进一座石桥博物馆。离村口不远处，有一座迎宾狮凤桥，单孔石拱桥结构，横跨石溪两岸，跨度近 20 米，是村民进村的第一桥。狮凤桥桥面朴实无华，全用溪坑细小卵石铺就，桥的拱背只用少许人工打造的石块砌成。村民们说，这座古桥尽管历经 800 余年，却无半点损伤。而最有名的，当属村口的一座梯云桥，又叫五洞石桥，桥面浇上水泥，形成 300 多平方米的一个小广场，人走在上面，丝毫感觉不到走在古桥上，但这座桥其实已有 300 多年的历史。桥拱下，无数的鹅卵石有序地排列着。其朴实的风格、原始的用料、精致的构造，让游人拍手叫绝。石门村先人曾经在桥上修有桥棚，在桥上可“眺林壑之胜”。这座朴实无华却精美绝伦的鹅卵石古桥，让人深感石门先人的智慧和勤劳。村中的仙人桥和履厚桥全部用人工打磨的精美石块组成，桥面雕有精致的二方连续图案和四方连续花草图案，桥栏杆雕有莲花和狮子等精美图案，工艺之精巧同样令人赞叹。远望村的尽头，又有近十座不同的石拱桥。这些古老石桥，历经风风雨雨，如今静卧在村落里，虽然朴实无华，却是村民们最引以为傲的祖辈遗产。

岩头村现有行政区域面积 192 平方公里，常住户籍人口 892 户，2426 人。岩头村是蒋介石少年时的重要读书地，是蒋经国常常提起的外婆家，优雅的名称赋予了岩头独特的古村神韵。它被评为“浙江省历史文化名村”“浙江省全面小康村”“浙江省绿化示范村”“浙江省文明村”等。人们常说一方水土养育一方人，岩头的确称得上是人杰地灵、钟灵毓秀的风水宝地，从古至今诞生了不少杰出的英才。据奉化县志记载：从清末至今，岩头古村出过不少名人，有文武举人和秀才，有号称“江浙之冠”的书法家毛玉佩、蒋介石的老师毛思成，以及国民党的 5 名高级将领：毛懋卿、毛邦初、毛瀛初、毛圣栋以及毛景彪等中国近现代史上的重要人物。

岩头村处于天台山余脉，环村皆山，山体呈多生肖动物形状，有岩溪穿村而过。岩头不仅风光秀美，而且人文景观殊胜。清嘉庆大书法家毛玉佩真迹、摩崖石刻、蒋介石原配夫人毛福梅故居、国民党将领毛邦初故居等景点密集，且保存完好，维持着当初的风貌。岩头村落结构元素丰富而独特，村中大兴桥左右两岸，有保存完整的三合院、四合院，多为明末清初建造的名人故居。有“古井灵泉”之美誉的大井潭上下二三百米地段曾经盛极一时，商肆连绵，如今这些房子已经有了岁月的痕迹，却更见风华。这里土地贫瘠，到处都是岩石贯出，很早以前曾是不毛之地。祖先迁居至此后便移植毛竹，植树造林。近几年来，村里开发了 3000 多亩雷竹、1200 亩水蜜桃和 800 亩杨梅林基地，优化了村里的生态环境。岩头村一直以来民风淳朴，尊重自然并充分利用得天独厚的地理条件，创造了一个又一个辉煌的历史。过去这里陆路交通不发达，却因为有得天独厚的剡溪，村民便利用竹筏漂流，承载大宗物资运输，发展成为商肆繁盛、富庶一方的重镇。如今，竹筏逶迤的情景早已消逝，而溪上的几处竹筏埠头却依然保存。随着旅游产业的兴起，岩头人又重新利用这条水道，推出了“皮筏漂流”旅游项目，每年有上万人次的游客慕名而来，在激流漂荡中领略古村岩头的美景。同时还大力发展“农家乐”等休闲旅游项目，已形成了一定的规模。

现在的岩头村到处充斥着忙碌的气息，焕发出新的生机。一排排崭新的民居整齐大方；一条条古朴的大街修葺一新；一座座新式的公园精致典雅。从去年开始，岩头村又围绕“打造民国第一村”和创建“国家 AAA 级旅游区”，积极谋划，精心布置，做了大量的工作。着重修缮了村内濒临倒塌的古建筑，开工建设白象山礼佛亭、清漾桥、石泉栈道、岩溪湖、游客中心、生态停车场等工程，建造了村口休闲广场，硬化了村庄主干道路，大大改善了村庄的人居环境。

岩头村自宋景德三年(1006)至清末，一直隶属剡源乡。村落始建于明洪武三年(1370)，1920 年以来一度称岩头镇。岩头毛姓源远流长、根深叶茂。据史料记载，公元前 1000 年左右，姬文王第九子郑食采于毛地，古赐姓为毛。毛氏第五十九世(双河谱为六十三世)孙毛元琮，南北朝梁武帝大同年间(535—546)迁入衢州江山清漾村。至唐末宋初，传毛氏第八十九代旭公。毛仁锵第三子毛旭随父来庆元路(现在的宁波市)上任时，毛旭游览了奉化剡溪之源，见山清水秀，土厚地灵，遂卜定居于此。经专家考证，江山清漾毛氏一支后裔迁移至江西、云南再转迁至湖南；另一支迁入奉化石门，奉化石门毛氏十四世宣公迁居岩头；所以说奉化岩头村的毛氏与韶山毛氏乃一脉之传。如今在岩头村的宗祠里，大门柱上共祀的对联为“江山衍派三千里，宋室开基八百年”。岩头的风景，水柔山奇、岩裸谷深，于妩媚中生天趣，在平淡中见惊喜。翻开《岩头毛氏宗谱》，首卷开篇就有狮象迎宾、虎啸林泉、骊龙戏珠、惊蛇出峡、螺鸣空谷、鱼跃龙门、布袋化岩、和尚救女、石泉滴珠、破篮拎水、西峰夕照、钱云印月、独山环翠、叶底藏桃、山洪塌岗、松涛泼云等景点的记载。这些景点，不仅形神兼备、惟妙惟肖，而且内容丰富，一经讲解，就会使你身临其境，浮想联翩，不由自主地陶醉在水光山色之间。难怪清朝诗人赵沛涛一到岩头，就发出“到此方知地不凡”的赞叹，因而留连忘返。村头还有一座桥，是来自江山石门镇清漾村的先民所造。为了有个美好的遐想，为了对江山故地永恒的思念，岩头村决定将这座桥取名为“清漾桥”。

十一、浙江省宁波市鄞州区横街镇乌岩村简况

鄞州是双河毛氏第92代毛奇的迁居地，处于浙江省东部沿海，东接北仑港、宁波保税区，西部与余姚接壤，南部紧邻奉化，东南临象山港，与象山隔水相望，北与上海隔海相望，是“计划单列市”宁波市最大的市辖区域。鄞州是中国最早对外开埠的通商口岸之一，是中国水利工程技术的发祥地之一，是中国佛教文化的重要传播地之一，也是中国经典爱情故事——梁祝故事的起源地。鄞州气候四季分明，山清水秀、景色宜人。鄞州区版图呈蝴蝶状，总面积1380平方公里，其中陆地面积1327平方公里，象山港水域面积53平方公里，故有“五山四地一分水”之称。鄞州区辖6个街道、17个镇、1个乡，总人口为136万人，其中区外流入人口为63万人。

鄞州区历史悠久，其前身鄞县，是中国历史上最古老的建制县之一。早在新石器时代的母系氏族公社时期，境内就有原始人类居住。1973年冬在古林镇三星村原蜃蛟乡三联村卢家桥发现的原始公社遗址，已有5000年的历史，其文化年代相当于河姆渡文化第二层。约在原始社会末期，至迟在夏朝初，“鄞”已成为确定的地名，鄞由“堇”和“邑”（阝）两字合成。鄞县春秋时属越国，战国时属楚。秦灭楚后，于公元前222年置鄞、鄮、句章三县。汉袭秦制，仍置三县。东晋时刘裕成句章，筑句章新城于小溪镇（今鄞江镇）。隋初三县合一，总称句章县。唐时改为鄮县。五代初改为鄞县，从此鄞县名称沿袭至今。北宋时，鄞县先后析出6个乡，或置昌国县（今舟山定海区），或划定海县（今宁波市镇海、北仑区），此后县境辖地稳定少变。鄞县在历史上地位重要，汉至南朝为大县，唐时为上县，宋时为望县，元时为上县。自隋至清末，鄞县（句章、鄮县）均为附郭县，县治（小溪、宁波）历来兼为州、府、路、道的治所。民国以来，鄞县也是道、省辖行政区、专区的首县。秦时所置的县，全国至今仍保持原名的已为数很少，鄞县历两千多年的漫长时代仍保持着始置时的原名。宁波中心区域过去一直为鄞县县治，原称明州，明朝时为避讳，改名为宁波。解放后宁波析出置市，鄞县先后为宁波专区（地区）及宁波市辖。2002年国务院批准撤销鄞县，设立为宁波市鄞州区。

鄞州人文荟萃，名人辈出。唐代诗人贺知章，北宋政治家王安石，南宋词人吴文英、学者王应麟，南明时台湾文献初祖沈光文，清初史学家万斯同、全祖望，都在鄞县留下了历史遗迹。近代著名地质学家翁文灏、生物学家童第周、著名油画家沙耆、世界著名大提琴家马友友、书法家沙孟海、金石书画家朱复戡、篆刻家高式熊、昆虫学家周尧、表演艺术家王丹凤、金采风等都是鄞县人的骄傲。鄞州拥有丰富的人文自然景观，境内有东钱湖省级风景名胜区，有十大著名胜景。鄞东太白山麓的天童寺是中华禅宗五山之第二山，自唐朝以来一直是中日文化交流的重要场所，现

为日本曹洞宗临济宗祖庭。与天童寺隔山相邻的阿育王寺是禅宗“中华五山”之一，寺内珍藏佛祖舍利宝塔。与天童寺相连的天童森林公园以“森林、奇石、云海”著称，是中国最早命名的三大国家级森林公园之一。鄞州鄞江镇它山堰古水利工程，是中国四大古水利工程之一，与四川都江堰齐名。鄞西高桥镇的“梁山伯庙”是“梁祝”爱情故事的发源地，“若要夫妻同到老，梁山伯庙到一到”至今仍流传在浙东一带。

2014 年是鄞州在逆势中砥砺奋进，在挑战中跨越前行的一年。紧紧围绕“打造质量新鄞州、建设国内一流强区”的目标，稳中求进、改革创新，一年来，全区经济社会在加快转型中保持平稳发展态势和领跑领先优势，较好地完成了预定的目标任务。全年实现地区生产总值 1297.8 亿元，增长 8.5%；城乡居民人均可支配收入 46324 元和 26682 元，分别增长 9.4%和 11%；财政总收入 279.5 亿元，增长 8.1%，其中公共财政收入 166.2 亿元，增长 8.4%。总量继续位居全省各县(市、区)第一。

横街镇地处鄞州区西部，距鄞州新城区 16 公里。东靠集士港镇、古林镇，南邻鄞江镇，西连章水镇和余姚市大隐镇，北接集士港镇、余姚市大隐镇。境内良田肥沃，山林茂密，物产丰饶，素有“桃源之乡”美称，是省级生态镇，也是“中国竹笋之乡”。

镇区沿革：秦属句章县，唐属鄮县。宋为桃源乡，元、明、清因之。民国 35 年(1946)9 月为桃源乡，1949 年 5 月为桃源乡和凤岙乡。1961 年 6 月为凤岙公社、云洲公社、爱中公社。1983 年 6 月恢复乡建制，为凤岙乡、云洲乡、爱中乡。1985 年 8 月，凤岙乡升格为建制镇，并改名为横街镇。1992 年 5 月云洲乡、爱中乡并入横街镇。2014 年末镇辖总面积 122 平方公里，下辖毛岙、乌岩等 28 个行政村，横街、凤岙 2 个居委会，下设 221 个村民小组，8 个居民小组。2014 年末，辖区户籍总人口 40496 人，另外还有流动人口 16451 人。

农业方面，耕地面积 1.8 万亩，林地面积 10.2 万亩。2014 年获得市级名牌农产品称号 3 个。粮食作物以水稻、小麦为主，拥有农业部水稻万亩高产创建示范片。主要经济作物有蔺草、西瓜等。畜牧业以生猪、奶牛、山羊家禽为主。2014 年末农村经济合作社总收入 9635 万元。

工业方面，横街镇是教育器材、水表、服装行业重要生产基地，形成了汽车配件、卫浴制品等出口型产业集群。2014 年工业总产值达到 120.2 亿元。规模以上工业企业 58 家，其中大型工业企业 1 家；销售收入达到亿元以上的企业 12 家，其中华茂集团被列入中国服务业 500 强。

商业外贸方面，2014 年末共有商业网点 28 个，社会商品销售额达 3.75 亿元。2014 年进出口总额 15603 万美元，其中出口额 14846 万美元。主要产品有服装、水表、铝箔等 5 大类 20 个产品，销往 15 个国家和地区。

财政金融方面,2014 年财政总收入 2.63 亿元,其中地方财政收入 1.18 亿元。

文化艺术方面,2014 年末有各类业余艺术表演团队 60 余支,农村电影放映点 1 个,公共图书馆 29 个,博物馆 1 个,综合文体活动楼 1 座。具有地方特色的民间舞蹈《八盏马灯》被列入宁波市首批非物质文化遗产;新创编的舞蹈《横街云马》参加了 2011 年浙江省新广场民间舞蹈大赛,荣获创作、表演金奖。

教育方面,2014 年末有幼儿园(所)2 所,小学 3 所,初中 1 所,九年义务教育覆盖率达 100%。2014 年投入教育经费达 0.41 亿元。

医疗卫生方面,2014 年末有各级各类医疗卫生机构 11 个,卫生院 1 所,专业卫生人员 75 人,平均每千人拥有卫生技术人员 1.8 人。农村卫生厕所普及率 98.5%,新型农村合作医疗参保人数 18402 人,参保率 99.5%。

交通运输方面,2014 年末境内有县乡级公路 15 条,总长度为 85 公里。宁波绕城高速公路过境,境内长度 4.1 公里,设有出入口。鄞西中塘河可通航至宁波市区,境内长度 3.1 公里。

旅游方面,境内有凤凰谷、四明山居、大雷竹海、红色古道、横街革命史迹陈列馆等景点,有农家乐 18 家,三星级饭店 1 家。有区级文物保护单位 9 处,保护点 25 个。2014 年共接待游客 18 万人次。

乌岩村位于浙江省宁波市鄞州区横街镇,2009 年撤销接胜村、许家村和狮红村,与乌岩村合并。乌岩正是因为这个地方的岩石是黑色的缘故而命名。这一带有九龙溪流过,溪旁有块岩石颜色深黑,状如乌鸦蹲在路边,因此命名为乌岩,古代又称"翁岩"。有人以为是这儿居住的人姓翁的缘故。其实不然,民间有一个传说。北宋末年,徽、钦两帝被掳蒙尘,小康王赵构也在其列。后来赵构寻机南逃,金兀术带兵追赶,赵构狼狈逃窜。赵构逃出杭州,金兀术派人继续追赶。赵构逃到姚江边,眼看无路可逃,在附近庙中见到一匹泥马,骑上它居然渡过了姚江。这就是"泥马渡康王"的传说。这个泥马渡就在河姆渡附近。金兵依然紧追不舍。赵构在大隐一带溯溪而上,逃入山中。逃到乌岩旁边,就躲在这块岩石后面。这时却被金兵发现了,金兵纷纷发箭射向赵构。靠乌岩遮挡,赵构才躲过一劫。后来赵构又经高桥逃到宁波,金兵又追至宁波,有杨沂中高桥之捷的故事传说。后赵构再次返回杭州,临时苟安,杭州就称作了临安。赵构在那里称帝,即南宋的宋高宗。乌岩因保过皇帝一命,就有好事者珍视起来。据说有人将耳朵贴在乌岩上,还能听到金兵羽箭飞过的嗡嗡声,所以就有了"嗡岩"之名。久而久之,嗡岩的故事被人遗忘了,再说写起来"翁"字还比"嗡"字少了个"口",更来得方便,于是就叫成了翁岩。山外不明就里的人还以为这一带居民姓翁所以才叫翁岩,其实该村大部分人姓毛,是奉化毛旭公的后裔。

流经乌岩村的九龙溪,因其上游有八条小溪汇聚到主溪,一共有九条溪,因而有“九龙溪”之名。九条溪坑两旁，散布着朱敏、乌岩等十余个自然村。这一带茂林修竹，遍地绿苔，溪流两旁有仙人洞，相传葛仙翁曾在洞中炼丹，毛氏先祖在此避过难，此外还有石屋、石台、摩崖石刻。只可惜这些颇有来历的历史遗物，在几十年前被毁，不然这儿的人文景观更会锦上添花。

20世纪60年代，宁波地区6万余名知识青年响应国家“上山下乡”的号召，奔赴祖国各地，度过了一段充满激情与艰辛的青春岁月。为了保存回忆这段历史，5年前，一批热心老知青在横街镇凤凰谷休闲旅游区藤岭湖畔建立了宁波(鄞州)知青博物馆，作为当年知青的“情感殿堂”与“精神家园”。2014年，在鄞州区有关部门和横街镇政府的支持下，在乌岩村三委的努力下，这家博物馆确定搬迁至群山环绕、竹涛声声的乌岩村，与爱国主义教育基地——横街革命史迹陈列馆相伴为邻。

十二、浙江省慈溪市桥头镇毛三斠村简况

慈溪是双河毛氏第94代毛仁的始迁地，处在东海之滨，杭州湾南岸，东离宁波60公里，北距上海148公里，西至杭州138公里，是长三角地区大上海经济圈南翼重要的工商名城。随着2008年5月杭州湾跨海大桥的通车，慈溪一跃成为连接沪、甬两地的"黄金节点"，自此全面融入沪杭甬2小时交通圈。2014年末全市行政区域面积1361平方公里，户籍人口为105万人，暂住人口在册总数为94.2万人。现辖15个镇、5个街道，共297个行政村、27个居委会、58个社区，市政府驻地白沙路街道。

慈溪历史悠久。据河姆渡文化遗址出土文物测定，远在公元前约5000年前之新石器时代已有先民在此活动。春秋时属越，并吴后置句章城，为句章地。战国时楚灭越，又属楚。秦灭六国，推行郡县制，置句章县，属会稽郡，县治在城山渡(今余姚市河姆渡东5里)，历两汉、三国不变。东晋隆安四年(400)，孙恩起义军由海道入浃口，句章城为所残破，遂迁治小溪(今鄞县鄞江桥)。隋开皇九年(589)，省余姚、鄞、慈溪3县入句章县。唐武德四年(621)，废句章县，析置鄞州、姚州；七年，废姚州仍为余姚县；八年，废鄞州，复县，属越州。唐开元二十六年(738)，将越州下辖分为慈溪、奉化、翁山(今定海)、余姚4县，并将越州改名为明州以辖之，此为慈溪设县之始。县治设今宁波市之慈城镇。县名据《延四明志》载："汉句章董黯，母尝婴疾，喜大隐溪水，不以时得。于是筑室溪旁，以便日汲。溪在今县南一舍。故以慈名溪，又以溪名县。"天宝元年(742)，改明州为余姚郡。乾元元年(758)，复为明州，慈溪县历为所属；同年，江南东道下分置浙江东道、浙江西道，慈溪县隶浙江东道。五代梁开平三年(909)，设明州望海军，慈溪属明州望海军，隶吴越国。

北宋建隆元年(960)，改明州望海军为明州奉国军。太平兴国三年(978)，吴越归宋，国除。太宗平诸国后，因唐之旧置13道，慈溪县隶属江南东道明州奉国军。南宋绍兴二年(1132)，慈溪属明州，隶两浙东路。绍熙五年(1194)，升明州为庆元府，慈溪县属之，仍隶两浙东路。

元大德六年(1302)，浙东道宣慰司都元帅府自婺州(今金华)移庆元，慈溪县属江浙行省浙东道宣慰司。元至正二十七年(1367)，改庆元路为明州府，隶浙江行中书省。明洪武十四年(1381)，改明州府为宁波府。永乐十六年(1418)，慈溪失县印，恐为歹徒所得，请于朝，诏更铸，改溪从谷，遂改慈溪为慈谿，仍属宁波府，隶浙江承宣布政使司。

清初，改浙江承宣布政使司为浙江省，省县之间设4道。慈谿县属宁波府，隶浙江省宁绍台道。

民国元年(1912),废府,慈谿直属浙江省军政府。民国3年,于清宁绍台道范围置会稽道,道尹行政公署驻鄞县,慈谿县隶属浙江省会稽道。民国16年,国民政府迁都南京,废道制,慈谿直属浙江省政府。民国21年,浙江省设行政督察区,慈谿县属第五行政督察区,专员公署驻鄞县。民国24年后,又历属第六行政督察区,专员公署驻鄞县(第三行政督察区,专员公署驻余姚)。

1949年5月24日,慈谿县城孝中镇(今宁波慈城镇)解放;6月5日浙江省第二区专员公署在宁波成立;10月改称宁波专员公署,慈谿属宁波专员公署。

1954年为建设商品棉基地,对县境作了调整。将以植棉为主的镇海、慈谿、余姚3县之北部划为慈谿县,并移治于浒山镇(从此毛三斞村从余姚县划归慈谿县管辖)。1956年,国务院公布《汉字简化方案》,复慈谿为慈溪。1970年改专区为地区,慈溪县属宁波地区。1983年,宁波地区撤销,并入宁波市,实行市管县体制,慈溪县属宁波市辖。

1979年9月,为完善水利条件,县境再度调整,以泗门区划归余姚县,余姚县以龙南区(今横河区)划入慈溪县,形成现有境域。

1988年10月13日,经国务院批准,慈溪县改市(县级),仍属宁波市辖,区、乡(镇)行政区划不变。

近几年来,新型城市化建设稳步推进,继续实施老小区改造和背街小巷改善工程。交通基础设施建设加快推进,实施城乡公交一体化改造并完成试点。城乡生态环境进一步改善,科技创新综合实力不断增强。教育事业取得新成就,文化事业得到积极发展,2013年实现镇(街道)图书馆、标准化公共电子阅览室和"农家书屋"村(社区)全覆盖,并率先在全省试点建设首个"移动数字农家书屋"。体育事业健康发展,实现全市省级体育强镇全覆盖,成功举办全国乒乓球超级联赛等高水平体育赛事。卫生事业平稳发展,基层医疗卫生机构综合改革顺利推进,全市社区卫生服务中心(站)一体化管理率达到97%。社会保障覆盖面不断扩大,社会保障水平稳步提高,城乡消费环境进一步优化,民生改善和社会管理进一步提升。

2014年,全市实现生产总值1113亿元,增长8.5%;财政预算收入达到196.9亿元,其中地方财政收入100亿元,分别增长19.7%和8.7%;城镇居民人均可支配收入达到43526元,农村居民人均纯收入达到25041元,分别增长9%和11.1%;城镇登记失业率为2.4%。城镇居民人均居住面积42平方米,农村居民人均居住面积70平方米。慈溪市荣膺2012年中国最具幸福感城市,2014年全国百强县(市)排名第6位。

桥头镇在1992年5月,由原桥头乡、三管乡合并而成。它位于慈溪市中部,东临观海卫镇,西连道林镇和匡堰镇,南接四明山脉,北临新浦镇和附海镇。镇人民政府驻地小桥头,距市区东偏南12公里。镇域面积38.89平方公里,南北呈尖状,距离为15.3公里，中间呈鼓状，最宽处为5.35公里。除南部山地丘陵外，镇内地势平坦，地面平均黄海高程约为2.5米，但局部地势高低不一，高差较大，地块零碎，河、沟、路分布不均，地貌复杂。全镇辖毛三蔚村、丰潭村、潭河沿村、五丰村、烟墩村、五姓村、小桥头村、上林湖村和小桥头居委会，333个村民小组，21个居民小组，117个自然村，常住人口38164人，暂住人口27286人。镇内有上林湖越窑遗址，1963年被浙江省人民政府确定为省级重点文物保护单位，1988年1月被国务院批准为全国重点文物保护单位。上林湖越窑遗址在周代已烧制陶器，由此证明远在3000年前已有桥头的先民在此劳动生息，经历代相传，延续至今。

并镇前，原桥头乡，三管乡境域和名称的变更：

原桥头乡，以地处里仁桥头而得名。原属余姚县。清时属上林乡，清宣统元年(1909)属林东乡。民国19年(1930)建桥头、双河、孙毛等乡，民国29年(1940)属双桥乡。1950年4月分设双桥、双湖、桥头3乡。1954年9月划归横河区。1956年，3乡合并建桥头乡。1958年10月人民公社化后，析置大队，后改称桥头、双桥管理区。1962年合并为桥头公社。1979年9月划归慈溪县。1983年改制，复称桥头乡。辖16个行政村，56个自然村。

原三管乡，乡境由旧盐场杜家团所属上管、中管、下管3片组成，故名三管。清时属余姚县上林乡。民国初属林东乡，民国19年分上管、潭河、靖海3乡，民国29年并为三管乡。1950年分设上管、下管、潭河3乡。1954年划归慈溪县。1956年复并三管乡。1958年10月分别改称为东风公社一、二、三大队。1959年2月，下管、潭河合并称三管管理区，上管并入逍林管理区。1961年11月建三管公社。1983年复称三管乡，辖15个行政村，61个自然村(含毛三蔚村)。

桥头镇交通发达，过境东西方向的道路有329国道、中横线和沿山公路(慈溪市级旅游线)。镇内原有主要道路：东西走向的东上河路、老周塘路；南北走向的桥三路、日旺路、陈宅路和五姓路。随着镇、村不断对道路进行新建、扩建和修建，现在镇内有四级道路40条，全长57.19公里，四级以下道路44条，全长27.34公里，均为混凝土路面，汽车可通达每个自然村。

桥头镇有跨径5米以上的半掘浦、东上河等大桥10座；古、近、现代桥梁280座，村民自建桥梁70座。

桥头镇河流属中河水系。骨干河道有3条——东横河、半掘浦和三塘横江；一类河道有2条——胜山塘江和新二江；二类河道有上新塘横江、大塘江等17条；三类河道分布较多，其中主要有源顺江、牌楼江等。

桥头镇是著名学者余秋雨故里，有许多名胜古迹，最有名的是全国重点文物保护单位——上林湖越窑遗址，其次还有秋雨老宅、九十九间通天楼、双河堰等。

双河堰，又名双河塘，俗称为漾塘，今为慈溪东河区与中河区的水位节制堰坝。

堰坝呈南北走向，宽 3.3—5.8 米，全长 960 米，上连杜湖、白洋湖，下通鸣鹤、观城以东内河，下经洋浦入海。双河堰是慈溪 22 处堰坝中时代最早、保存基本完好的一处古代水利工程。它是先民勤劳和智慧的结晶，是与大自然抗争的一座历史丰碑。昔时，如遇持续暴雨，上林湖之水泛溢，直淹慈溪鸣鹤等地，数万亩农田一片汪洋，乡村农舍浸泡于洪水之中，百姓屡遭水患侵扰。慈、余两县为使百姓免受水害之苦，共同创建了抗御性水利工程——漾塘，把一条大河自南向北分隔成两条河流。唐景隆元年(707)先人又创两闸与漾塘，南曰双河，北曰洋浦，双河之名由此而得。水患扼制后，农业生产频获丰收，百姓安居乐业，喜笑颜开。清代著名诗人叶铿曾赋诗描述双河的变迁："一带双河阔，滔滔涌激湍。由来先蓄势，从此挽狂澜。高阁何时建，长虹落照残。欲张文陈地，籍乎望词坛。"

双河堰地处慈、余两县水系交界处，独特的地理位置，使其不仅是三北一带的内河水上交通中枢，同时也是慈溪余姚两县百姓用于运输、节流、灌溉的重要水利工程。历代的先贤们对双河堰的修缮都颇为重视。清光绪三十二年(1906)，旅日爱国华侨吴锦堂先生情系桑梓，造福邻里，出资重修双河堰，使古老的堰坝继续发挥着水利枢纽的调节作用。如今的双河堰"长龙"卧堤，波光粼粼；油菜花香，炊烟袅袅；牧童牛背引笛，老翁岸边垂钓；好一处悠然惬意的世外桃源，好一派祥和太平的江南风光。千百年岁月弹指一挥，双河已没有昔日内河运输的繁忙景象，但双河堰仍像一条"长龙"静静地躺卧在桥头镇境内，等待着后世子孙们续写灿烂而又辉煌的华章。双河堰现为慈溪市第五批文物保护单位。

毛三斢村处于慈溪市桥头镇东北部，东与观海卫镇接壤，西与潭河沿村相邻，南至吴山北路与镇工业园区相接，北至胜山横江。村区域东西平均宽度 1 公里，南北纵深 5 公里，面积 498 公顷。全村有耕地面积 4234 亩，山林面积 93 亩。毛三斢村在解放前属余姚县三管乡管辖，1950 年为余姚县下管乡，1954 年县级区域调整属慈溪县三管乡领导，1958 年属东风公社一大队，1961 年改为三管公社隆丰大队，1983 年改制并更名恢复为毛三斢村。2001 年 2 月毛三斢村由原洋浦洪家、余家、毛三斢、孙其、黄高五个村合并而成，现有村民小组 72 个，总户数 2547 户，常住人口 7736 人，暂住人口 3000 多人。毛三斢村民风淳朴、生活富裕、工业较为发达，全村有以造纸、包装、电器、塑料、五金产业为主的企业 130 多家。

▲毛三斢村注重抓好"八个一"建设

一个村标：毛三斢村的村标，是以三个马头墙以及龙和祥云的巧妙结合，再配上"毛三斢"这几个洒脱自由的书法字构成，反映了毛三斢村人民的热情、奔放、慈孝、包容、勤奋、诚信的精神。三个马头墙组合成一体，寓意毛三斢村最初由一户毛氏人家和三间房屋演绎而来，村庄轮廓巧妙地与红色中国印相融合，搭配黑色，体现出毛三斢村深厚的文化底蕴和悠久的村居历史。

一张村报：2013 年 6 月 28 日由毛三斢村党总支、村民委员会主办的村报《走进毛三斢》创刊。几百年来的寒暑交替，毛三斢承载着希望与梦想一路走来。作为全市规模最大的行政村，它坚持以文化彰显发展深度，被赋予丰富内涵的《走进毛三斢》以“展示村庄形象，增进村民交流，传播村域文化，凝聚集体力量”为办刊宗旨，成为村落文化建设的主阵地和展示村民精神风貌的新舞台。《走进毛三斢》开设了村情动态、党建园地、惠民政策、农民俱乐部、农事快讯、村务公开、农村科技、健康之路、志愿者园地、直通 81890、乡村故事、数字文化十二个栏目。每季度编印一期，全彩八开印刷。村民通过移动阅读设备扫描二维码，可以实现在线阅读和下载当期电子版。《走进毛三斢》是毛三斢村的一扇窗口，村民沟通的一道桥梁，心灵休憩的一个驿站，新老村民共同的精神家园。它将亲切地讲述村民身边故事，真实地记录毛三斢村的成长足迹，敏锐地采集村民的思想火花。它让广大村民在思考中品位生活，在奋斗中砥砺意志，在沟通中留下真诚，在交流中启迪智慧。

一首村歌：为了更好的激发村民爱村、建村的热情，丰富和活跃群众文化生活，2013 年 6 月初毛三斢村决定创作一首体现本村特色，倡导和谐文明的村歌。村歌歌名为《梦圆毛三斢》，作词周乃复，作曲聂铭君，歌曲时长 4 分 47 秒。抒情、豪迈的曲风，集中展现了毛三斢村近年来取得的辉煌成就，并以现代农业、工业、三产的发展作为切入点，围绕志愿服务、网上社区服务、数字文化等工作品牌，展现了毛三斢村村民在村党总支的带领下，积极响应党的号召，阔步前进，无畏艰辛，开拓创新，团结奋发的精神风貌。

一间书屋：2013 年 3 月 7 日，浙江省图书馆副馆长刘晓清、全国文化信息资源共享工程浙江省分中心办公室主任詹利华等领导来到毛三斢村，检查指导数字移动农家书屋建设工作。检查指导组一行实地查看了毛三斢村数字阅读体验屋的建设情况，听取了毛三斢村关于建设全省首个移动数字农家书屋情况的汇报，对毛三斢村运用先进科技手段，创新文化资源共享载体的举措表示高度肯定，对数字文化诱人的发展前景表示高度关注；对毛三斢村突破传统文化传播模式，创新和发展新文化的举动表示赞赏，并要求毛三斢村一定要将这项工作做好、做实，让优秀的文化资源流动起来，受益于更多的人，把优秀资源送进千家万户，发挥出数字文化独特的魅力和良好的社会效果，让更多更好的文化资源惠及广大村民，让文化共享深入人心。

一个展馆：为进一步加强公民道德建设，倡导文明乡风，提升农民素质和农村文明程度，抢救、保护、传承村史和村落文化，激发广大农民特别是未成年人爱国、爱家乡的热情，2013 年 4 月 20 日毛三斢村启动了乡风文明馆建设工作。该村通过网络、调查函和走访村民等形式搜集和征集村史资料、村域名人、风土人情和实物等。该馆与村内其他公共资源有效整合,成为村民群众全面了解村史演变、村庄发展、村域传统和现代文化及举行各类活动、学习、培训的重要场所。

一座中心:2012 年 9 月 2 日,毛三蔇村社区服务中心开工建设,经过一年多时间的努力,终于建成投入使用,为村民打造了一个便民服务的崭新平台。毛三蔇村社区服务中心位于毛三蔇村中心地段,占地 1000 平方米,建筑面积 850 平方米,前期投资 50 万元左右。社区服务中心内设一站式服务大厅、多功能活动室以及村级党校、村民学校、图书阅览室、数字阅读体验区、文体活动室。该中心投入使用后,民政、劳动保障、土管建房等与网上社区服务中心 24 大类的办事项目相同步的办事窗口,一同走进服务中心,联合办公,并联审批,方便村民,提高办事效率。

一个班级:毛三蔇村老年电视大学自 2001 年成立至今已有十多年,主要通过广播电视及远程教育开展教学,每期学员已由当初的 40 余名发展到了 90 余名,老年朋友可以根据自己的兴趣和爱好选择课程。在这里,老年人不仅圆了自己曾经有过的梦想,而且还能学到更多的知识,接触更多的人,填补了精神生活的贫乏和空虚,找到了精神寄托和生活乐趣。在广大老年朋友的热情支持与积极参与下,大学为满足多层次需求,不断拓展内容。在形式上采用课内与课外相结合、请进来走出去等办法,先后组织电大学员赴生态农庄参观、邀请专家授课、讲述革命历史故事、举办春节联欢会、举办老年人运动会等一系列老年朋友喜闻乐见、寓教于乐的形式和活动。通过学习,强健了体质,提高了科学文化知识,增强了自身修养,丰富了生活,陶冶了情操。

一个剧团:"蝴蝶翩翩吟古情,丝丝缕缕传遥思,戏苑代代出新秀,梨园百花竞风流。"毛三蔇村农民业余剧团紧锣密鼓的排练声,经常吸引村民来剧团观看演出。业余剧团的演员虽然大都是农民,但由于越剧历史悠久,演技都是祖传下来的,所以一个个都是行家里手;加上现代广播电视里越剧戏的影响,演员的演技日趋成熟,都具有较高的水平。业余剧团的演员不论男女老少,都是因为爱好走到一起的,他们确定每周一和周四晚上进行集中排练。自 2003 年 7 月份剧团组建以来,他们多次应邀到浒山、长河、胜山、附海、横河、观海卫等地演出。先后编创了越剧大联唱《我的家园毛三蔇》《十八大精神谱新篇》等节目,参加了由镇举办的庆"三八"文艺汇演,取得了较好的反响。其中,新创作的情景诗话剧《感恩的心》还参加了慈溪市首届残疾人文艺汇演,并获得了优秀创作奖。春季社会治安大会战期间,配合村社会治安大会战领导小组,以文艺演出的形式参与了大会战的宣传工作,赢得了老百姓的一致好评。多年来,毛三蔇村农民业余剧团以更高、更专业的标准严格要求自己,不断提升演出质量和效果,为毛三蔇村的精神文明建设做出了新的贡献。

十三、浙江省永康市石柱镇下里溪村简况

永康是双河毛氏第117代毛焕清的始迁地，位于浙江省中部，古称丽州，置县始于三国赤乌八年(245)，相传孙权之母吴国太因病到此进香，祈求“永葆安康”而得名。永康属会稽郡，三国吴宝鼎元年(266)属东阳郡，南朝陈天嘉三年(562)属金华郡。隋开皇十三年(593)金华郡改置婺州，大业三年(607)复置东阳郡，永康县均属之。唐武德四年(621)升永康县为丽州，八年复称永康县，属婺州。唐天宝元年(742)改婺州为东阳郡，乾元元年(758)复为婺州，永康县属之。元至元十三年(1276)属婺州路，明洪武元年(1368)属宁越府，明朝后期及清代属金华府，1914年属金华道，1927年直属浙江省，1932年6月属浙江省县政督察专员办事处第八区，1949年10月属金华专区，1968年4月属金华地区，1985年5月属金华市。1992年10月永康撤县设市(县级)，仍属金华市辖。永康市地理特征为“七山一水二分田”，属浙中低山丘陵盆地，总面积1049平方公里。2014年末户籍人口59.2万，在册流动人口51万，辖11个镇、3个街道和省级经济开发区、城西新区。2014年全市生产总值451.4亿元，同比增长8%；实现财政总收入69.2亿元，同比增长12.7%，其中地方财政收入38.8亿元，增长10.1%；固定资产投资完成182亿元，增长9%；实现自营进出口总额53.9亿美元，增长12.3%；城镇居民人均可支配收入39432元，增长9.5%；农村居民人均纯收入19849元，增长11.5%。永康市在2014年全国百强县(市)排名中列第78位。

永康历史悠久，山川秀丽。有黄帝铸鼎的美丽传说，有春秋铸剑、汉造弩机、唐铸铜铳的传统技艺，有山清水秀的田园风光和古朴纯正的乡风民俗，是闻名海内外的“五金之都”和旅游胜地。永康方岩是我国境内发育最充分、特征最鲜明的丹霞地貌区之一，是以雄奇峻险著称的国家重点风景名胜区。方岩山高400多米，平地突兀，四壁如削，峰顶与峰脚面积相差无几，气势雄伟，酷似擎天方柱，故名方岩。方岩周围的山，都是绝壁陡起，孤峰独峙，形状或方或圆，颜色或红或紫，色彩斑斓，气象万千。而气势磅礴、动辄数千甚至上万平方米的绝壁大石面，节里纵横，皴法皱迭，更显苍劲雄伟。加之洞奇石怪，瀑美水秀，置身丹霞峰林，确有飘然欲仙之感。我国著名文学家郁达夫在《方岩纪静》中说：“从前看中国画里的奇崖绝壁，总觉得是登峰造极了，现在到了方岩，向各山略一举目，才知道南宗北派的画山点石，都还有未到之处。”

方岩庙会起源于北宋宣和年间，由永康各地民众自发组队前往方岩朝拜胡公(胡则)并在方岩山上展演和在沿途巡演娱神活动演变而来，俗称“迎案”“打罗汉”。2011年6月，方岩庙会被列入第三批国家非物质文化遗产保护名录。每年农历八

月初一至九月重阳节前后，来自永康城乡和周边县市的迎神赛会队伍，或技击揭旗，如打拳舞棍、参阵布阵，演练比试刀枪拳脚等十八般武艺；或衣彩吹唱，演出各种类似化妆游行的大道具群舞，诸如丈斧对练、九狮图、九串珠、十字莲花、十六拆棍、十八蝴蝶、十八狐狸、十八鲤鱼、三十六行、哑口背疯、铜钱棍、蚌壳舞、长脚鹿高跷、走马灯、跑旱船、调花钹、旋车、台阁、荷花芯等，令人惊叹。方岩纸花、串蓑衣、弹棉絮、箍桶、铜艺、竹编等民间手工技艺现场展示，引来众多游客围观，令外地游客开眼界、饱眼福，大呼过瘾。民间传统武术罗汉拳把活动推向高潮，台上罗汉拳表演有板有眼，虎虎生威，台下观众掌声、喝彩声此起彼伏，一浪高过一浪。农历八月十三日胡公生日进入高潮时，有三四十支"迎案""打罗汉"队伍上方岩拜胡公，接香火，各显绝技，蔚为壮观。

永康五金产业久负盛名。改革开放以来，五金产业迅猛发展，"永康五金"被评为浙江区域品牌，先后获"中国五金商标品牌基地""中国门都""中国休闲运动车之都""中国口杯之都""中国五金之都""中国电动工具之都""中国家居清洁用品之都""中国炊具之都""中国餐厨用品出口基地""中国金融生态示范市"等称号，被省政府列为块状经济向现代产业集群转型升级示范区、省首批区域国际品牌创建试点单位、信息化和工业化"两化"深度融合试验区。永康总部中心被列为省首批现代服务业集聚示范区、全国首个县级中国总部经济实践研究基地。全市现有近万家五金生产企业，从事五金产业人数超过 30 万人。经过多年培育，已形成车业、门业、杯业、电动工具、电器厨具、休闲器具、技术装备、金属材料等八大支柱产业，五金产品达 1 万多种，其中有 10 多种产品的产量、销量居全国之最，100 多种产品销量居全国前列。

永康民营企业优势明显。全市注册个体工商户 4.5 万户、农民专业合作社 262 家、私营企业 1.8 万家，民营经济占全市经济总量 96％以上；纳税百强、纳税优胜企业中民营企业有 175 家，占"双百企业"的 87.5％；现拥有 618 家规模以上工业企业，亿元以上的工业企业 176 家；目前全市已组建企业集团 45 家，无区域集团 51 家，冠省名企业 1075 家，上市企业 2 家。建成全省首家全地形车法定检验机构。涌现了电动汽车动力总成系统产业化开发，非道路机动车辆开发先进技术应用，引进意大利技术的经济适用型乘用车研发和产业化，簇绒地毯织机系列成套装备技术及其产业化，电动工具数字化设计与制造一体化技术研发与应用，以及光伏产业、新能源产业和稀有金属产业等高新技术产业化项目。

永康市场体系十分发达。现已建成以中国科技五金城为龙头，市内外 14 个五金专业市场为辅助，上万个五金代理商为网点，覆盖全国、行销世界的五金市场营销网络。中国科技五金城是国内最大的五金产品流通、信息、商贸中心之一，是国内目前规模最大，全球第三的五金专业市场。现拥有营业面积 83 万平方米，设有日用五金、电动工具、机械设备等19个交易区，汇集上万种五金产品，产品辐射全国各地及180多个国家和地区。2014年五金城实体市场成交额达到386亿元，年均增长5.3%，网上市场成交额达到221亿元，年均增长9.7%。连续多年居全国同类市场榜首，是中国百强市场、省五星级文明规范市场。永康国际会展中心是永康市有史以来投资最大、单体面积最大、档次最高的唯一具有会展功能的大型建筑，总投资7.64亿元，总用地17.6万平方米，总建筑面积16.2万平方米，室内标准展位3500个、室外展位1500个。到目前为止，永康已经连续成功举办第20届中国五金博览会、第6届中国国际门业博览会。

永康社会事业协调发展。先后被评为全国广播电视先进市、全国科技进步先进市、全国文物工作先进市、全国科普示范市、国家知识产权强县工程县及省级文明城市、省级教育强市、省级科技强市、省级知识产权示范创建市。永康民间艺术源远流长，“十八蝴蝶”“九狮图”“锡雕”享誉海内外，成为世界级的民间艺术瑰宝。永康物产丰富，其中鹅肥肝被誉为食品之王，闻名遐迩；宋朝贡品方山柿色泽橙黄鲜美，果汁丰富甘醇，获“中国方山柿”美称；方岩绿毫茶叶曾连续四届获中国精品名茶博览会金奖；风味独特的永康菜干曾获第二届中国农业博览会金奖。永康旅游资源丰富，有南宋名家朱熹、陈亮曾讲学论理的五峰书院；有拍摄过《天龙八部》《汉武大帝》等200多部影视剧的石鼓寮影视城；有南中国黄帝“安营扎寨、炼铜铸鼎”的石城山；还有以雄奇特险著称的虎踞峡、盘龙谷、石仓岩等旅游风景区。

今后一个时期，永康市将围绕物质富裕、精神富有的“两富”目标，立足于“建设美丽家园、倡导美好生活”，坚持稳中求进、民生为先、转型提升、科学发展，继续深入实施“工业强市、生态立市、商旅活市、文化兴市”发展战略，加快新型工业化步伐，坚持创新发展、优化发展、绿色发展，以省工业强市建设试点工作为契机，进一步完善工业体系，大力培育特色装备制造业、新材料产业、战略性新兴产业和生产性服务业四个新型产业，继续做强做大传统五金、新能源汽车和现代农机装备三大支柱产业，为打造实力永康、美丽永康、道德永康、幸福永康、活力永康，率先建成更高水平全面小康社会和现代化国际五金名城奠定扎实基础。

石柱镇位于永康市东南部，全镇区域面积72平方公里，辖2个居委会，43个行政村，村民小组235个，常住人口3.2万人。本镇清代属合德乡及武平乡的部分地。解放初分石柱、江瑶、下杨、俞溪头四个乡；1958年公社化后，为石柱人民公社所属的石柱、俞溪头两个管理区；1984年改为石柱、俞溪头两个乡；1992年并为石柱镇；2001年7月又将舟山、前仓、新店等乡镇并入石柱镇。以后舟山、前仓又分别独立设置镇的建制。

“溪涧绿水绕人家，云雾青峰抱村走。”石柱镇是浙东地区重要的交通枢纽和永康市的交通中心，金温铁路、330国道、金丽温高速、石临省道等交通网络呈放射状与周边地区相接，四通八达的交通网络，体现了本镇无与伦比的交通区位优势，为石柱经济发展提供了得天独厚的条件。改革开放后，在石柱镇党委政府“以工富镇，以农稳镇，以贸活镇，科技兴镇”的发展战略实施下，经济与社会都有了长足发展。金银器市场、特色农业、休闲观光、美丽乡村建设各有亮点。2014 年固定资产投入 3.6 亿元；全镇工业总产值达到 45.8 亿元，增长 3%；出口交货值 6.2 亿元，增长 19.4%；财政总收入 1.15 亿元，增长 4.5%。工业经济初步形成以五金铸造、搪瓷标牌为产业基础，五金机电、文教用品为产业支柱，具有鲜明特色的块状经济格局，泉湖和下里溪工业功能分区共有企业一百多家，其中规模以上企业 28 家。新农村建设蓬勃发展，乡村旅游从无到有、特色鲜明。农业生产打破单一种粮的格局，多种经营全面发展，“新店”舜芋种植面积达 1 万多亩，“伟丰”两头乌猪，连续多年被评为浙江省绿色农产品。

下里溪村（古称李溪）位于石柱镇西北部，距市行政中心办公大楼 5 公里，属古长溪县县城旧址。原属合德乡三十六半都，民国时曾属合南乡。据史料记载，下里溪村古代叫“长溪”，在公元 618 年唐朝初期建立，唐天宝四年（745）李太白（号谪仙）路过里溪，曾饮马于溪中，留下很多古迹，长达 20 华里的杨溪也改名为里溪，也叫“李溪”。下里溪是块风水宝地，李溪、南溪相汇在这里，东边马鞍山、西边寺山与万村、北边牛颈岭及楼园、东北边的四大塘等都有动人的传说。下里溪是浙中交通枢纽。唐代睦州（今浙江淳安）到温州的驿道途经李溪；宋代在村里建有衢婺温处四州都巡检司，并专设行春驿，南通温州、东连台州、西达衢州、北接金华；清代永康县境内有递铺 10 铺，李溪为一铺；1932 年 4 月 1 日永康至缙云公路建成通车，途经李溪。现在下里溪交通便捷，四通八达，330 国道从村中走，永东高速从村东过，金温铁路在村北边卧，石柱火车站在村庄与工业区之间设。下里溪村距离镇政府 1 公里，镇属供电所、市场监管所等办事机构，农商银行等金融机构均设在村里。下里溪村占地面积 6 平方公里，户籍人口 1650 人，分为 10 个村民小组。下里溪村绝大多数人姓章，源于福建浦城，章翦太公曾任长溪县令择居于此，其后代子孙繁荣昌盛。另外，村里还住有胡、夏、吕、毛、舒、傅等少数几户外姓人家。抗日战争时期浙江省政府地方第一补助医院（省陆军第一辅助医院，俗称伤兵医院）迁移到下里溪村，在村西北部和尚山上建有抗日伤亡荣军公墓。下里溪村文化底蕴浓厚，文物古迹较多，有谪仙桥、南城门（谪仙门）、章氏宗祠及为纪念始迁祖而建的城隍庙。下里溪市场经济繁荣，每逢农历四、九必成集，建有菜市场 1 处，大型超市 2 家，各类商店、餐饮几十家，经营服务品种齐全。文体医保社会保障机制完善，建有医疗站三家、大会堂一座、老年人活动中心、文化礼堂、农家书屋、村幼儿园等。石柱小学、石柱中学就在村南边。还新建了占地 5000 平方米的新永康人之家，现有外来务工人员 1000 多人。村民自发组建了几支文艺演出队，逢年过节都要组织会演，极大地丰富了村民的精神文化生活，现在村民富裕、安居乐业、村庄美丽、和谐发展。下里溪村从1998年开始建设工业区，位于村庄西北部330国道与金温铁路之间。辖区内有站北工业区、楼园工业区，一期总面积7万平方米，入住企业16家。二期始建于2003年，总面积30万平方米，入住企业50多家。主要以汽车配件、校具、健身器材、搪瓷及金属冶炼等五金产业为主。

李溪城隍庙坐落在石柱镇下里溪村北门头，始建于北宋，原名“长溪古邑庙”。内设前庙、中庙、后庙。光绪《永康县志・宦墓》载：“婺州长溪县令章蒴，墓在李溪，县南众岗之东岗首。”章蒴是闽北浦城人，曾任长溪县令，为永康章姓始迁祖，因有德政，后人为他建长溪邑庙奉祀。志书载“长溪县宋属婺州”，据说下里溪曾为长溪县驻地。章蒴落籍下里溪后，裔孙章甫、章服至章大有、章之邵，宋代就中过14名进士，而章服、章渭、章俅子孙三代均是宋代重臣，把“长溪邑庙”建于卜居地，是极有可能的。下里溪至今还有“北城门”“南城门”“谪仙桥”“护城河”等地名和建筑，应该说确实曾是县治所在。

另一传说更富传奇色彩。这李溪城隍庙供奉的竟然是南宋大臣，著名爱国诗人陆游。相传陆游任永嘉通判途经下里溪，观赏唐李白到缙云探望叔父李阳冰（任缙州县令）时饮马李溪桥（即谪仙桥）遗踪，又游访长溪古邑庙，在庙门题匾“迹著长溪”后，高兴地说：“李溪山环水绕，风景绝佳，我将栖身此地。”陆游卒于嘉定三年（1210），他逝世后下里溪人把他视为城隍，将他的塑像供奉在城隍庙的正厅最主要位置。前些年李溪城隍庙进行了一次修葺，现在古邑庙珠漆油画、雕梁画栋、焕然一新，城隍庙建筑面积800多平方米，庙内供有塑像156尊、10个奇异动物，形象逼真，常年香火不断，成为四面八方村民观光、娱乐、瞻拜的重要活动场所。每年农历九月二十三陆游生日（暨城隍老爷生日），下里溪村都要举行盛大的踩街庙会，邀请两个剧团同时上演三天四夜的戏，同时还组织其他一些大型文体活动，民间文艺娱乐等活动，场景热闹非凡。

《双河毛氏西房支谱》简介

族谱属于氏族文化，是记录家族渊源、人口繁衍、人物传记、聚居环境、名胜古迹等重要信息的人文史册，是地方史志不可缺少的文史资料，同样也是中华民族传统文化的重要组成部分。毛三蔛村毛姓先祖迁居余姚双河后，承接奉化石门族谱，于元朝始修家谱，经数度续修，明晰了家族渊源，激励了家族团结，规范了家族行为，弘扬了家族精神。

笔者在2005年夏季回故乡毛三蔛村省亲、寻根问祖时第一次见到《双河毛氏西房支谱》。该谱系“姚”字号，属友二公派（后房）一駣公房下领取保存，有专用木制谱箱一只。该谱系“中华民国二十有四年（1935）十月思敬堂镌版”，木刻活字印本，世系正本十二卷、首一卷、末一卷，共十四卷。卷首、卷一合订一本，卷二至卷七各一本，卷八、卷九、卷十、卷十一、卷十二、卷末合订一本，共分八本书。余姚双河二十二世孙毛希蒙纂修，毛美振协修，族长毛士章监修。毛希蒙先生对《双河毛氏西房支谱》的修编，花费了很多精力和钱财，做出了很大贡献，新编《慈溪县志》有“毛希蒙传”。该谱共印三十部，按新排行歌编号有二十八个字，即余姚双河毛氏第十四世双字辈（新编合族统仝行第字母第一个字）各房号领取珍藏，另有“世”字号藏思敬堂，“次”字号藏前房房长，还有四部义卖给从毛三蔛村迁居岱山等地的毛氏宗亲。该支谱现存只剩两部。

双河毛氏西房支谱，是用苏轼式直叙，以房分支，以派为世，逐世推进。在名录记载上是用欧阳修式横书，分世列派记录人名，夫妇并列，子女附后，这种横竖结合的格式条目清晰、便于查阅。该谱涵盖了溯源、祭祀、劝戒、赞传、世系等内容。

卷首共有59张，主要内容有前余姚县县长堵福诜、前山东财政厅厅长杜尚等序；有毛氏原叙，有前后十次修谱序、弁、跋，修谱职名，凡例，重建思敬堂碑记，祖训，双河毛氏西房修建支祠记、支祠图等。

卷一共有39张，主要内容有受姓溯源、本支迁徙源流、合族行第例言、世系源流。本支迁徙源流略云：宋千四八府君复自松浦而转徙于余姚之双河，是为双河始祖。据史料记载，“千四八府君”即毛仁，字复仁，生于南宋乾道三年（1167），卒于端平元年（1234），“由乌程（今鄞州乌岩）而慈溪松浦，迁至余姚上林，卜居双河”，为双河始祖。至六世秉一公分徙周塘，悉隶灶籍，建屋三所，人称毛三蔛，是为周塘始祖，即双河毛氏合族所称为西房者是也。“秉一公”即毛秉仁，生卒年不详，为毛仁六世孙，是周塘（毛三蔛村）西房始祖。世系源流详细记载了从一世祖毛叔郑至余姚双河始迁祖九十四世毛仁的历代先祖的相关情况。

双河毛氏原宗祠“聚义堂”，建自元至正初年，圮于明嘉靖季时，万历二十九年（1601）重建，更名为“思成堂”。民国2年（1913）在周塘新建支祠“思敬堂”。双河毛氏西房于民国7年（1918）在毛三蔛村新建毛氏支祠“思敬堂”。

双河毛氏自元天历元年（1328）六世祖时，“以宗祠为标准，祠之附近者曰中房，祠东为东房，祠西为西房”。七世祖以后，东中房各分为四，曰：大、二、三、四、五、六、七、八房；而西房也分前房、后房。

双河毛氏宗谱，延续宋嘉熙四年（1240）八月创修的明州毛氏宗谱，毛氏原叙；后经元至正三年（1342）二月倡修，双河毛氏四世孙真卿朝臣序；明弘治九年（1496）十一月续修，赐进士第兵部武选司员外郎眷生徐守诚序；明嘉靖七年（1528）续修，九世孙邑庠生毛应辰序；明万历三十八年（1610）三月续修，十一世孙邑庠生毛萃春序；清康熙二十九年（1690）三月续修，十四世孙增广生毛学贤序；清康熙四十九年（1710）八月续修，十四世孙毛世奇序；清乾隆四十七年（1782）九月续修，十五世孙河九百十五毛云瞻序；清光绪八年（1882）七月续修，二十世孙深二百四十二毛美专序。上述皆为大宗谱，现均已失传。沿续五十一年后，前后两房倡修双河毛氏西房支谱，经过两年时间的努力，终于在民国 24 年 11 月续修出版。

卷二共有 86 张，主要内容是世系图，第一图一世至五世，第二图五世至九世，第三图九世至十三世，第四图十三世至十七世，第五图十七世至二十一世，第六图二十一世至二十五世。表中反映了一世 1 人、六世 3 人、十一世 39 人、十六世 69 人、二十一世 384 人（其中友一公派 169 人、友二公派 215 人）、二十二世 485 人（其中友一公派 236 人、友二公派 249 人）、二十三世 439 人（其中友一公派 251 人、友二公派 188 人）、二十四世 275 人（其中友一公派 241 人、友二公派 34 人）、二十五世 24 人（其中友一公派 22 人、友二公派 2 人）。

卷三共有 43 张，主要内容是世系总表，第一表一世至五世，第二表六世至十世，第三表十一世至十五世。表中有世别、支别、名字、行辈、生卒时间、重大事件、娶妻及子女等内容。

卷四共有 88 张，主要内容是前房世系表，第四表十六世至二十世。表中有世别、支别、名字、行辈、生卒时间、重大事件、娶妻及子女等内容。

卷五共有 116 张，主要内容是后房世系表，第四表十六世至二十世。表中有世别、支别、名字、行辈、生卒时间、重大事件、娶妻及子女等内容。

卷六共有 138 张，主要内容是前房世系表，第五表二十一世至二十五世。表中有世别、支别、名字、行辈、生卒时间、重大事件、娶妻及子女等内容。

卷七共有 121 张，主要内容是后房世系表，第五表二十一世至二十五世。表中有世别、支别、名字、行辈、生卒时间、重大事件、娶妻及子女等内容。

卷八共有 14 张，主要内容是恩荣、节孝，“恩荣”有仕宦、职衔、自治职员、褒扬、寿典、奖章等，有民国 15 年（1926）国务总理顾维钧颁给毛希蒙二等文虎章，民国 16 年（1927）国务总理潘复颁给毛希蒙二等嘉禾章，及民国 3 年（1914）陆军总长段祺瑞颁给毛希蒙陆海军一等金色奖章等记载，并有其授予陆军少将、晋升陆军中将军衔等“大总统令”。

卷九共有31张，主要内容是传志，有三十八世亨公传，五十三世玠公传，八十七世元股公外传等，有陈训正撰《毛虹村先生寿藏铭》及《毛孝妇述》。毛虹村(1834—1898)，字羽丰，即毛希蒙父。毛孝妇即毛虹村妻余氏，事迹收录于《余姚六仓志》列女传四。

卷十共有30张，主要内容是赠言，有晁补之《和于潜令毛国华茗雪行》，虹村毛老先生六秩荣庆、六秩晋七祝辞、序、诗，毛母余太宜人贤孝序、颂、排律、古风、古诗、律诗、题辞、绝句等。

卷十一共有27张，主要内容是艺文，有毛希蒙写的沪军光复军骑兵团十五周纪念特刊序，直鲁联军第六军干部学校同学录序，有毛滂写的《浣沙溪——泛舟还余英馆》，有《乌岩四景诗》，有《双河八景诗》等。双河八景如下：枫山来青、上岙毓秀、洋浦渔唱、地辟樵歌、向头禁鼓、金仙僧钟、双河观澜、九皋听鹤。谱中未曾注明诗作者，考《姚江诗录》，为该族毛钟琪所作。以后出版的《溪上流韵》一书中，收录其中两首《上岙毓秀》《洋浦渔唱》。谱中又有佚名《双河十二景诗》，名曰：双河胜概、三山登览、虎啸地辟、龙眠洋浦、南拱青山、北环沧海、向头戍鼓、槔槔樵歌、上岙湖光、新桥虹影、地楼高卑、波浮白石。双河乃弹丸之地，竟能描绘出如此众多美景，真是人杰地灵、风水宝地也。

卷十二共有28张，主要内容是杂录，有祠规、思敬堂祀产、族箴，有支祠落成纪功匾额，宣统三年(1911)前后两房售卖丁地扩充建祠经费议据，民国17年(1928)前后两房议决条件向东中两房交涉宗祠值祭议据，民国22年(1933)前后两房倡修西房支谱议据、余姚毛三蔛毛氏修谱通告、采访细则，民国24年(1935)会议录、捐资芳名、藏谱名次、后序、书后等。

卷末共有14张，主要内容是附谱，有引言，螟支世系图、表、跋、勘误表等。

另外还编写了一本书《整修双河毛氏西房支谱微信录》，详细记载了本次修谱的所有收入(含双河毛氏祖产划拔金额，捐款、资助人名单、捐助款数额，售谱等四项)大洋壹千零陆拾肆元肆角；总共支出(广告、纸张、木箱、采访川资、酬谢、餐费、误工补助费等八项)大洋柒佰陆拾伍元伍角叁分陆厘；收支相抵实际结余大洋贰佰玖拾捌元捌角陆分肆厘。最后附录说明：前项余款公议暂存国家银行生息，以备购置不动产，作为永远续修谱乘基金，日后另行立碑勒石不准移作他用。其银行存证公推渭钦、美振二君共同暂为保管。民国24年(1935)12月，思敬堂谱局谨具。局董希蒙、副局董美振二人签字盖章。该书已破损非常严重，无法全面了解书中的其他内容。

附录：

我的父亲与抗战伤兵医院

我的父亲毛焕清(曾用名毛永先)，出生于1916年1月13日(农历乙卯年十二月初九)，是宁波慈溪毛三斠村人。他经历了八年抗战，见证了“陆军伤兵医院”在战火中临危受命、在硝烟里救死扶伤的历史，为抗日战争的胜利做出了应有贡献。

1937年7月7日，日本侵略者发动了震惊中外的“卢沟桥事变”，抗日战火迅速燃遍全国。8月13日“淞沪会战”爆发，中国国民革命军第九集团军在张治中将军率领下奋起抗战。大批受伤的爱国将士从抗战前线夜以继日地送到杭州医治。杭州所有的中外医院人满为患，中央军政部在杭州的医疗机构仅有一所第六后方医院，不能解决源源不断送来的伤病员收治问题。为此，时任浙江省政府主席朱家骅为弥补中央医疗机构的不足，尽到地方照料的责任，立即召开省政府会议，决定组建“陆军伤兵医院”，并将此事交给当时刚从日本回国参加抗战的孙序裳、毛鉌振等人筹办。

毛鉌振出生于清光绪二十四年(1898)，宁波慈溪毛三斠村人，省立医药专门学校毕业，并由浙江省公派留日实业练习，是我省著名的医学家。他肩负筹建“伤兵医院”的重任，利用回乡探亲的机会在家乡招聘了一批医务人员，带到了杭州市望江门外海潮寺。我的父亲毛焕清是毛鉌振的堂侄子，他满怀精忠报国的热情，积极响应国家的号召，毅然放弃做裁缝的好手艺，告别培育自己成长的师父师母及两小无猜的意中人，跟随堂叔毛鉌振离开家乡，主动投身于抗日救国的洪流中。

同年9月7日成立了浙江省第一临时辅助医院(俗称陆军伤兵医院)，医院地址就设在杭州市望江门外海潮寺[明朝万历年间，高僧莲池大师为了弘扬佛法，利益众生，在望江门外(古称草桥门外)的钱江北岸大堤旁修建了一座大庙，定名为海潮寺。由于莲池大师佛法高深，海潮寺常年烟雾缭绕，香火兴旺。然而，海潮寺最后的辉煌定格在1937年]。省政府委任毕业于日本东京帝国大学医学院的孙序裳为该院院长，毛鉌振为副院长。我父亲跟随堂叔毛鉌振参与了该院的筹备组建工作，曾任一等勤务兵。该院暂由省政府秘书处管辖。因为该院是为弥补中央医疗机构不足而临时设立的，故称“临时辅助医院”。当时淞沪抗战日趋激烈，一所医院已远远不能适应战争的需要，为陆续增设辅助医院，故称“第一”。

抗日战争爆发以后，广大有志青年、医务人员怀着家仇国恨，冒着枪林弹雨，加入爱国抗争的行列，发挥他们的医学之长，积极投身到救护伤患工作中，为抗战胜利献身报国。在日本医科大学毕业，浙江颇负盛名的内科专家盛佩葱先生的带领下，又云集了一批具有丰富实践经验的知名医学专家、教授和回国参加抗战的医护专业的学生，包括厉绥之、钱潮、程浩、王吉人、孙道夫、陈宗裳、赵竞初、郑介安、周用康、冯继芳等一批医务人员。对当时的浙江来说，该院的技术水平较高，特别是创伤手术。

作为第一临时辅助医院的第一个院址，占地面积仅约5至6亩，房屋5幢，其中二层楼房2幢，平房3幢。刚成立时，全院共有100人左右，还有部分人员属国军编制，其中医学专业人员约占三分之一。内科有孙序裳、盛佩葱、邵某群先生，外科有毛鉌振、张明相先生，五官科有冯继芳先生，药械科有毛振观先生。据我父亲回忆，当年为了腾出更多的床位用于伤兵救治，职工床铺严重不足。席地而睡，成了当时医护人员最常态的生活方式。

当时医院刚成立还没有门诊，也缺医少药，很多药械设备经毛鉌振副院长多方联系后，由我父亲具体办理落实。当时向浙江医院临时借用了手术台、消毒盘等设备及器械26种共计100多件。医院救治对象主要是从淞沪前线抢救下来的受伤将士，因此创伤手术是医院的特长。外科能开展的手术包括四肢截断术、骨折整复术、子弹及弹片取出术、腐骨及碎骨清除术、创伤切开术、石膏绷带术、肿块切除术等。在医院成立后的2个月里，共收治了"淞沪会战"伤病员一千多人次，一半以上病人实施了手术，许多伤员康复后重返抗战前线。

可以想象，建立在海潮寺内的第一临时辅助医院，此时必定可歌可泣：晾晒的白纱绷带与佛座的橘黄经幡间，躺满了为国奋战的英勇将士，他们鲜血满躯、红白分明；而马不停蹄地穿梭于各个病房、每个伤兵之间的医护人员，更是全神专注，用他们的热情和关爱、敬业和技能，撑起保障生命的天空。

当时，日本帝国主义的飞机频繁侦察、轰炸杭州，"陆军伤兵医院"是他们重点轰炸目标之一。1937年10月的一天，得知敌机将要袭击杭城，院长孙序裳立即组织人员疏散，发给轻伤员每人一条棉被（可以起到抵挡弹片的作用），披在身上，由毛鉌振副院长带领到附近隐蔽处躲藏。还有五十多位卧床不能行动的重伤员无法转移，孙院长和他们一起留了下来。当敌机窜入市区俯冲滥炸时，院内落下两颗炸弹，孙院长当即被炸弹震昏，不省人事，后经抢救脱险。在那次轰炸中，我父亲为了掩护伤病员的安全，奋不顾身地组织人员抢救，受到了一次嘉奖；他身上两处受伤，终身留下伤疤；在那次轰炸中，也有两名住院的抗战士兵和一名护士不幸当场死亡，多人受伤，还有两处房子的墙角被炸塌。

淞沪会战粉碎了日军速战速决的战略企图，打破了日本帝国主义"三个月灭亡中国"的幻想。而战争日趋激烈，一所医院已无济于事，在不到两个月内，辅助医院增至9所。同年10月，省政府会议决定成立浙江省政府照料受伤将士办事处（后改为浙江省政府照料荣誉军人办事处），专门管理收容因战伤患者一事。11月1日办事处正式成立，所有辅助医院归办事处管辖。省政府任命孙序裳为办事处主任秘书，负责各辅助医院的具体协调工作。随后该院改称为浙江省政府地方第一补助医院（也称省陆军第一辅助医院），由盛佩葱接任该院院长。它是浙江省第一个直接为抗日战争服务的医院，也是全省20家辅助医院至今仅存的一所医院。在八年抗战中，它主要担负了“淞沪会战”的伤员收治任务；单独承担了“宁绍之役”“浙赣战役”“龙衢战役”“丽温之役”四次大战役伤员的收治任务。

11月中旬，日本侵略者逼近杭州，为保证伤员的安全，钱塘江以北各医院奉令立即撤离杭州。在撤离前，医院一方面积极筹备资金，购置了大量医疗器械和药品；另一方面将院内不能移动的危重伤员移交给杭州广济医院继续诊治。

永康市石柱镇下里溪村，成为第一临时辅助医院首次撤离后的迁移目的地。在搬迁之前，医院专门派人进行实地考察，考察结果认为下里溪村群众基础好，交通方便，场地宽敞，水源充沛，资源丰富，的确是战时救护伤员较为理想的地方。

1937年12月中旬，医院转移到下里溪村，此时，该医院仅有住院部。12月24日，日军侵占浙江省城杭州市，省政府及办事机构撤至永康方岩办公，照料受伤将士办事处设在永康城内。永康成为当时全省的政治、经济、文化中心和抗日救亡中心，也是最大的难民收容所。当时浙东、北一带受战、受灾的难民很多，劳累、饥饿、疾病威胁着他们的生命。1938年1月，浙江省政府主席黄绍竑下令各临时辅助医院扩大收容范围，免费开放民众门诊。第一临时辅助医院于次月成立了门诊部。

据我父亲回忆，当时医院的绝大部分医务人员分散借住在下里溪村民家里，住院部设在下里溪村城隍庙、松常公祠等五座祠堂内，医院门诊部设在下里溪村北端的“敬亭公祠”内，设有内、外、五官、产妇、药械等科室。内科主任是邵某群，外科主任是张明相，五官科主任由医务长冯继芳兼任，产妇科主任是毛鉌振的妻子毛黄氏，药械科主任是毛振观。这几个主任都具有较高的医术水平，在浙江医学界和群众中享有很高的威望。

内、外科是当时主要科室，医院对此很重视，每个主任均配备三个医官。医院秉承“悬壶济世、救死扶伤”的理念，免费收治了大批来自当地的劳苦大众和各地难民。过去，中国人习惯于中医，对西医不太了解。身处战乱时期，百姓和难民亲眼目睹并亲身体会到外科手术治病的优越性后，门诊的外科病人逐步多起来，最多时每天达数百人。这对西医在浙江乡村传播和普及起到了很好的推动作用。

尤其是毛鉌振、张明相等医师的医术，更是为百姓所称道。当地流传下来这样一段关于赞誉毛医官高超医术的描述：“只要他看过伤口，拿着手术刀，闭着眼睛，切开身体的某个部位，体内的弹头或弹片就会自动跳出来。”毛医官是否真的能闭着眼睛做手术，我们已然不得而知，但可以肯定的是，他医术精湛，口碑甚佳。

伤兵医院搬到下里溪三年以后，我父亲因具有不怕苦不怕死的精神、工作认真、精明能干、办事周详，在一次执行军务中冒着生命危险，出色完成任务，被授予一枚奖章以示鼓励，并被提拔为医院勤务处主任。那时浙江省政府设在永康方岩，各科主任医师除在医院看病外，每月都要抽一二天时间到方岩为省政府官员看病。他们出诊之前，均由我父亲统一安排汽车或雇请人力车出行，确保出诊的主任医生按时完成任务。

1942年1月，盛佩葱院长赴永康城郊水公山筹备成立省立医院（即现在的浙江省中医院前身），第一临时辅助医院院长由孙从钦继任。

因当时粮食保障困难，医务人员有时舍不得自己吃，宁愿自己挨饿，也要把仅有的一点粮食留给重伤员吃。因药物供应紧缺，伤病员住院后医治无效而死亡的事也常发生。据不完全统计，伤兵医院驻在下里溪期间有三四百名抗战将士死亡。家住邻近县市的或校官及以上阵亡人员通知家属领回，发给一定数额的抚恤金；没有人认领的，由医院负责组织慈善人士进行安葬，一人一墓，墓前各立石碑。死亡伤兵绝大部分安葬在村北楼园小坟山一带，约有墓葬300座，因多种因素现已基本损毁。（1945年抗战胜利后，由慈善人士发起，拟将抗日死亡荣军骨骸集中一处。事先在浙、沪各报登载启事，通知死者家属认领。当时领走了60余具遗骸，尚有150余冢无人认领。于是请雇工将所有骨骸拾移到小坟山，仍按原来顺序排列，各立石碑，上刻姓名，以待他日指名认领。墓冢立有“抗日伤亡荣军公墓”大石碑，如今此碑已毁。上世纪七十年代初改山造田，楼园小坟山一带被改造为农田，荣军公墓移到和尚山脚。从1993年编撰的《永康文物图录》里看到，当时的资料照片上写明“墓冢占地600余平方米”，还有不少小墓碑，虽然历经沧桑，但石碑尚存。1999年初下里溪村开发工业园区，和尚山脚的荣军公墓被移到半山腰。多次迁移，由于当时不够重视，许多伤亡将士坟墓遭到不同程度的损坏，不少墓碑下落不明，现在存留的仅有一块。近年来市政协委员有多次提案、社情民意反映，民革永康总支部也有专门建议，要求尽快修复下里溪“抗日伤亡荣军公墓”。）

1942年5月中旬，日本侵略者为掠取军需资源，特别是优质莹石矿藏，发动了“浙赣战役”。在形势的逼迫下，伤兵医院只好撤离下里溪搬到丽水云和。6月上旬，医院在云和汤候门村尚未安置妥当，就接收了从“浙赣战役”中送来的伤员300多人。

日本侵略军占领金华、衢州后，一路沿金（华）温（州）公路南侵，先后侵占了永康、缙云、丽水；另一路沿龙游，侵占遂昌、松阳；二路侵略军都威胁着云和。第一临时辅助医院首当其冲，于是在同年7月撤至龙泉安仁镇五显大帝庙内，9月撤至龙泉下田，12月迁入龙泉城内水南。1943年2月，医院迁入龙庆路上的青坑，因院舍太小，不够收容伤患，于5月撤至龙泉查田镇黄南村，院务部、门诊部设在该村的文武庙内，住院部设在叶氏、王氏两个宗祠内。

伤兵医院从杭州一步一步地撤至偏僻的龙泉山区，由于医疗装备得不到维修和更新，伤患减少，高级卫生技术人员陆续辞去。全院职工从 1942 年 5 月底的 100 多人开始逐年减少，到抗战后期，全院最少的时候只有 30 多人。

为此，时任院长裘造时做了种种努力，但医院依然面临人少药缺的局面，随时有被撤消的可能。裘院长担心的事终于发生了：1944 年 10 月"丽水之役"结束后，孙序裳在云和召开了省卫生处会议，决定撤销全省各地临时辅助医院。当电报发到设在龙泉黄南的第一临时辅助医院时，遭到院长裘造时和员工的极力反对。省政府最后考虑到"抗日战争以来浙江先后成立了二十家临时辅助医院，为救护伤病员做出不可磨灭的贡献，也应该留一个火种，让后人知道这段历史"，伤兵医院最终得以保留。

1945 年 8 月 15 日，日本宣布无条件投降，抗日战争胜利结束，第一临时辅助医院迁入龙泉城内待命；9 月 14 日，转移到丽水县城，准备迁回杭州。时任丽水县参议院参议长周鼎组织了丽水专署、县府等单位联合向省政府报告，称处州没有一个像样的医院，请求将该院永久留在丽水。经省政府和省卫生处同意后，第一临时辅助医院定点丽水，并选址在处州府前继光街原处州小学内，加上学校后面有很大一片空地，且与设在高井弄的旧处属联立农工职业学校连在一起，可以新建门诊部、住院部，职工宿舍。经省地县同意，医院立即搬入。同年 10 月，改称为浙江省立第五医院。1946 年 1 月改称为浙江省立处州医院。后又几经易名，成为现在的丽水市人民医院。

浙江省第一临时辅助医院从永康下里溪撤出，进入浙西南山区的几年中，有关档案显示，门诊为 21594 人次，其中当地的劳苦大众就诊人次占 90%以上；在门诊总人次中，内科 11652 人次，外科 6507 人次，眼科 412 人次，耳鼻喉科 623 人次，产妇科 64 人次，其他 2336 人次。住院 1554 人次，其中伤愈归队 174 人，住院后死亡 73 人，手术 1228 人次。

1949 年 5 月丽水解放后，医院走上了稳步健康发展的道路。全院现有 2300 多名员工，住院部 1300 多张床位，被评为三级甲等综合医院，三次被评为全国卫生文明医院。责任于肩、担当于心、德医于行。作为抗战时期伤兵医院唯一的"火种"，七十八载忆峥嵘岁月，救死扶伤谱美丽华章。"因战而生"，披着"胜誉的铠甲"，踏过历史的年轮，为履天职而倾尽身心，是每一位医务人员的神圣职责。

陆军伤兵医院在下里溪村的几年时间里，我的父亲与当地一位姑娘相认相恋后互定终身，并认塘花村徐泽金夫妇为亲娘亲爷。1945 年 9 月抗战胜利后，伤兵医院准备从龙泉迁回杭州时，我父亲毅然决然地离开医院回到下里溪村与恋人成婚。我父亲有一手做裁缝的好手艺，谋生不成问题，与村民和邻里关系融洽密切，此后一直在下里溪村安家落户。

我的父亲在八年抗日战争中，竭尽全力奋战在陆军伤兵医院第一线，其间所做的努力和贡献，我感到骄傲和自豪。今年是中国人民抗日战争暨世界反法西斯战争胜利七十周年，我们不能忘记七十年前日本侵略中华民族的血泪史，更不能忘记无数的中华儿女为了祖国的尊严，为了民族的胜利，前赴后继，写下了一篇篇气吞山河的壮丽篇章。历史的硝烟早已散去，重温抗战历史，我们依然能感受到一种精神与力量，抗战的伟大胜利，其实就是民族凝聚力、爱国心的胜利。尊重历史、正视历史、继承历史，是对抗战最好的纪念。不忘国耻，铭记先烈，爱好和平，奋发图强，民族振兴，圆梦中华，是我们子孙后代永恒的历史责任。

毛里强

2015 年 8 月 15 日写于下里溪

跋

清人张澍在《姓氏寻源》自序中说："草木祖根，山祖昆仑，江海祖源，不此之求，是谓昧。"昧即糊涂，不明白，漆黑一团。人生短短几十秋，来到世上不容易。人如果不知自己的血脉传承，弄不清自己的祖根来源，稀里糊涂，度此一生，岂不悲乎。其实了解自己祖辈的往事，那是很荣幸、很自豪的一件事，就像是在看一本和自己息息相关的、非常有人情味的历史书。

可是自己对祖上的一些事情确实了解得不够多，实在是平生一件遗憾的事。近几年来，寻根意识在我的头脑中深深扎根。我一直留心于毛氏家族资料的收集，并通过对老家一些年老长辈的问询，汇集了点点滴滴的一些珍贵资料，试图通过自己对有关史料的查对、分析、论证和推断，还原出余姚双河毛氏西房一族先祖的一些史实，整理成册，留待家族后人参考。

正如一代伟人毛泽东所说的那样，搜集家谱、族谱，加以整理，可以知道人类社会的发展规律，可以为人文地理、聚落地理提供宝贵的资料。我希望通过对余姚双河毛氏西房支脉的探讨、分析、研究和整理，了解和认识一些人类社会的发展规律，为人文地理等方面提供一些参考，以促进毛氏学术文化的研究和发展。

此书可以说是我的一部家族史，在编写的过程中，得到了毛燕云先生、毛新强先生、毛尧江先生、毛水维先生、毛雪梅小姐、毛晶晶小姐等族亲的鼎力支持和帮助，也得到了毛三斢村宗族乡亲的大力配合与关注。在此，谨向关心和支持本书编著的单位和个人表示衷心的感谢；谨对家族宗亲致以深切的谢意与良好的祝福。

由于历史年代的久远，资料的缺乏和难以钩稽，各种说法难辨真伪，尤其是在毛姓的起源、受姓始祖、源流世系、个别知名人士的所处年代、祖居地出生地迁居地、所任官职、郡望等方面存在分歧，有的史书上也相互矛盾，没有足够的新的证据和史料来证实。本人在阅读了大量史籍和多部毛姓族谱的基础上，分析考证了多种观点后提出了自己的一些看法，姑且按自己的理解进行叙述，就算是一家之言吧。因为写作时间仓促，加之自身才疏识浅，精力和水平所限，书中必存不少瑕疵、不足、遗漏甚至谬误，敬请读者谅解并提出宝贵意见，更希望有识之士提供有说服力的史料、证据，来进一步完善毛氏的历史。如果我的观点错了，我愿服从史实，接受批评，虚心纠正。

谢谢您的阅览！

毛里强

2015 年 8 月 21 日

双河毛氏西房支脉第一始祖
毛叔郑画像

中华毛氏二十二世祖
毛遂画像

双河毛氏西房支脉第三十八世祖
毛亨画像

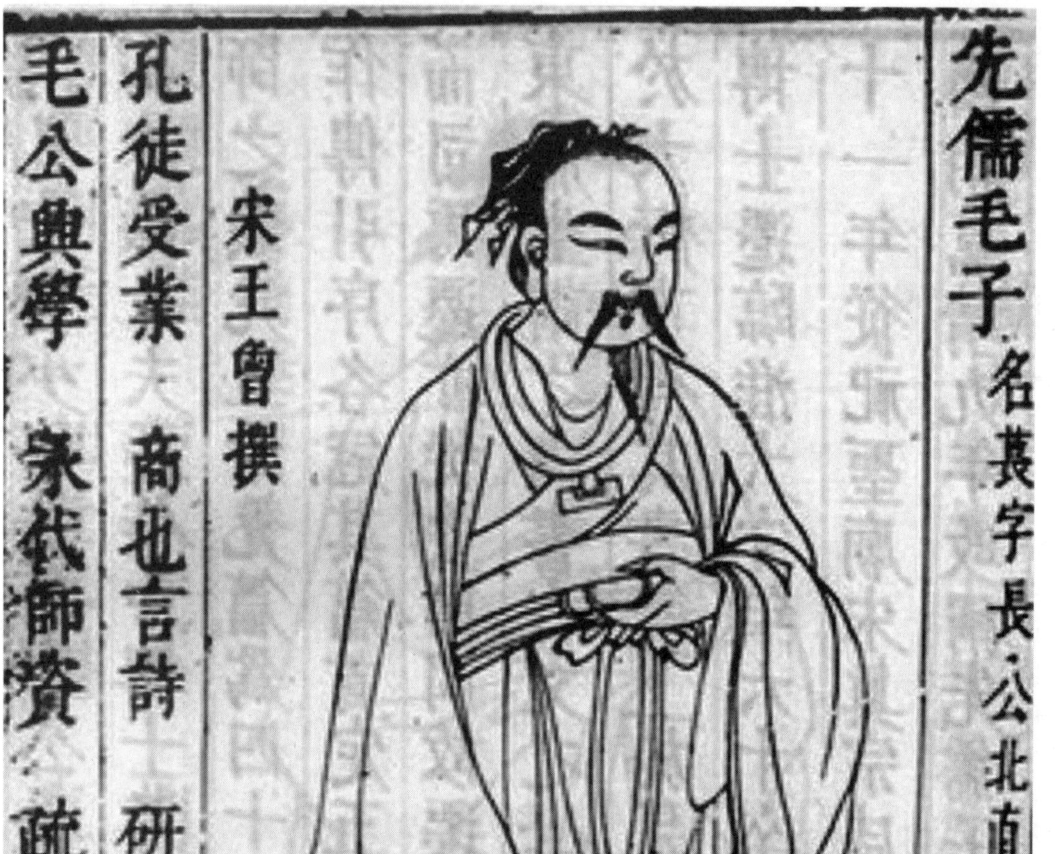

中华毛氏四十世祖
毛苌画像

双河毛氏西房支脉第五十三世祖
毛玠画像

双河毛氏西房支脉第五十六世祖
暨江南毛氏一世祖
毛有埙(毛宝)画像

双河毛氏西房支脉第五十八世祖
暨江南三衢毛氏之始祖
毛璩画像

双河毛氏西房支脉第六十三世祖暨江山清漾毛氏之始迁祖
毛隆(毛元琼)画像

双河毛氏西房支脉第八十九世祖暨奉化石门派毛氏始祖
毛旭（毛宝二十六世孙毛季初）画像

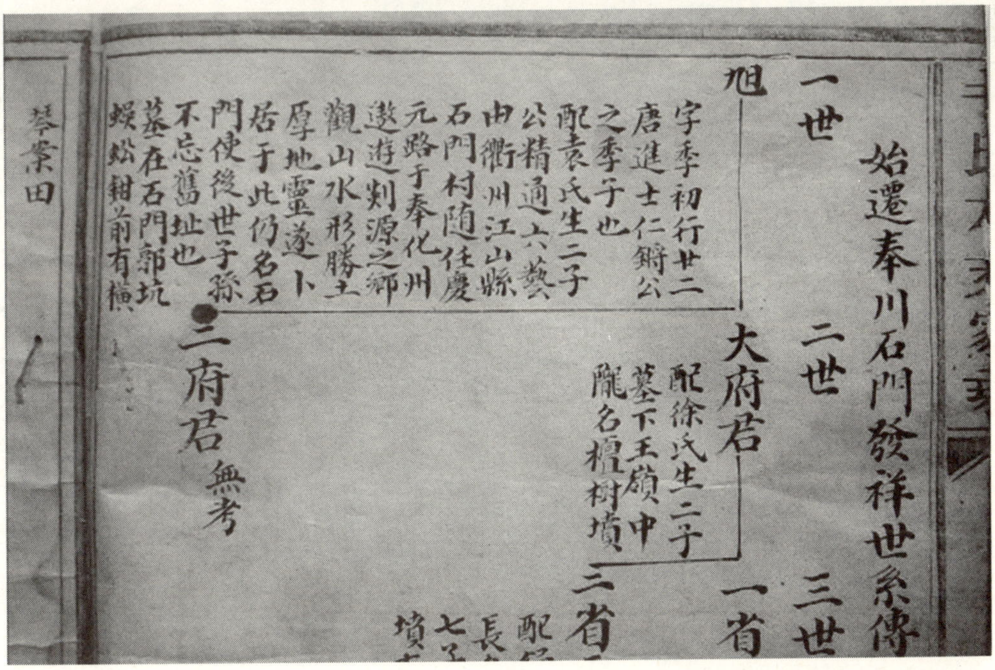

始遷奉川石門發祥世系傳

一世

旭 字季初行廿二唐進士仁鍔公之季子也配袁氏生二子公精通六藝由衢州江山縣石門村隨任慶元路于奉化州遨遊剡源之鄉觀山水形勝土厚地靈遂卜居于此仍名石門使後世子孫不忘舊址也墓在石門鄭坑蜈蚣鉗前有檀

二世

大府君 配徐氏生二子墓下王嶺中壠名檀樹墳

二府君 無考

三世

一省

三省

双河毛氏西房支脉第九十二世祖暨
(随堂兄毛庆也称八秀才)迁居宁波鄞县乌岩始祖
毛奇画像

双河毛氏西房支脉第九十四世祖暨余姚双河毛氏始祖
毛仁画像(1167 年五月十六日—1234 年正月十九日)

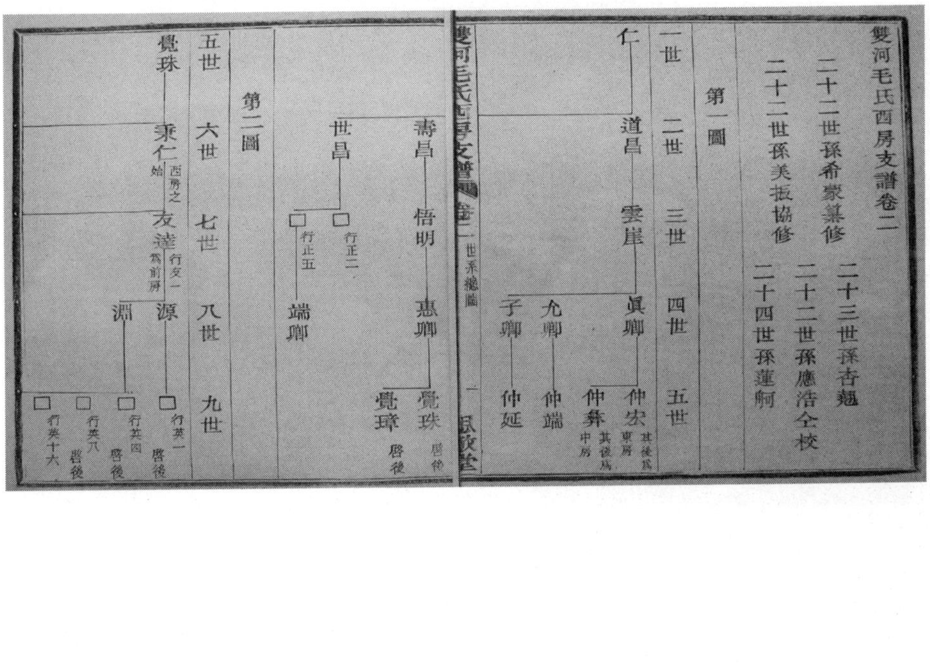

雙河毛氏西房支譜卷二

二十二世孫希蒙纂修
二十二世孫美振協修
二十三世孫杏翹
二十二世孫應浩仝校
二十四世孫蓮舸

第一圖

一世 二世 三世 四世 五世

仁
道昌
雲崖
眞卿 允卿 子卿
仲宏 其後爲東房
仲彝 其後爲中房
仲端
仲延

雙河毛氏西房支譜 卷二 世系總圖 一

壽昌
悟明
惠卿
覺珠 居仲
覺璋 居後

世昌
□ 行正二
□ 行正五
端卿

第二圖

五世 六世 七世 八世 九世

覺珠
秉仁 西房之始
友達 行友一 爲前房
源 淵
□ 行英一 居後
□ 行英四 居後
□ 行英八 居後
□ 行英十六

双河毛氏西房支脉第九十九世祖暨周塘毛三斢村始迁祖
毛秉仁画像(西房之始祖)

双河毛氏西房支脉第一百一十二世暨周塘毛三尉村第十四代
毛好学(1757 年十月十七日—1827 年六月十六日)
及夫人毛王氏(1759 年八月初二—1839 年五月十二日)画像

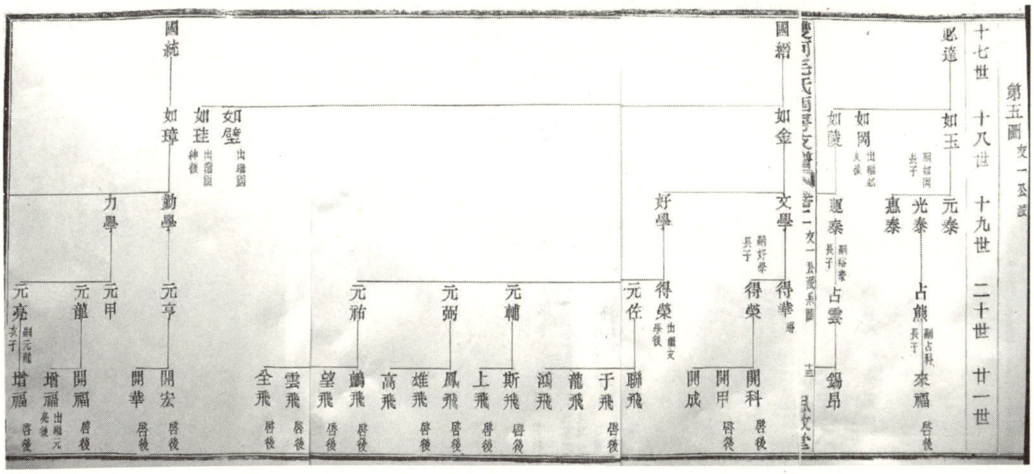

双河毛氏西房支脉第一百一十七世暨周塘毛三斛村第十九代
永康毛家第一代毛焕清(1916 年 1 月 13 日—1994 年 1 月 11 日)
及夫人李兰苏(1925 年 8 月 20 日—2000 年 11 月 30 日)

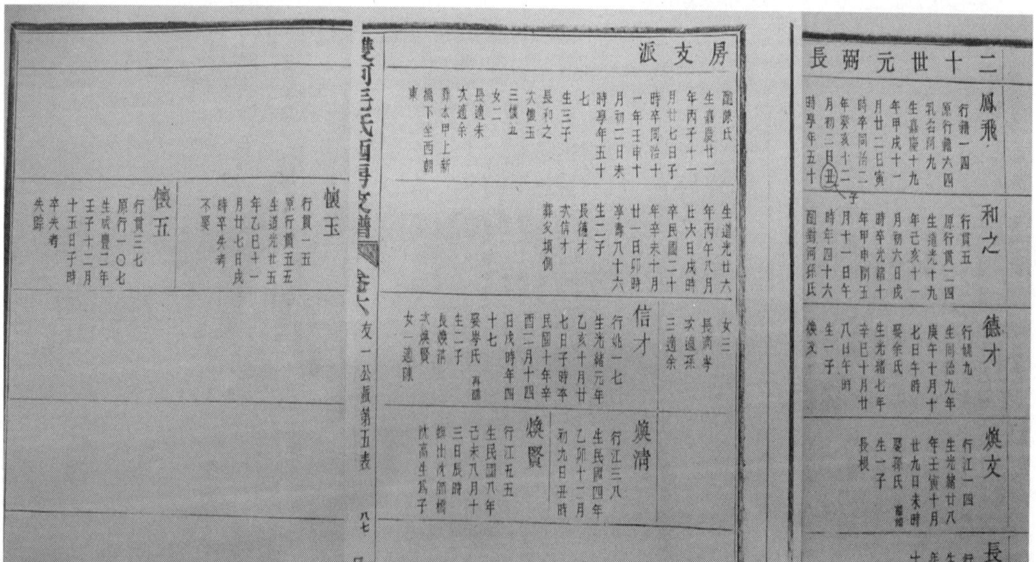

二十世元弼長

鳳飛
行雜一四
原行雜六四
乳名阿九
生嘉慶十九
年甲戌十一
月廿二巳寅
時卒同治二
年癸亥十二
月初二日丑
時享年五十

和之
行貫五
原行貫二四
生道光十九
年己亥十一
月初六日戌
時卒光緒十
年甲申閏五
月十一日午
時年四十六
配斜阿孫氏

德才
行號九
生同治九年
庚午十月十
七日午時
娶余氏
生光緒七年
辛巳十月廿
八日午時
生一子
煥文

煥文
行江一四
生光緒廿八
年壬寅十月
廿九日未時
娶孫氏
生一子
長根

長根
行書
生民國十三
年甲子九月
十六日卯時

房支派

配餘氏
生嘉慶廿一
年丙子十一
月廿七日子
時卒同治十
一年壬申十
月初二日未
時享年五十
七
生三子
長和之
次懷玉
三懷五
女二
長適朱
次適余
葬本甲上新
橋下坐西朝
東

生道光廿六
年丙午八月
廿六日戌時
卒民國二十
年辛未十月
廿一日卯時
享壽八十六
生二子
長德才
次信才
葬父墳側

女三
長適李
次適孫
三適余

信才
行始一七
生光緒元年
乙亥十月廿
七日子時卒
民國十年辛
酉二月十四
日戌時年四
十七
娶李氏 再醮
生二子
長煥清
次煥賢
女一適陳

煥清
行江三八
生民國四年
乙卯十二月
初九日丑時

煥賢
行江五五
生民國八年
己未八月十
三日辰時
撫出沈商楷
沈高生爲子

雙河毛氏宗譜 卷八 支一公派第五表 八七

懷玉
行貫一五
原行貫五五
生道光廿五
年乙巳十一
月廿七日戌
時卒失考
不娶

懷五
行貫三七
原行一〇七
生咸豐二年
壬子十二月
十五日子時
卒失考
失蹤

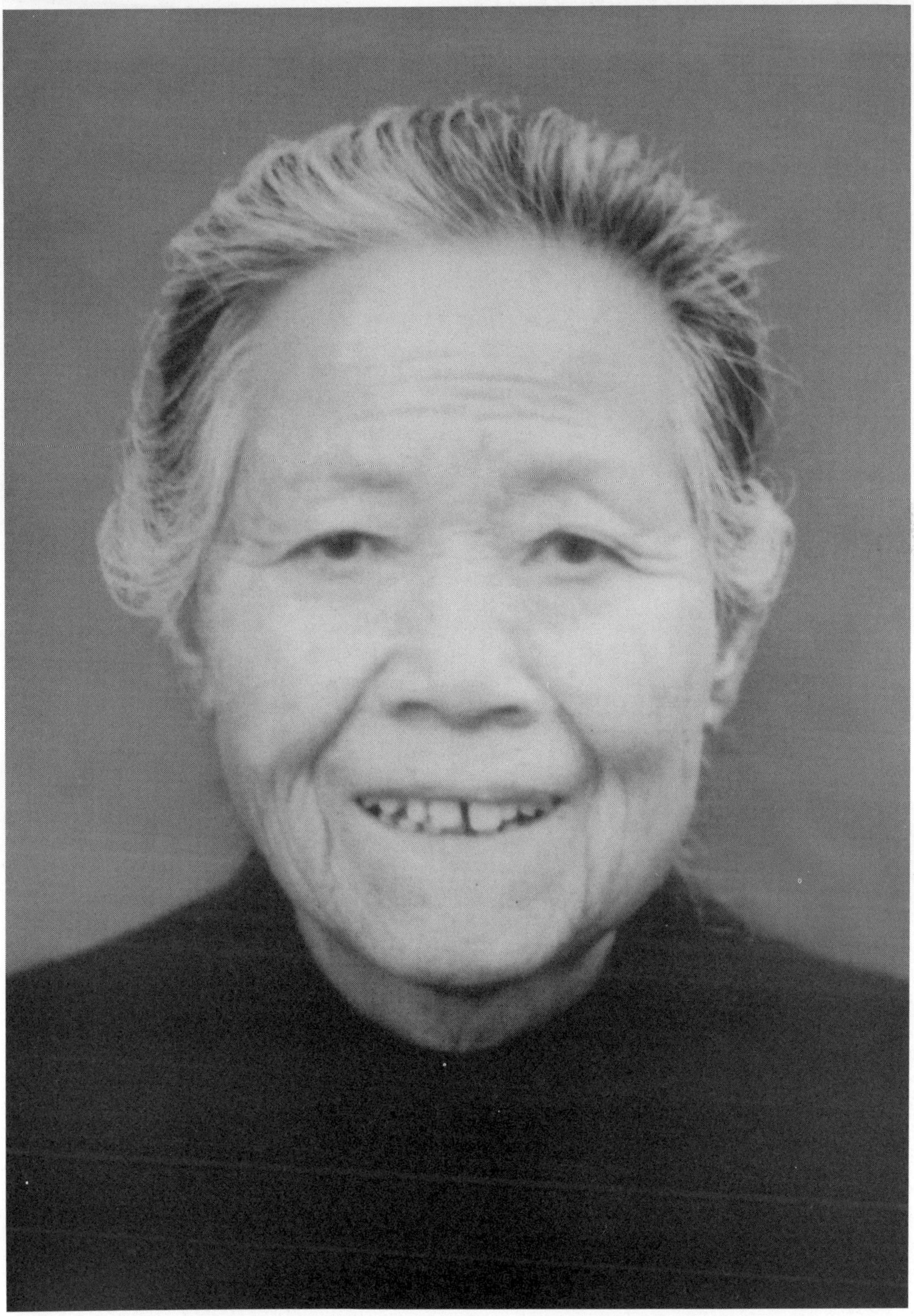

双河毛氏西房支脉第一百一十七世暨周塘毛三斛村第十九代
毛焕明(1924 年 10 月 23 日—1982 年 12 月 30 日)
的夫人余玉花(1926 年 2 月 1 日—2012 年 4 月 16 日)

双河毛氏西房支脉第一百一十七世暨周塘毛三斛村第十九代
毛焕昌(1927 年 9 月 20 日—1991 年 1 月 3 日)
及夫人沈秀英(1927 年 9 月 23 日—2011 年 8 月 26 日)

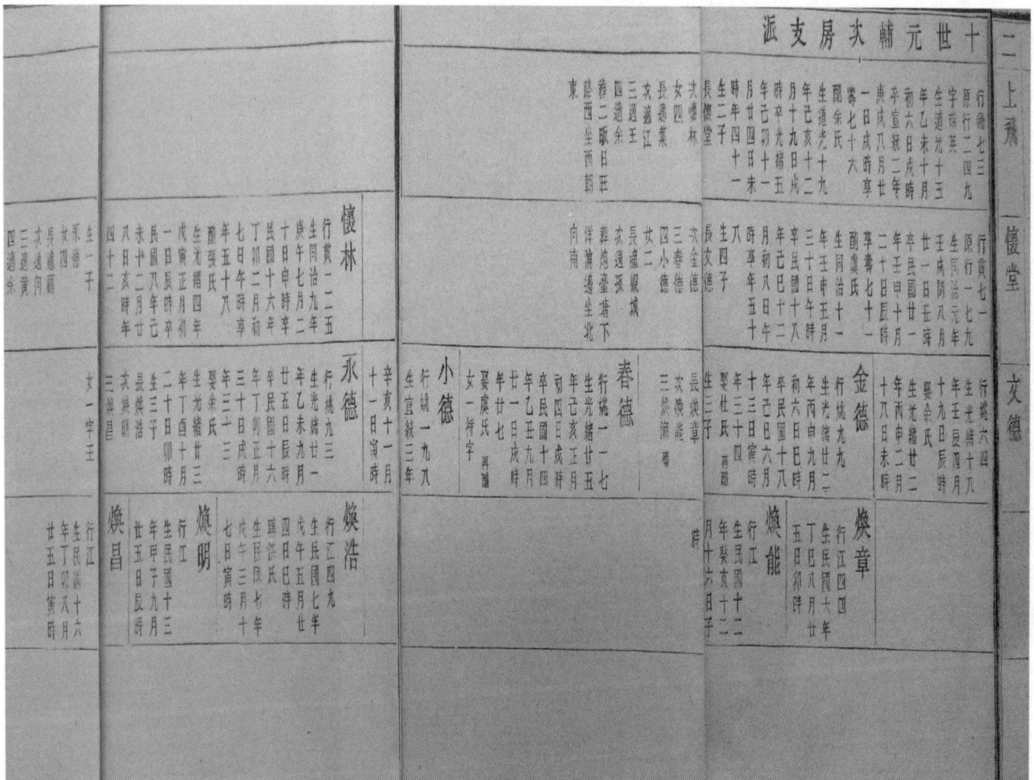

十世元輔次房支派

二 上飛

行鍬七三 原行二四九 字筱英 生道光十三 年乙未十月 初六日戌時 卒宣統二年 庚戌八月廿 一日戌時享 壽七十六 配余氏 生道光十九 年己亥十二 月十九日丙 時卒光緒十五 年己卯十一 月廿四日未 時年四十一 生二子 長懷堂 次懷林 女四 長適葉 次適江 三適王 四適余 葬二廠日王 陸西生酉朝 東

懷堂

行貫七一 原行一七九 生同治元年 壬戌閏八月 廿一日丑時 卒民國廿一 年壬申十月 二十日辰時 享壽七十一 配葉氏 生同治十一 年壬申五月 三十日午時 卒民國十八 年己巳十二 月初八日午 時享年五十 八 生四子 長文德 次金德 三春德 四小德 女二 長適觀城 次適張 葬烏臺塘下 洋浦邊生北 向南

懷林

行貫一二五 生同治九年 庚午七月二 十日申時卒 民國十六年 丁卯二月初 七日午時享 年五十八 配張氏 生光緒四年 戊寅正月初 一日辰時卒 民國八年己 未十二月廿 八日亥時年 四十二 生一子 永德 女四 長適顧 次適何 三適黃 四適余

文德

行烒六四 生光緒十八 年壬辰四月 十九日辰時 娶余氏 生光緒廿二 年丙申二月 十八日未時

金德

行烒九九 生光緒廿二 年丙申九月 初六日巳時 卒民國十八 年己巳六月 十三日寅時 年三十四 娶杜氏 再醮 生三子 長煥章 次煥能 三煥湍 嗣

春德

行烒一一七 生光緒廿五 年己亥正月 初四日戌時 卒民國十四 年乙丑九月 廿一日戌時 年廿七 娶虞氏 再醮 女一 許字

小德

行烒一九八 生宣統三年 辛亥十一月 十一日寅時

永德

行烒九三 生光緒廿一 年乙未九月 廿五日辰時 卒民國十六 年丁卯正月 三十日戌時 年三十三 娶余氏 生光緒廿三 年丁酉十月 二十日卯時 生三子 長煥浩 次煥明 三煥昌 女一 字王

煥章

行江四四 生民國六年 丁巳八月廿 五日卯時

煥能

行江 生民國十二 年癸亥十二 月十六日子 時

煥浩

行江四九 生民國七年 戊午五月廿 四日巳時 娶[illegible]氏 生民國[illegible]十年 [illegible]午三月 七日寅時

煥明

行江 生民國十三 年甲子九月 廿五日辰時

煥昌

行江 生民國十六 年丁卯八月 廿五日寅時

双河毛氏西房支脉第一百一十七世暨周塘毛三斞村第十九代
毛焕钿(1929 年 2 月 28 日—2007 年 4 月 9 日)
及夫人徐桂花(出生于 1933 年 9 月 20 日)

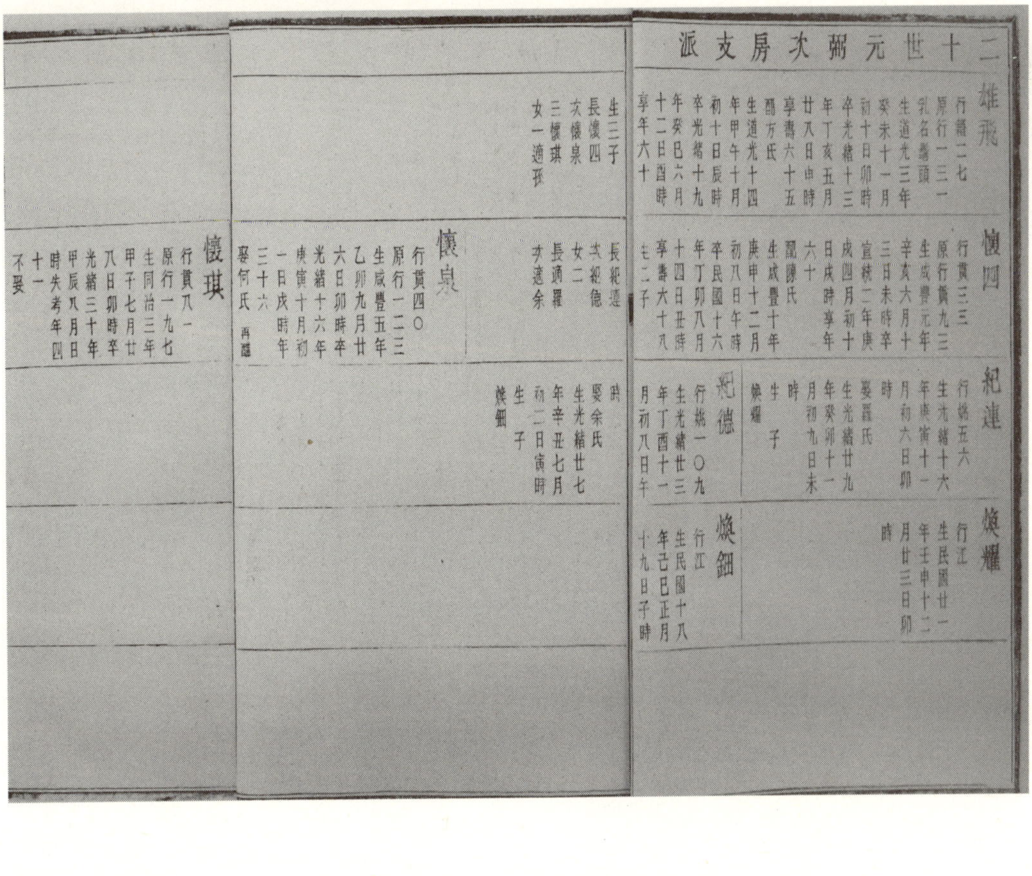

二十世元弼次房支派

雄飛
行錫二七
原行一三一
乳名壽頭
生道光三年
癸未十一月
初十日卯時
卒光緒十三
年丁亥五月
廿八日申時
享壽六十五
配方氏
生道光十四
年甲午十月
初十日辰時
卒光緒十九
年癸巳六月
十二日酉時
享年六十
生三子
長懷四
次懷泉
三懷琪
女一適張

懷四
行貫三三
原行煥九三
生咸豐元年
辛亥六月十
三日未時卒
宣統二年庚
戌四月初十
日戌時享年
六十
配陳氏
生咸豐十年
庚申十二月
初八日午時
卒民國十六
年丁卯八月
十四日丑時
享壽六十八
生二子
長紀連
次紀德
女二
長適羅
次適余

紀連
行錫五六
生光緒十六
年庚寅十一
月初六日卯
時
娶羅氏
生光緒廿九
年癸卯十一
月初九日未
時
生　子
煥耀

紀德
行錫一〇九
生光緒廿三
年丁酉十一
月初八日午
娶余氏
生光緒廿七
年辛丑七月
初二日寅時
生　子
煥鈿

煥耀
行江
生民國廿一
年壬申十二
月廿三日卯
時

煥鈿
行江
生民國十八
年己巳正月
十九日子時

懷泉
行貫四〇
原行一二三
生咸豐五年
乙卯九月廿
六日卯時卒
光緒十六年
庚寅十月初
一日戌時年
三十六
娶何氏 再醮

懷琪
行貫八一
原行一九七
生同治三年
甲子七月廿
八日卯時卒
光緒三十年
甲辰八月日
時失考年四
十一
不娶

双河毛氏西房支脉第一百一十八世暨周塘毛三斛村第二十代
毛长根(1924 年 10 月 14 日—2005 年 10 月 31 日)
及夫人孙彩娥(1928 年 10 月 18 日—2003 年 7 月 15 日)

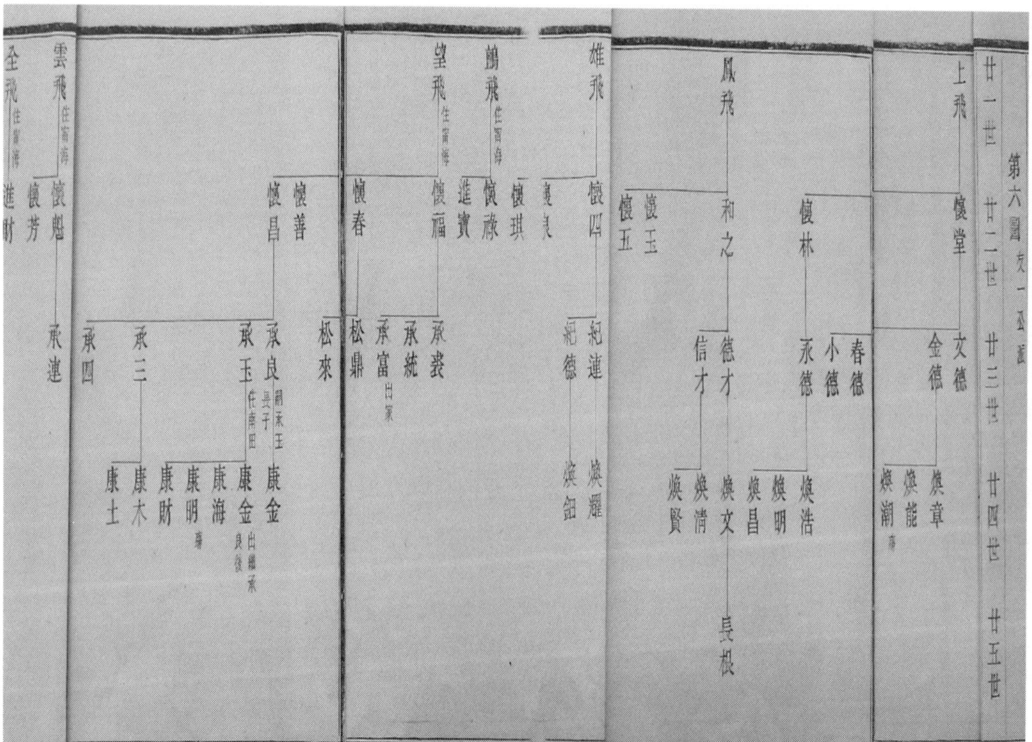

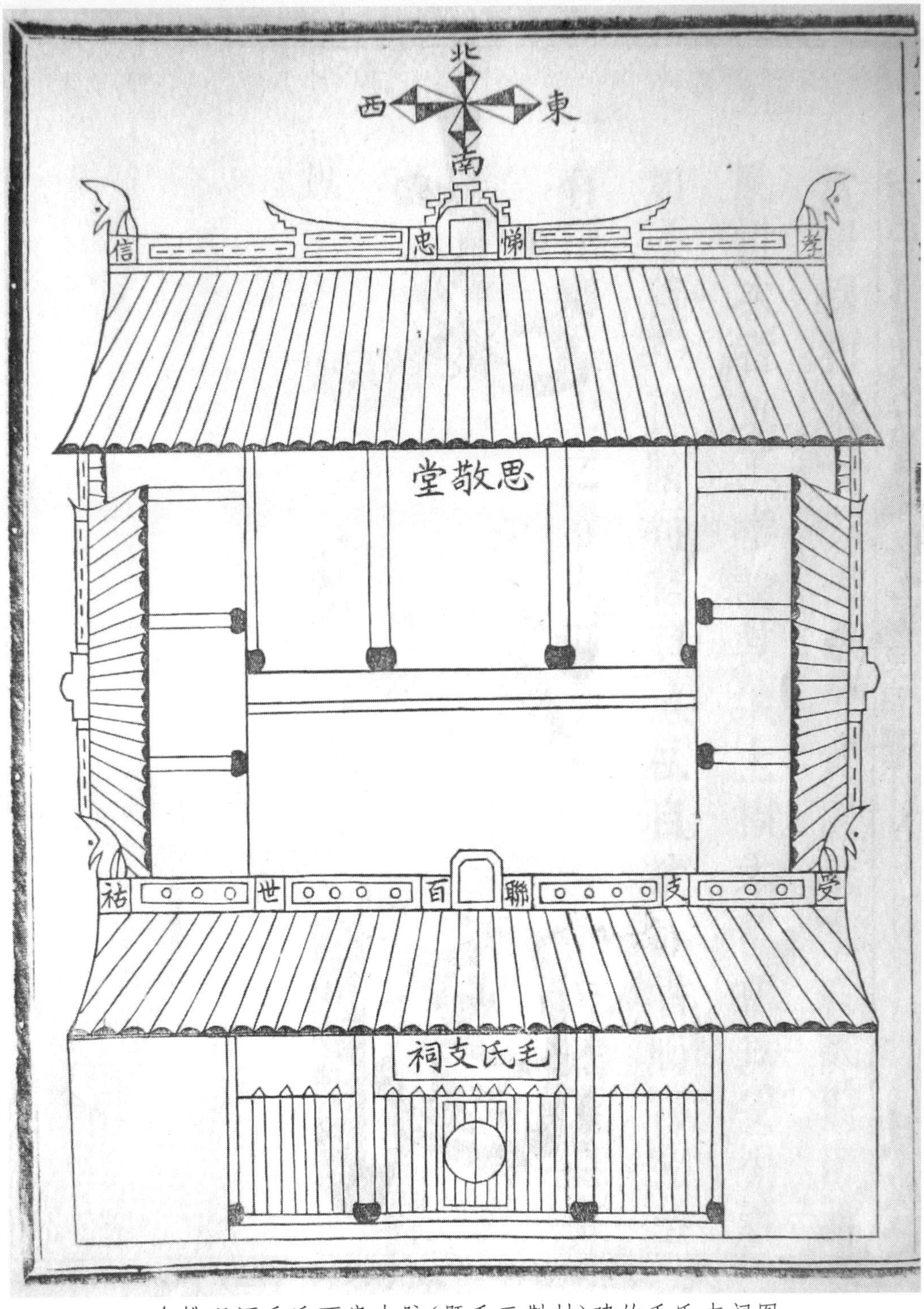

余姚双河毛氏西房支脉(暨毛三蔛村)建的毛氏支祠图

双河毛氏西房支脉第一百一十代毛国缙先祖建的“世德堂”

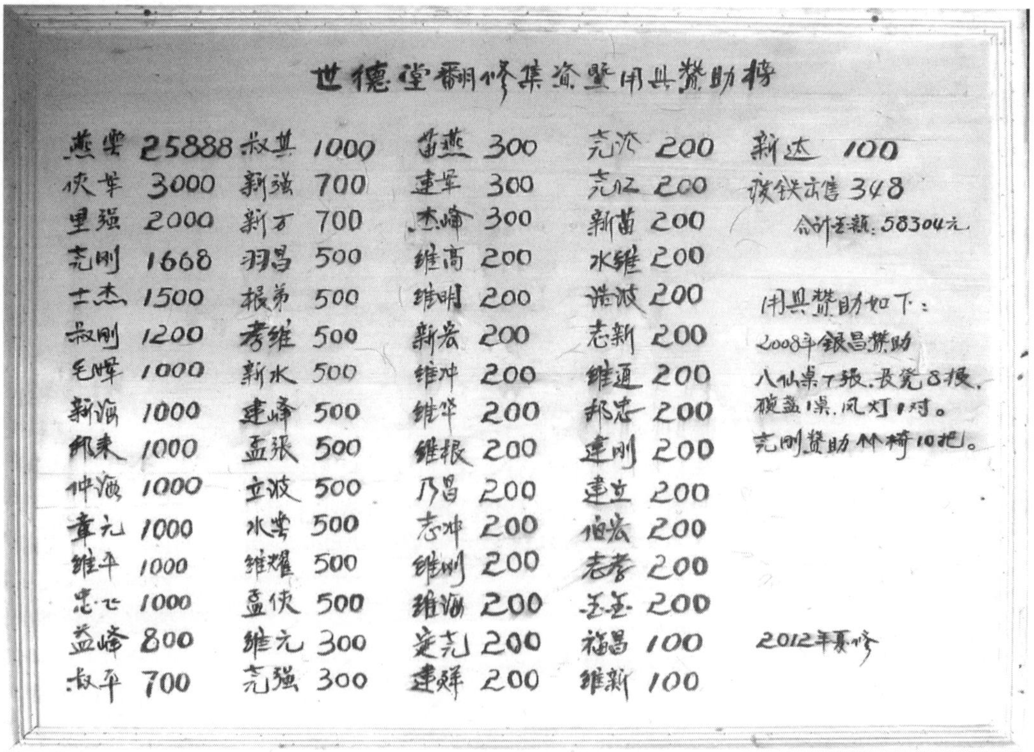